郑州大学当代资本主义研究中心资助

郑州大学政治学丛书

Zhengzhou University Political Science Series

对外政策偏好中的群体情感研究

王硕 / 著

中国社会科学出版社

图书在版编目（CIP）数据

对外政策偏好中的群体情感研究/王硕著 . —北京：中国社会科学
出版社，2023.6

（郑州大学政治学丛书）

ISBN 978 - 7 - 5227 - 1825 - 5

Ⅰ. ①对… Ⅱ. ①王… Ⅲ. ①对外政策—研究 Ⅳ. ①D801

中国国家版本馆 CIP 数据核字（2023）第 074211 号

出 版 人	赵剑英
责任编辑	赵 丽
责任校对	王 龙
责任印制	王 超

出 版	中国社会科学出版社
社 址	北京鼓楼西大街甲 158 号
邮 编	100720
网 址	http://www.csspw.cn
发 行 部	010 - 84083685
门 市 部	010 - 84029450
经 销	新华书店及其他书店

印刷装订	三河市华骏印务包装有限公司
版 次	2023 年 6 月第 1 版
印 次	2023 年 6 月第 1 次印刷

开 本	710×1000 1/16
印 张	15.5
字 数	216 千字
定 价	85.00 元

总 序 一

2016 年 5 月 16 日，习近平总书记在哲学社会科学工作座谈会上的重要讲话中呼吁包括政治学在内的哲学社会科学创新，这对充分体现新时代中国特色、中国风格、中国气派的政治学的发展，提出了新的更高的要求。

什么是政治学？在弄清什么是政治学之前，需要先弄清什么是政治。早在 1940 年，毛泽东在《新民主主义论》中就指出："一定的文化（当作观念形态的文化）是一定社会的政治和经济的反映，又给予伟大影响和作用于一定社会的政治和经济；而经济是基础，政治则是经济的集中的表现。这是我们对于文化和政治、经济的关系及政治和经济的关系的基本观点。那么，一定形态的政治和经济是首先决定那一定形态的文化的；然后，那一定形态的文化又才给予影响和作用于一定形态的政治和经济。"毛泽东这段著名论述告诉我们，一个大社会，是由经济、政治、文化三个部分组成。经济是基础，经济基础决定上层建筑，不仅决定政治的上层建筑，而且进而决定文化的上层建筑。但政治是经济的集中表现，在一定条件下，政治对经济、政治的上层建筑对经济基础又起着决定性的反作用。一定形态的政治又与一定形态的经济一道首先决定一定形态的文化。所以，一定的政治在一定的社会形态中，占有十分重要的不可替代的作用。

为了进一步弄清什么是政治学，让我们进一步从习近平总书记"5·17"讲话中寻找答案。习近平总书记指出："马克思主义理论体系和知识体系博大精深"，"涉及历史、经济、政治、文化、社会、生态、科技、军事、党建等各个方面"；"中国特色哲学社会科学"应该"体现系统性、专业性。中国特色哲学社会科学应该涵盖历史、经济、政治、文化、社会、生态、军事、党建等各领域，囊括传统学科、新兴学科、前沿学科、交叉学科、冷门学科等诸多学科，不断推进学科体系、学术体系、话语体系建设和创新，努力构建一个全方位、全领域、全要素的哲学社会科学体系"。在列举的所有学科中，习近平总书记没有直接讲到法学，这决不是总书记的疏漏。法学本身不是一个领域，它仅是渗透社会各个领域的一个工具，是阶级斗争的工具，是阶级意志的体现。法学也十分重要。

无论是毛泽东的论述，还是习近平的论述，都说明我们不能把政治学的内涵理解得过于狭窄甚至偏颇。政治学的研究领域十分广阔，其研究对象应该是经济、政治和文化这三者组成中的"政治"即也可以称为"大政治"，应是与历史、经济、文化、社会、生态、军事、党建等各个领域相并列的政治领域，而不是仅仅限定于公共政策、公共管理、人事管理、社会调查与社会统计等方面的"小政治"。具体而言，政治学就是研究群众、阶级、领袖、政党、国家、政府、军队、法律以及统一战线、战略策略等方方面面发展变化着的活动及其联系并上升到规律和本质的学问。仅仅研究公共政策、公共管理、人事管理、社会调查与社会统计等方面的"小政治"学，既不能有效地为坚持和发展中国特色社会主义服务，也不利于中国特色、中国风格、中国气派政治学的创新发展。

政治学作为治国理政的学问，其研究应当顺应历史趋势、围绕时代主题、坚持问题导向、满足人民期待。新时代中国政治学的创新需要适应新形势新任务的要求，紧随时代步伐，站在历史高度，坚持正确的政治方向、理论方向和学术方向，从理论与实践的结合上总结和提升马克思主义中国化的经验，在与政治建设和政治发展的互动中繁荣发展中国特色、中国风格、中国气派的政治学。

中国政治学研究的根本任务是为坚持和发展中国特色社会主义政治制度服务，把马克思主义的基本原理与当今世情、国情、党情相结合，不断解决坚持中国特色社会主义政治制度和依法治国中的重大理论问题和实践问题。在经济全球化、政治多极化、文化多样化、社会信息化的当今世界，在改革开放和中国特色社会主义现代化建设的关键时刻，政治学研究者应该进一步增强责任感和使命感，坚定马克思主义信仰、坚定正确的政治立场、坚持理论与实践相结合，把政治学放到世界和中国发展大历史中去创新，着力建构中国特色社会主义的政治学。

郑州大学政治学团队正是立足"大政治学"的研究视野，服务国家和区域经济社会发展，着力研究"互联网国际政治学""政治安全学""文化政治学"，并取得了阶段性的丰硕成果。其中，余丽教授经过多年潜心研究出版了一部开创性学术著作《互联网国际政治学》，并入选 2016 年度"国家哲学社会科学成果文库"，这在一定程度上填补了业界空白，对中国国际政治学科的建设和发展都具有较为重要的作用。在郑州大学政治学学科荣获河南省重点学科之际，郑州大学政治学学科团队出版"郑州大学政治学丛书"，助力推进郑州大学"双一流"建设。

李慎明

2019 年 7 月于北京

总 序 二

政治学是研究社会政治关系及其发展规律的学问，改革开放四十年来，在党和政府领导下，在前辈学者开拓和建设的基础上，在政治学同人的共同努力下，政治学已经成为中国哲学社会科学领域的重要学科，成为中国治理现代化建设的支撑学科，培养了一大批治国理政和政治学学术人才。

在习近平新时代中国特色社会主义思想指引下，构建具有科学性、民族性、原创性、时代性和专业性的中国特色社会主义政治学学科体系，建设具有中国特色、世界水平的一流政治学学科，是新时代政治学学科发展和建设的目标之所在。

同时，我们清醒认识到，中国政治学学科发展和建设面临的任务相当艰巨，所涉及的内容和范围也十分广泛。从宏观来看，按照社会科学发展的基本规律，任何一门社会科学学科的发展，首先集中在学科基本理论的发展和突破，研究方法的更新和扩展，重要研究领域的选择和深化这三个方面。按照这一基本规定性，可以认为，中国政治学的学科发展，应该把着眼点放在基础理论的深化发展、研究视角和方法的拓展以及具有重大现实和实践价值的领域确定和研究方面。这就要求我们首先要基于时代的发展和政治实践的进步，深入研究政治学的基本理论问题，以期在政治学基本理论研究方面取得突破性进展，进而形成具有相对成熟和科学的政治学基本理论。其次，在马克思主义政治理论和方法指导下，围绕政治学基本理论问题，结合时代和实践，针对新时代中国特色社会主义现代化和改革开放事业发展提出的重大实践问题，展开深入研究，力求获得重大突破。最后，需要对中国特色社会主义政治实践形成的经验加以总结提炼，上升为政治学的理论形态。

政治学本质上是经世致用之学。政治学的生命力不仅在于其学术价值和理论价值，更在于其实际应用价值，这是政治学研究保持强大生命力的源动力。在这其中，尤为重要的是，中国政治学研究应该特别关注中国社会和政治发展的独特性。中国作为具有五千年文化传统的东方文明古国，作为中国共产党领导人民在半殖民地半封建社会基础上建设起来的社会主义国家，作为从传统计划经济转向社会主义市场经济的国家，它的社会、政治、经济、文化诸方面都具有自身的特殊属性，其发展和变革在人类社会文明发展史上亦具有独特之处，其在发展和变革过程中面临的许多问题，更是史无前例。这些独特之处，既是中国政治学学科发展和建设的巨大挑战，又为政治学科的发展和建设带来了独特机遇。

中国特色社会主义发展的新时代，为中国政治学人提供了前所未有的广阔舞台，也呼唤着政治学研究者的新探索、新理论、新创造和新贡献。作为习近平新时代中国特色社会主义事业发展的纲领性文件，党的十九大报告具有鲜明的政治特性，集中展现了中国共产党人新时代锐意开拓发展的中国立场、中国气派、中国风格和中国智慧，周详阐述了新时代中国特色社会主义政治建设和发展的目标任务、总体布局、战略布局、发展方向、方式动力和实际步骤，是新时代中国政治学发展前行的航标和指南针，确立了中国政治学研究的历史方位、根本依据、指导思想、人民属性、主要命题、总体目标、核心精髓以及重大使命。

在新时代的历史方位下，中国政治学人应该坚持辩证唯物主义和历史唯物主义，以人类社会历史发展为宏远视野，以习近平新时代中国特色社会主义思想为指导，根据中国社会主义经济政治社会的历史发展变化，深入研究共产党执政规律、社会主义社会政治建设规律和人类社会政治发展规律，紧紧把握"新时代治理什么样的国家和怎样治理这样的国家"这一重大时代和实践课题,从政治意义上分析和定性新时期、新阶段和新时代的各种矛盾,推进人民民主与国家治理的有机结合,为深入研究中国特色社会主义新时代的治理模式和深入探索中国特色社会主义政治发展道路贡献智慧和力量。

郑州大学政治学团队坚持本土化与国际化相结合,立足扎根中国的深厚土壤,以中国的实际问题为首要关切,着力研究"互联网国际政治学""政治安全学""文化政治学",已经取得了阶段性成果。其中尤其值得一提的是,本学科带头人余丽教授的专著《互联网国际政治学》入选 2016 年度"国家哲学社会科学成果文库",对学术前沿问题互联网国际政治学、网络空间政治安全管理进行了探索性、战略性、前瞻性的基础理论研究和应用研究,研究报告多次被中共中央和国务院相关部门采纳。

在郑州大学政治学学科荣获河南省重点学科之际,郑州大学政治学学科团队出版"郑州大学政治学丛书",相信必将助力推进郑州大学的"双一流"建设,必将助力中国政治学科的发展和建设。为此,特联系中国政治学科发展的时代和实践使命,以序志贺,并且与全国政治学界同人共勉。

王浦劬

2019 年 8 月于北京

序

本书的出版意图是，自 20 世纪 70 年代起，伴随着跨语言学、美学、神经科学和脑成像技术的发展，西方哲学思潮开始着眼于将"结构转向解构"作为人文社科领域研究的主线之一，国际关系理论也陆续出现"语言转向""美学转向""情感转向"等交叉学科的研究，这不但是对主流国际关系理论的内核和辅助假设进行扩充和重新解读，也极大地缓解了传统国际关系理论与现实之间逐步扩大的张力。其中，语言转向和美学转向是为国际关系理论提供了新的本体论和研究范式，情感转向则是立足于传统国际关系理论基础上的一种批判与超越。有学者指出，虽然从语言维度和美学维度能够对世界政治中权力、安全、利益等核心概念进行合理的理论解构，但是这两种维度皆缺乏实践性，如国家依靠独白式的自传体叙述或美学表征无法维护身份的稳定，且两者的能动性主要是通过建构出不同的情感并作用在行为体上来表现的。换言之，在这两种新的研究范式中，情感是中介变量。对于（群体）情感的研究，中国学者具有天然的优势，因为西方是类别化思维，其学术指向为知识型哲学，体现的是科学理性；中国是关系式思维，学术指向境界型哲学，体现的是实践理性，尤其是中国的儒家理论对情感问题的见解更为深刻且全面。在具体外交实践中，中国也一直倡导"情感外交"。习近平同志指出，"要将推动构建人类命运共同体作为新时代中国外交的总目标，将和平发展作为与周边国家合作的根本路径，将亲诚惠容作为开展周边合作的基本理念"。① 其中,"人类命运共同体"② 和"亲诚惠容"③
等用词都蕴含着明显的情感因子。然而,当前中国学者对于世界政治
中的情感理论研究仍然远远落后于国外学者。鉴于当前国际关系理论
发展的趋势及中国外交政策对群体情感理论分析的欠缺,本书将"站
在巨人的肩膀上"系统地梳理分析国外学者对国际关系中关于群体情
感研究的知识图谱和应用逻辑,全景式地再现国外学者对该领域研究
的时空动态演化历程,希望能为中国国际关系学派的生成和发展寻找
到一个有力的擢升点。

本书的出版背景是自 2022 年年初伊始,乌克兰危机逐渐升级,欧
洲国家在俄罗斯和欧美的激烈博弈中,纷纷表明自己的立场。土耳其、
摩尔多瓦、罗马尼亚、克罗地亚、保加利亚、斯洛文尼亚、阿尔巴尼
亚、北马其顿、黑山等国纷纷发文谴责,"俄罗斯承认乌克兰东部民间
武装成立的顿涅茨克人民共和国和卢甘斯克人民共和国,明显违反了国
际法,并侵犯了乌克兰的领土独立和完整"④。但是,整个欧洲只有梵
蒂冈、白俄罗斯、摩尔多瓦以及塞尔维亚没有制裁俄罗斯。其中,梵蒂
冈作为袖珍国一直不参与此类国际事务,白俄罗斯和摩尔多瓦都是欧洲
制裁的对象,唯独塞尔维亚在欧美软硬兼施下不仅保持军事中立,还在
媒体舆论上倾向于俄罗斯,称"不管发生什么,不管立场多么艰难,
85% 的塞尔维亚人永远支持俄罗斯"⑤。除此外,塞尔维亚境内民众还
频频发动挺俄游行。这已经不是塞尔维亚第一次在如此艰难的境遇下面

---

① 孔铉佑:《习近平外交思想和中国周边外交理念与实践创新》,http://www. qstheo-ry. cn/zhuanqu/tujie/2019 – 04/26/c_ 1124420271. htm, 2019 年 4 月 26 日。

② 王清涛:《人类命运共同体的情感赋义》,《中国浦东干部学院学报》2019 年第 7期。

③ 刘博文:《中国对周边中小国家的情感投入——双向逻辑与双重影响》,《世界经济与政治》2018 年第 2 期。

④ Balkan Insight, "Serbia Under Pressure to Join Sanctions Against Russia, Says Vucic", (Feb 2022), https://balkan insight. com/2022/02/22/serbia-under-pressure-to-join-sanctions-against-rus-sia-says-vucic/.

⑤ TASS, "85% of Serbians will always support Russia whatever may happen", (Feb 2022), https://tass. com/world/1407763.

临抉择，其在2014年的俄乌危机中，亦是坚定地站在俄罗斯一侧。作为一个亟须经济援助且确实得到丰厚物质支持的欧盟候选国，塞尔维亚本应该与欧盟的对俄外交政策偏好保持一致，但却坚持选择与其背道而驰，这与传统理性选择模式中的"成本—收益"原则相违背。同时，塞尔维亚历经多任性格迥异的总统，对俄罗斯政策偏好一以贯之地呈现出口头宣言上积极加入欧盟，但实际行动及精神上却严重支持和依赖俄罗斯的特点，这与个人认知心理模式中强调决策者个体独特性的传统亦不相符。也就是说，主流国际关系理论对塞尔维亚在乌克兰危机中的立场偏好选择的解释力式微。这主要在于两种模式间出现错位性对立，且皆忽视了对外政策偏好的来源。笔者通过引入群体情感这一中介变量，为两种理论的弥合搭建起桥梁，而且也为客观分析塞尔维亚在乌克兰危机中的立场偏好提供了新的路径。

本书研究的核心问题是为何急需经济援助的候选国塞尔维亚，在面对入盟巨大的经济收益诱惑下，对欧政策偏好却是保持距离、欲迎还拒；而对俄罗斯的非物质援助深表感激，甚至为支持俄罗斯主动牺牲自我利益，而坚持与欧盟政策相背离？以往关于欧洲化的行动逻辑，主要是从理性选择模式的结果性逻辑，抑或是从个人认知心理模式的适当性逻辑来分析，他们皆以简约的个体客观理性或主观理性作为狭隘的前提假定，导致经验世界与抽象理论错位，越来越无法解释现实国家对外政策偏好中的诸多"例外"，亟须国际关系理论创新。而理论综合是创新的主要方式之一，即从相关的多层次和多学科理论中拟合出简约且与相关理论平均差异最小的中介变量来搭建新的分析框架①。本书以关系性逻辑为基础，在单位层次和体系层次选取适切的自变量，引入群体情感为中介变量作为黏合驱动剂，以此构建出能够解释塞尔维亚对俄欧的政策偏好差异的新视角。全书共七个章节，具体来说：

第一章首先基于现实经验层面的困惑和理论范畴内的反思，提出本

---

① 张发林：《国际关系的理论回归与基础路径——以国际制度理论为例》，《国际论坛》2021年第1期。

书的选题依据以及核心假设。然后通过回顾以往学者的研究成果，阐释群体情感对国家对外政策偏好的影响一直无处不在，但国际关系学界对该因素的研究处于忽略的状态，导致与国际社会现实之间的张力不断拉大。

第二章首先梳理传统理性选择模式与个人认知心理模式对于国家对外政策偏好的基本假定，以及两者之间的可弥合性。然后阐释群体情感的生成过程及基本特点，论证群体情感既是国家理性的基线，也是个人情感的趋同，分析其作为中介变量弥合两种模式错位性对立的可行性和合理性。这为下文国家对外政策偏好自变量的选取以及探讨各要素间的关系奠定了基础。

第三章首先阐述当前国际社会中越发明显的群体分化现象，然后立足于探讨群体情感中介作用的研究目的，在影响国家对外政策偏好的多样化自变量中，选取具有粘合物质主义与观念主义、个体主义与整体主义特征的四个自变量，分别是单元层次的共同历史记忆和本土实践，以及体系层次的地区安全结构和地区规范。最后论证群体情感这一中介变量不仅与自变量之间在作用上存在先后顺序，在逻辑上也存在着因果关系，即群体情感先是被这些自变量影响，然后又传递影响着因变量。

第四章在单元层次进一步细致论证共同历史记忆与本土实践是如何在内部通过群体情感类别化进程来塑造国家对外政策偏好。其中，共同历史记忆在时间维度上积累出政治基调情感，政治基调情感塑造着国家对外政策偏好的舆情态势，维系着国家对外政策偏好的合法性，框定着国家对外政策偏好的宏观方向。本土实践是决策者在空间维度上因时因事地激发出群体即时情感，因为任何对外政策分析模式本质上都是地方性的，尤其是在现代民主政体下，决策者与普通民众存在信息、兴趣、影响力的差异，决策者要保证某特定对外政策的主导性，就必须去个性化，以某一群体内情感的高级识别者身份，通过引导和利用即时情感来影响国内民众对国家对外政策偏好的注意偏向、概率判断以及行为选择。

第五章在体系层次上进一步细致论证地区安全结构与地区规范是如

何在外部通过群体间情感评价进程来建构国家对外政策偏好的外部环境。地区安全结构相较于国家间经济军事的物质力量对比，更加强调关系性权力与国家之间的亲疏关系，亲疏关系决定着国家间彼此对威胁的认知与判断。目前在东亚与欧美地区分别在希望与焦虑情感关系主导下形塑出零和博弈的安全结构，欧美与中东欧地区分别在焦虑与羞辱的情感关系主导下碰撞出了外源合作安全结构，中东欧与东亚地区分别在羞辱与希望情感关系主导下促成了内源合作安全结构，不同地区安全结构对国家对外政策偏好有着不同的外部体系压力。同时，地区规范存在着多样化的困境，往往通过羞辱施压等手段来迫使主权国家将其内化，进而转变其国家对外政策偏好。至此，本书证实了群体情感与国家对外政策偏好之间具有因果相关性的理论预设。

第六章是以塞尔维亚为例来对上述理论框架进行实证检验。先是分析塞尔维亚的政策偏好特点是对欧盟超越经济务实主义，对俄罗斯超越个人精英偏好，传统的理性选择模式和个人认知心理模式无法很好地解释塞尔维亚的欧洲化进程；然后根据穆勒求同法，得出群体情感是影响塞尔维亚政策偏好的决定性中介变量；最后对塞尔维亚对俄欧情感的类别化与比较进程进行分析。

第七章一是再次回应一些质疑研究群体情感的言论，以此为本书的立意做出总结；二是补充说明本书的研究能够为中国的情感外交提供的学术意义和实践价值；三是对本书未来研究的空间提出进一步的思考。

目　录

第一章　绪论

第一节　选题依据

一　问题提出

本书的选题源于现实经验层面的困惑和理论范畴内的反思：2006年，塞尔维亚与黑山解体，宣布成为一个独立的民族国家。塞尔维亚基于推动国家政治经济转型的务实战略目的开始向欧盟靠拢：先是于2008年同欧盟签订了《稳定与联系协定》，跨出塞尔维亚加入欧盟的第一步；然后于2012年成为欧盟的候选国，这使得塞尔维亚的政治经济安全得到了保障；之后，塞尔维亚虽然做出一系列的努力去满足入盟条件，甚至在欧盟的主持和压力下与科索沃缔结了促进双方"关系正常化"的协议，但其"转正"道路依然进程迟缓[1]，到目前为止15年（截至2023年）仍未正式加入欧盟。究其原因，塞尔维亚对俄欧政策偏好的差异是阻碍其欧洲化进程的主要内在原因[2]，这主要表现在塞尔维亚对俄罗斯的精神依赖远大于欧盟对其实用性经济利益付出，这种不易衡量的国家情感因素成为制约塞尔维亚正式加入欧盟的重要砝码。

---

[1]　徐刚、彭裕超：《塞尔维亚与科索沃"关系正常化"进程"失常"》，《世界态势》2019年第13期。

[2]　塞尔维亚作为俄欧在地缘政治中直接较量的第一线，欧盟一直担心塞尔维亚是俄罗斯插入欧盟的"特洛伊木马"。Lobanov and Zvezdano vić Lobanova, "The Problems of Serbian Self-Determination in Foreign Policy: Through the Thorns to the 'Stars' of the European Union", *Comparative Politics*, Vol. 7, No. 4, 2016, p. 138.

　　具体来说，自塞尔维亚申请入盟以来，欧盟积极地满足其经济利益的诉求，并成为塞尔维亚迄今最大的援助国、最大的贷款国以及最大的投资国。在入盟援助方面，欧盟不仅在 2007—2020 年累计为其提供 27.9 亿欧元的入盟前援助资金，占了塞尔维亚所接受总援助额的 89.49%，而且在 2014—2020 年，为塞尔维亚的法治、公共行政改革、社会发展、环境和农业等重要领域的拨款捐助 14 亿欧元[①]。在项目贷款方面，欧洲投资银行、欧洲复兴开发银行分别在塞尔维亚累计投资了 59.1 亿欧元和 57.78 亿欧元的项目资金[②]。在对外直接投资方面，欧盟对塞尔维亚的年度外国直接投资超过了来自世界其他地区的两倍多，并在塞尔维亚进口的总份额从 62.8% 上升到 66.1%[③]。相较于欧盟，俄罗斯则对塞尔维亚经济贸易的影响较小且一直在下降，不仅在同期内对塞尔维亚进口的总份额从 13% 下降到 7.0%[④]，反观俄罗斯的统计报表中甚至没有提到过有对塞尔维亚提供援助的数据[⑤]。并且，在 2006 年以来的历年民意调查中，认为"塞尔维亚是他们最亲密的朋友国家"的俄罗斯民众占比从未超过 8%，俄罗斯民众普遍认为塞尔维亚目前只是一个"睡眠资源"，一个"处于其利益边缘"的国家[⑥]。

---

　　① European Commission, Revised Indicative Strategy Paper For Serbia（2014 – 2020）, https：//ec. europa. eu/neighbourhood-enlargement/sites/near/files/20180817-revised-indicative-strate-gy-paper-2014 – 2020-for-serbia. pdf.

　　② 欧洲复兴开发银行在塞尔维亚的贷款数据, https：//www. ebrd. com/serbia. html；欧洲投资银行在塞尔维亚的贷款数据, https：//www. eib. org/en/projects/regions/enlargement/the-western-balkans/serbia/index. htm.

　　③ OEC, "The observatory of Economic Complexity", （May 2020）, https：//oec. world/en/profile/country/srb/#Destinations.

　　④ Statistical Office of the Republic of Serbia, "Country of destination rank /origin, by value of exports/imports", （Jul 2021）, https：//data. stat. gov. rs/Home/Result/170401？ languageCode = en-US#.

　　⑤ Ivan Knezevic, Mihailo Gajic, Kristina Ivanovic, "Serbia, European Union, Russia: an Analysis of Economic Relations", *Economy*, 2012, p. 16.

　　⑥ Artem Patalakh, "Emotions and Identity as Foreign Policy Determinants: Serbian Approach to Relations with Russia", *Chin. Polit. Sci. Rev*, Vol. 3, 2018, pp. 495 – 528；Andrey Semenov, "EU-Russia Rivalry in the Balkans: Linkage, Leverage and Competition（The Case of Serbia）", *Journal of European Affairs*, Vol. 16, No. 3, 2016, pp. 56 – 70.

根据传统理性选择模式的"成本—收益"原则，塞尔维亚作为要求加入欧盟的主动申请国，且从欧盟得到了亟须的物质支持，其对外政策偏好应当与欧盟而不是俄罗斯保持一致才是合理的，但事实却是截然相反。特别是在 2013 年和 2022 年的乌克兰危机中，俄欧之间的较量达到顶峰，欧盟决定对俄罗斯实施各种制裁，要求其成员国及候选国亦参与该行列，并承诺会弥补因对俄实施制裁而遭受的损失。该地区大多数欧盟候选国，甚至是与俄罗斯的经济关系最为紧密的黑山都加入了该行列，但只有塞尔维亚不顾欧盟及周边国家的谴责，不仅坚决不加入欧盟对俄罗斯的经济制裁，还主动向俄罗斯出口大量的农副产品，更是在俄欧对峙最激烈的时刻选择与俄罗斯签署了关于军事合作的双边协议以及建立战略伙伴关系，定期组织联合军事演习，成为唯一参加俄罗斯"坦克之舞"军事表演的欧洲国家①。塞尔维亚除了在政治领域的政策偏好与欧盟步调不一致之外，在能源领域同样如此。欧盟一直试图在能源问题上降低其成员国与候选国对俄罗斯的依赖，但是塞尔维亚却一直在稳步增加与俄罗斯在石油和天然气方面的合作。双方不仅合作修建了一段穿越塞尔维亚 422 千米长的南溪管道，塞尔维亚更是将其 51% 的石油工业（NIS）以未经招标的方式和 4 亿欧元的低价卖给俄罗斯的 Gazprom Neft 天然气工业股份公司，这使得塞尔维亚成为该地区唯一一个在与俄罗斯天然气工业股份公司的合资企业中拥有少数股权（49%）的国家②。更令人费解的是，塞尔维亚的政治精英与普通民众对欧盟和俄罗斯经济付出的感知与事实是截然不同的。据 2015 年塞尔维亚民意调查显示，半数的塞尔维亚民众回想不到当年发生的与欧盟一体化有关的事件，仅 9% 的人回忆起与科索沃缔结的新协议。不仅如此，塞尔维亚还将俄罗斯置于其友好国家名单中的榜首，认为与俄罗斯保持良好关系符合塞尔维亚的最

---

① Nikoli ć，"Srbija i Dalje Neutralna Po Pitanju Ukrajine"，（Jun 2014），http：//www. blic. rs/Vesti/Politika/456896/Nikolic-Srbija-i-dalje-neutralna-po-pitanju-Ukrajine.

② Gazprom Neft：Hidden Resources（Apr 2006）. https：//www. rogtecmagazine. com/gaz-prom-neft-hidden-resources/.

大利益[1]；塞尔维亚民众还普遍将俄罗斯总统普京视为塞尔维亚最信任的外国领导人[2]，这种态度直接表现在塞尔维亚南部一个名为阿德因斯的村庄，该村庄居民通过公投将村名改为普蒂诺沃（Puti Novo），在塞语中意为 "Putin's village"（普京的村庄）。同时，在此次新冠肺炎疫情防控中，塞尔维亚之所以能够遏制病毒在其国内快速蔓延，除了中俄的适时援助外，主要还是得益于欧盟过去20多年在卫生和健康领域以高达4.5亿欧元的捐款帮助塞尔维亚完善卫生系统，但塞尔维亚民众普遍认为长期以来对其援助最多的是俄罗斯[3]。

根据以上事例，一定程度上说明塞尔维亚对俄欧的政策偏好差异是影响其欧洲化进程的主要内在原因，同时也证明经济物质吸引力不是影响塞尔维亚对俄欧政策偏好的决定性因素，即传统理性选择模式不适用于解释该经验困惑。那么是非理性因素影响塞尔维亚对俄欧政策偏好的差异吗？对此，个人认知心理模式（个体主义本体论）把重点放在作为国家代表的执政者个体偏好上，认为是决策者善变、激进、保守等个人情感特征指导并影响国家行为。但是这无法解释为何自塞尔维亚立国以来，一方面历经多任不同性格特质的总统，另一方面各政党之间亲俄或亲欧的争论一直没有停止过，但塞尔维亚的对外政策偏好最终却一以贯之地呈现出口头宣言上积极加入欧盟，但实际行动及精神上却严重支持和依赖俄罗斯的特点。究其原因，领导者个体偏好是否能代表整个国家对外政策偏好是经不起考究的。这一方面在于个体情感难以涵盖所有的情感形式和种类，且人是社会性动物，多以群体的形态参与各类社会生活，在这个过程中其实始终伴随着群体情感的现象。另一方面在于，这种凡是将理性选择模式无法解释的

① International Republican Institute, "Survey of Serbian Public Opinion", Ipsos Strategic Marketing, （Dec 2015），https：//pdf. usaid. gov/pdf_ docs/PBAAJ086. pdf.

② Snezana Bjelotomic, "Gallup poll：Euroscepticism in Serbia", （Jul 2017），https：// www. serbianmonitor. com/en/gallup-poll-euroscepticism-serbia/.

③《中俄是塞尔维亚近二十年来最大的捐助国吗？被误会的欧盟相当委屈》，https：// www. sohu. com/a/390826507_ 120584322? _ trans_ = 000014_ bdss_ dklzxbpcgP3p；CP = ，2020 年 11 月 11 日。

现象统统归于某个领导者个人反常心理的研究路径，只能够让他者将该国所有不理性的言语和行为统统视为意料之外情理之中，似乎具备反常心理的领导者做出什么都是合理的。这不仅难以使我们探究这种非理性手段之后是否存在着具体稳定的原因，也无法为实际的应对措施做出有价值的参考。

再者，传统理性选择模式基于宏观理论指导，是以数理统计、形式模型、博弈论等工具进行形而上、纯理论化的知识导向型研究；个人认知心理模式基于微观理论指导，是以个人高级心理活动过程为工具来选择效用最大化的方案，这其实是一种主观理性①，且对情感研究遵循的逻辑是：情感与理性是两元对立的，决策者作为独特的个体在过滤备选方案时，其对风险的认知、评估与判断，甚至是对外政策的目标，都不可避免会受到各种情感的干扰。但国家对外政策偏好分析主要关注的是集群行为，需要中程理论②（Middle Range Theory）的指导，强调情势性要素的作用，关注变量的趋同及研究群体的融合，并根据实际情况具体地解释某一国家对外政策偏好，而不是要全景式地展现所有国家对外政策的决策过程和结果。对此，美国社会心理学家戴安娜·麦凯（Diane M. Mackie）和埃利奥特·史密斯（Eliot R. Smith）等学者提出了集中关注集群行为的群体情感理论（Intergroup Emotions Theory，IET），该理论弥合了上述两种模式的不足，既探寻了国家理性产生的深层基础，也拓展了个人情感上升到群体情感的渠道。其理论观点是：（1）理性与情感并非两元对立的，国家理性的反义词不是群体情感，而是不加节制的武力使用，即真正理性的国家对外政策偏好是在群体情感指导

---

① 赵俊：《承认的战略——中国对外政策中的承认政治》，博士学位论文，中国社会科学研究院，2010 年。

② 中程理论通常是对普遍性理论施加一定限定条件，通过考察结构性变量如何与非结构性变量（如军事技术、对威胁的知觉、行为体偏好、国内政治等）产生互动，追问什么条件下国家会采取制衡（Balancing）、见风使舵/追随（Band wagoning），或者推卸责任（Buck-passing）的行为。所以，中程理论的适用范围更为狭窄，但也更接近政策规划与制定所需的知识类型，具有更大的政策相关性。其中，新古典现实主义就属于典型的中程理论。参见张清敏《对外政策分析的发展趋势》，《国际政治科学》2019 年第 2 期。

下形成的；（2）在现实对外政策偏好形成和转变中，决策者并非在用理性排斥非理性，抑或是以非理性取代理性，事实需要这两种因素共同发挥作用；（3）国内有影响力的领导者在制定国家对外政策偏好的过程中不是独特的个体，而是作为其所处群体中情感的高级识别者，引领或利用群体情感来实现其所代表群体的利益诉求；（4）群体情感相较于个体情感在国际关系中是一种重要的战略资源，虽然其发端于人性的第一意象，但亦可对第二意象的国家及第三意象的国际体系和国际规范发挥作用①，即群体情感在影响国家对外政策偏好的不同层次因素中发挥着普遍性的中介作用。

本书据此提出核心假设：群体情感是影响国家对外政策偏好的中介变量。中介变量意味着变量之间在作用上存在先后顺序，在逻辑上存在因果关系。即中介变量被自变量影响，同时中介变量传递地影响着因变量。但也存在着自变量直接影响因变量的可能性，只是自变量与中介变量的交互作用对因变量的影响力更为显著。就本书而言，群体情感是中介变量，国家对外政策偏好是因变量，自变量分布于单位层次与体系层次，需进一步筛选。

分假设一：根据关系性逻辑，在单元层次选取共同历史记忆与本土实践，在体系层次选取地区安全结构与地区规范为自变量；

分假设二：共同历史记忆以基调情感为桥形塑国家对外政策偏好方向，本土实践以即时情感为梁引领国家对外政策偏好选择；

分假设三：地区安全结构以群体间情感碰撞为媒限定国家对外政策偏好环境，地区规范内化以群体间情感评价为介推进国家对外政策的转变。

---

① 参见 Diane M. Mackie1, Eliot R. Smith, Devin G. Ray, "Intergroup Emotions and Intergroup Relations", *Social and Personality Psychology Compass* 2/5, 2008, pp. 1866 – 1880; Diane M. Mackie1, Eliot R. Smith, "Intergroup emotions: Explaining offensive action tendencies in an intergroup context", *Journal of Personality and Social Psychology*, Vol. 79, 2000, pp. 602 – 616; Diane M. Mackie1, Eliot R. Smith, Maitner, "Evidence for the regulatory function of intergroup emotion: Implementing and impeding intergroup behavioral intentions", *Journal of Experimental Social Psychology*, Vol. 42, 2006, pp. 720 – 728. 等等。

同时需要说明的是，本书的研究目的既不是要否定军事力量、经济利益等物质因素对国家对外政策偏好的影响，也不是要预测塞尔维亚未来究竟是"向东还是向西"，更不是要推翻既有理论范式。笔者将本书研究问题的边界锁定在探讨国家对外政策偏好是如何通过群体情感这一中介变量来形成和转变的。再者，笔者之所以以塞尔维亚为例，一方面在于其是当前欧洲化议题和地区热点中的主要子问题，另一方面在于国家对外政策偏好不等于对外政策行为，更不等于对外政策结果，偏好与行为之间的因果关系是概率性的，并非决定性的①，群体情感这一变量在不同国家不同阶段皆发挥着中介作用，只是概率大小不同而已。其中，群体情感对塞尔维亚对外政策偏好概率比重很大，表现出典型的代表性。

二　研究意义

首先，主流的传统理性选择模式与个人认知心理模式对不同国家不同阶段的对外政策偏好解释各有侧重，两者经常陷入互相攻讦的境地。为提升国家对外政策偏好理论的适用度，虽然有学者试图通过多元启发、双层博弈等综合模式来弥合两者之间的错位性对立，但最终皆没有摆脱理性与非理性二元对立的桎梏。所以，这两种模式与国际关系现实变化之间的张力越来越大，并日渐陷入前所未有的"解释危机"和"预测危机"之中。本书以群体中的情感作为中介变量，一方面可以帮助人们更加客观地看待情感与理性之间的关系，另一方面可以在传统理性选择模式与个人认知心理模式之间搭建起桥梁，拓展并完善现有的国家对外政策偏好分析链条，为既有各种层次的解释进行有益补充。

其次，目前关于情感，尤其是个人情感在国际关系中应用的研究成果日益丰富，而群体情感作为个人情感中的一部分，是各行为体在政治参与时所调动起的主要中介变量，但是学界鲜有关于群体情感的战略作

---

① Thomas Lindemnn, *Cause of War: The Struggle for Recongnition*, ECPR Press, 2010, p. 29.

用研究。现有的成果也多是囿于质疑群体情感的不可测量化，没有做出进一步的分析。从这个角度讲，本书可以说是为该领域的研究添砖加瓦。

最后，以往学者分析中东欧国家的欧洲化议题，多是从欧盟的视角出发，认为中东欧国家积极申请加入欧盟要么源于欧盟的经济物质吸引力，抑或源于欧盟所推进的社会化和制度化进程，以此形塑候选国的身份和偏好。这种单一的外部理论视角导致欧洲化进程研究总是存在傲慢的惯性，即自上而下的将欧盟制度或规范应用至民族国家中①。本书以塞尔维亚作为主体来研究其对外政策偏好，自下而上的探讨欧洲化进程中民族国家自身的考量，这将不仅有利于改善该领域研究过程中欧美学者的傲慢心态，同时也拓展了研究欧洲化进程动力和过程的理论创新路径。

本书的现实意义主要体现在以下四方面：

塞尔维亚作为巴尔干半岛的重心，不仅是连接欧亚的十字路口，也是欧盟成员国、东南欧及中东国家各大走廊（包括航空、公路、铁路、水路）之间互动的重要交通枢纽。塞尔维亚重要的地理位置导致其自诞生之日起就对全球主要的几大战略性力量具有重要意义②。

首先，对于塞尔维亚自身而言，其作为俄欧两个异质大国在巴尔干地区的重要地缘战略依托，大国平衡战略是其对外政策偏好的总方针，通过分析群体情感对塞尔维亚的俄欧政策偏好的影响，有利于深入了解塞尔维亚政府是通过何种方式塑造群体情感来适时推动并转变国家政策偏好，以此维护和拓展国家利益。

其次，对于俄欧而言，了解塞尔维亚对群体情感的灵活运用，一方面有利于欧盟更深入地理解塞尔维亚欧洲化进程缓慢的内在原因，另一方面有利于理解俄罗斯又是如何凭借把握对塞尔维亚的群体情感，以低

---

① Jeffrey T. Checkel, Peter J. Katzenstein, *The Politicization of European Identities. In European Identity*, Cambridge, UK: Cambridge University Press, 2009, p. 10.

② ［塞尔维亚］布拉尼斯拉夫·乔杰维奇、严嘉琦:《中国和欧盟在"一带一路"战略框架下的政策协调：现状及前景——塞尔维亚的视角》,《欧洲研究》2015 年第 6 期。

成本来维持与塞尔维亚的长期关系。

再次，对于中国而言，中塞双方具有历史情谊，中国曾因支持塞尔维亚而被北约轰炸大使馆，加之科索沃问题之于塞尔维亚相当于台湾问题之于中国，两国在联合国安理会中一直具有理性合作的基础。对此，塞尔维亚一直惯用情感辞令称"塞中友谊是铁一般、真诚、坚固的友谊，在世界舞台上的互相支持，没有人可以打破"。同时，塞尔维亚是中东欧第一个与中国建立全面战略伙伴关系的国家，并处于连接中国和欧洲最短的线路上，是中国推进"一带一路"倡议的主要节点。所以，深入了解塞尔维亚的对外政策偏好，不仅有利于中国对塞俄欧战略博弈的把握，也有利于在向中东欧推进"一带一路"倡议的过程中更加有的放矢，更有利于中国明确如何利用群体情感外交来探索与其交往的深度和广度。

最后，当前国际社会中全球化和逆全球化思潮正在激烈交锋，成为各类群体情感发酵的容器，各种"黑天鹅"事件频发，希望、骄傲、自豪等积极情感与猜忌、焦虑、愤怒等消极情感相互碰撞，群体情感在国家对外政策偏好中的作用越发凸显。也就是说，探讨群体情感在塞尔维亚对外政策偏好中的作用，虽然仅是一个典型案例，但对理解当前国家关系的变化具有普遍启示意义。

第二节　国内外研究现状

基于本书的研究对象及研究目的，该部分将对所涉及的核心变量和拟借鉴的主要理论进行文献整理及述评。首先，对学界主流的国家对外政策偏好分析模式进行述评，揭示其与当前国际关系现实之间的张力以及对情感因素的忽视、掩盖及误解；其次，对所选取的中介变量在主流国际关系理论中的隐含、最新研究及应用进行总结，突出群体情感在国家对外政策偏好分析中的重要性和可行性；最后，对学界关于塞尔维亚对俄欧政策偏好的特点进行总结，并分析其不足之处。

一 关于国家对外政策偏好分析模式的研究

关于国家对外政策偏好分析的研究兴起于20世纪50年代，发展至今逐渐形成三个模式框架，分别是：预期效用理论指导下的传统理性选择模式、前景理论指导下的个人认知心理模式以及试图弥补两者差异所建立起的多元启发模式等综合分析框架。

首先，预期效用理论是冯·纽曼和摩根斯坦以及萨维奇等人在数学家丹尼尔·伯努利的"圣彼得堡悖论"基础上发展而来的，其基本内涵可归纳为三个方面：理性预期、风险回避和效用最大化①。以预期效用为指导的传统理性选择模式据此假设：决策行为者都是理性、利己的，像"编程计算机"一样能够凭借已知的客观环境和信息列出解决某一问题的各种备选方案，并计算出各种备选方案成功的概率，进而列出实现该方案的具体执行政策，然后对执行这些政策可能要付出的成本和收益进行比较，最后理性地权衡和选择出那个能够获得相对收益最大的政策方案②。同时，该模式认为国家对外政策的偏好是预先给定、保持稳定的，只在"成本—收益"的效用框架内做出传递性改变（A比B好，B比C好），且决策者的风险偏好与效用的大小成正比。也就是说，若每个国家的对外政策偏好制定过程都秉持理性判断和理性选择，它们的政策就应该像计算机中的输入和输出程序一样，在相似的确定条件下不仅呈现出相似的对外行为，而且彼此的偏好应该是可以预知，且不会出现误解彼此政策的现象。但事实上，国际体系中处境相同的国家往往以不同偏好方式行事。因此，作为高度简约的纯理论，传统理性选择模式是国家对外偏好分析的充分非必要条件，仅仅是模拟理想条件下对国家对外政策决策结果的一种分析工具③。同时，该模式认为只要决

---

① Von Neumann J, Morgrnstern O, *Theory of games and economic behavior*, Princeton University Press, 1947; Savage L J. *The foundations of statistics*, New York：Wiley, 1954.

② 王鸣鸣：《外交决策研究中的理性选择模式》，《世界经济与政治》2003年第11期。

③ ［美］斯科特·普劳斯：《决策与判断》，施俊琦等译，人民邮电出版社2004年版，第71页。

策施动者可以获得正确无误的信息，不断及时更新对世界的认知，恰当理解其所处的环境，自然就会做出效用最大化的选择，并称这样的行为就是理性的①。即传统理性选择模式真正关注的其实是政策决策的结果是否理性并不关心政策制定过程是否理性②。这夸大了现实政策偏好形成的有序性，因为现实的国家对外政策偏好形成过程需要决策者根据外部环境的刺激不断做出调整，该过程伴随着高赌注、高风险和巨大的不确定性。具体来说，决策者第一步并不是直接在手段和目标之间寻找最优匹配，而是亲身去面对和经历政策偏好形成的过程，在受到决策时间、事件的紧急程度以及决策者本身固有的心理属性因素等各种条件限制下，要充分估计所有备案中效用最大的方案是一项相当艰巨的任务。况且，预期本身包含着风险和不确定性，效用内含着愉悦与痛苦之差，满意则涉及后悔、失望等情感要素。也就是说，传统理性选择模式早已关注到了情感的作用，但是为了提升该模式的理论化水平，只能选择将概念指标与逻辑推演简约化，而将不易观察的情感因素掩盖了起来。这种简约的理论推演方式只适合解释长时段国家对外行为的共同模式，预测国家对外行为的选项集合。而在解释和预测不确定性条件下国家某一具体突发行为时往往不如认知心理分析模式那么细致。也就是说，决策行为体的高度同质化、在对外决策时的理性程度、对给定偏好的束缚成为传统理性选择模式被后续研究者不断诟病的所在。

其次，个人认知心理模式的指导理论是前景理论，前景理论是由普林斯顿大学心理学家、诺贝尔经济学奖获得者丹尼尔·卡曼与阿莫斯·特沃斯基教授提出的，该理论重视个体决策者的心理特征和经济行为，比如其在分析决策者对外政策偏好变化时引入了确定性效应、锚定效应、损失厌恶等惯性心理，并用价值函数和权重函数来解释这些心理。概而言之，首先决策者将各种备选方案根据有风险和无风险的标准归为

---

① Emilie M. Hafner Burton, Stephan Haggard, David A. Lake and David G. Victor, "The Behavioral Revolution and International Relations", *International Organization*, Vol. 71, 2017, p. 7.

② Jack S. Levy, William R. Thompson, *Causes of War*, Wiley Blackwell, 2010, p. 128.

两类①；然后参考当前的现状考虑该方案的实施结果将会是获利还是损失的，当处于收益框架内时其政策偏好趋于风险规避（risk-aversion），当处于损失框架内时其政策偏好趋于风险接受（risk-acceptant），即决策者的风险偏好在两种框架内呈现非线性；最后当决策者在评估具体哪个方案价值最大化时，一般会高估风险概率比较低的事件，低估风险概率处于中高的事件②。由此，前景理论挑战了预期效用理论的理性预期、风险回避和效用最大化的前提假设。但是，该理论同样没有回答偏好从何而来以及偏好是如何起作用的问题，而且前景理论以个人主义为出发点，无法回答个人决策偏好到底是怎样上升至群体行为的。换句话说，就是当个人行为倾向于规避或趋近风险时，是否等同于国家行为也会做出同样选择，即这两者间是否存在逻辑的传递性。

以前景理论为基础的个人认知心理模式被广泛运用于西方分权式的国家，因为在分权式的国家中，国家的政治权力被国家内部各个机构共享，各机构的政治领导人若想要在特定问题的政策制定权方面占据优势，就需要运用其职位所赋予其的有限权力去进行技巧谈判、讨价还价和妥协，最终使跨部门间达成共识和支持③。在这个过程中，政治精英们分别处于等级分明的位置上，他们在议题竞争时往往根据所在部门的利益来进行讨价还价④，即"屁股决定脑袋，位置决定立场"。以美国特朗普政府为例，其坚持奉行"美国优先"的原则，有限收缩全球战略，拒绝承担全球治理责任，先后退出诸多国际组织，在双边谈判中经常表现的反复无常，这显然是不符合理性假设的偏好。所以，许多学者从个人心理认知角度分析特朗普在诸多议题中"万花筒式"的对外政

---

① Kahneman D. , Tversky A. , "Prospect theory", *Econometrica*, Vol. 47, 1979, pp. 263 – 292.

② 林民旺：《前景理论与外交政策》，《外交评论》2006 年第 9 期。

③ Robert J. Art, "Bureaucratic Politics and Foreign Policy：A Critique", *Policy Sciences*, Vol. 4, No. 4, 1973, pp. 468—469; Ralph S. Brower and Mtchel Y. Abolafia, "Bureaucratic Politics: The View from Blow", *Journal of Public Administration Research and Theory*, Vol. 7, 1997.

④ Graham T. Allison and Philip Zelikow, *Essence of Decision：Explaining the Cuban Missile Crisis*, 2nd edition, New York：Long man, 1999, p. 255.

策偏好，归结为特朗普个人的善变、不靠谱、自恋型人格等非理性特质①。但是，这忽视了在民主制国家中，民众的政治参与度一般相对较高，个体决策者为获得民众的普遍支持将不得不去引领或迎合民众，其在政治行为中基本是以某个群体的代表身份出发的，尤其是当某一决策行为可能会损害群体成员利益时，多是试图建构群体间的矛盾，寻求群体内的情感支持，以此掩盖成本或收益的计算。换句话说，政策与政治相匹配不是基于解决问题的结果，而是遵循群体情感的分配逻辑②。而且，这种非理性并非是决策者个人的变态或狂想心理特征所导致的，而是民主制中内蕴着非理性的系统③。

欧文·贾尼斯等学者基于认知心理模式，重视探讨决策团/群体在对外政策偏好形成过程中出现共同错觉的原因。他基于现实经验困惑，提出参与对外政策决策的成员皆是才华横溢、聪明能干的国家精英，为何诸多事实案例④证明这些精英制定的政策，最终与预期结果相差甚远甚至南辕北辙。他在此困惑中探究出当决策偏好是由决策团体制定时，其内部为了理性地保持高度一致的团队精神，反而会不知不觉形成一种妨碍批评性思维和符合实际判断的共同错觉⑤。贾尼斯还进一步指出造成这种共同错觉的可能性有三：第一是决策团体对自己过分自信，不管是道德上还是实力上都要优于对手，这种过分乐观促使团队不计后果地做出冒险决策；第二是决策团体总是对"他者"抱有天然的敌视，认

---

① 尹继武、郑建君、李宏洲：《特朗普的政治人格特质及其政策偏好分析》，《现代国际关系》2017 年第 2 期；王一鸣、时殷弘：《特朗普行为的根源——人格特质与对外政策偏好》，《外交评论》2018 年第 1 期；羊丹：《特朗普个性：美国外交决策中的不可控因素》，《中共济南市委党校学报》2019 年第 4 期等。

② Nikolaos Zahariadis, "The Shield of Heracles: Multiple streams and the emotional endowment effect", *European Journal of Political Research*, 2014, p. 12.

③ ［美］汉斯·摩根索：《国家间政治——权力斗争与和平》（第七版），徐昕等译，北京大学出版社 2006 年版，第 139—147 页。

④ 比较经典的案例：美国肯尼迪决策团体制定支持和操纵的入侵古巴事件。Assia Alexieva, "The Role of Emotions in Foreign Policy Decision Making: Embarrassment from the Bay of Pigs", *University of Florida*, 2017, pp. 221 – 253.

⑤ William H. Whyte, "Groupthink", *Fortune*, 1952, pp. 114 – 117; Irving Janis, *Groupthink: Psychological Studies of Policy Decisions and Fiascoes*, Cengage Learning, 1982, pp. 13 – 33.

为对方奸诈不会有真正进行谈判的意愿，所以当外部对他们最初的设想发出警告信息时，他们倾向于主动性忽视，从而继续坚持团队最初制定的所谓理性决策；第三是决策团体内的成员被灌输"团结一致"的重要性，忠诚的成员都应该是团体的"思想保镖"，当某位成员提出独立性思考质疑时，则意味着其是潜在的团体分裂者，在这种紧张压力氛围下，决策团体很难面面俱到地考量到所有对外政策偏好选项，进而加剧不科学或错误对外政策出台的可能性。麦考利进一步指出造成这种错觉的诸要素中，最为重要的其实是团队成员对形势和前景的不确定感①。由此可见，个人认知心理视角下的对外政策偏好即使重视群体中情感的作用，但仍将其视为非理性的，是造成个人或团体认知偏差的主要原因。这种误差不仅忽视个人情感上升到群体情感的路径，也没有客观认识到国家对外政策偏好是在理性和非理性要素的共同作用下形成的。

最后，亚历克斯·明茨等学者综合传统理性选择模式和个人认知心理模式两种视角提出了多元启发模式，该模式将特定对外政策偏好产生的流程分解为两个阶段：第一阶段是决策者秉持基于维度的原则和非补偿性原则对诸多可能性方案进行认知分析和筛选，若不符合这两个筛选原则的方案则会被剔除②。具体来说，维度指标包括政治（关键维度）、经济、战略等维度，当供选方案伤害到政治维度时则被剔除；非补偿性原则指国家政治利益通常是低效用的，虽经济维度上效用相对较高，但若无法弥补政治上的效用差异，那么该供选方案也会被放弃。非补偿性原则使诸多学者认为这点与传统理性选择理论形成鲜明对比。第二个阶段是从第一阶段已经过滤后的方案中选择效用最大化的那一项方案，即

---

① Clark Mc. Mauley, "The Nature of Social Influence in Groupthink: Compliance and Internalization", *Journal of Personality and Social Psychology*, Vol. 57, No. 2, 1989, pp. 250 –260.

② 参见 Alex Mintz, "How Do Leaders Make Decisions? A Poliheuristic Perspective", *Journal of Conflict Resolutio*, Vol. 48, No. 1, 2004, p. 7; Alex Mintz, Allison Astorino-Courtois, "Simulating Decision Processes: Expanding the Poliheuristic Theory to Model N-Person Strategic Interactions in International Relations", *Annual Meeting of the International Studies Association*, February 2001; Alex Mintz. , "The Poliheuristic Theory of War and Peace Decision Making", *Annual Meeting of the American Political Science Association*, September 1999 等。

该阶段仍秉持的是成本收益的理性选择原则①。所以，多元启发模式可以说是在努力将理性要素和心理等非理性要素结合在一起，以期构建出一个综合的对外政策偏好分析框架。但该模式表面强调决策者的"心理环境"，实质仍是遵循理性选择，是一种"主观理性"，第二阶段亦是决策者在现实"操作环境"中的"客观理性"。也就是说，多元启发模式下对外政策偏好的形成还是一个不断进行方案选择的过程，并且忽略理性选择供选方案来自哪里，又是如何进入决策者的考虑范围，这些问题都是学界所必须面对的。

综上，预期效用理论是一种规范性（normative）理论，指导人们应该如何做，是一种应然性研究；前景理论是一种描述性（descriptive）理论，描述的是人们实际做了什么，是一种实然性研究②。所以，两者之间属于普遍性与特殊性之间的关系，两者之间的争论点并不是绝对对立的，而是错位对立的，并且两种模式存在相同的回避点，就是双方共同缺失偏好来源是如何产生及发挥作用的。随着群体情感在国际关系中的作用越发明显，着重探讨偏好的来源及偏好是如何起作用，在预期情感理论的指导下有利于进一步拓展传统对外政策偏好分析模式的发展。

二 关于国际关系中情感的研究现状

该部分综述分为两个部分，一部分是突出情感研究在国际关系中从不缺席，梳理过去主流国际关系理论对情感的合理化；另一部分是梳理最近二十年情感正式作为国际关系中的一种新变量，各种情感/绪（包

---

① 韩召颖、袁维杰：《对外政策分析中的多元启发理论》，《外交评论》2007 年第 12 期；肖晞、王琳：《多元启发理论与对外政策决策研究》，《教学与研究》2017 年第 5 期；张清敏：《外交政策分析的认知视角：理论与方法》，《理论探讨》2003 年第 1 期。

② 描述性理论和规范性理论的区别在于：规范性理论是处方性的（prescriptive），意在能教育指导人们的行为，是演绎的理论，理论基础不是来自经验事实；而描述性理论是基于经验证据，依靠观察人们的实际行为而来。参见 Rose Mcdermott, *Risk-Taking in International Politics: Prospect Theory in American Foreign Policy*, The University of Michigan Press, 1998, pp. 12 – 13。

含群体情感）在国际关系中的最新研究与应用。

（一）主流国际关系理论对情感的隐含

关于情感的探讨相对于理性研究而言，可以追溯至更早时期，但在现代化进程开启后，国内外的国际关系学界囿于追求纯粹理性就在建构国际关系理论的同时把情感要素合理化了。

从传统现实主义理论角度来看，该理论的学者普遍认为恐惧是国家行为的主要动力之一，但却将对失败的恐惧合理化为"风险评估"，将对权力的渴望合理化为"权力的利益"，将不确定性合理化为可能性[①]。其中，修昔底德明确指出伯罗奔尼撒战争爆发的根本原因在于雅典帝国的崛起及其给斯巴达所带来的恐惧[②]。美国的威廉·奇蒂克和安妮特·弗赖伯格－伊南教授亦在详细分析此段历史后进一步指出，伯罗奔尼撒战争爆发的动机中恐惧情感是排第一位的，荣誉感排第二位，物质利益排最后。除此外，国家间的绝大多数战争都是由地位、荣誉或复仇的欲望等因素引起的[③]。马基雅维利是最早将征服他国与荣誉联系起来的现代思想家之一，他指出国家是荣耀的爱好者，所追求的不仅仅是物质福利，还有寻求统治或至少避免被压迫，这样国家间就形成了一种从未消失的不安全感[④]。霍布斯指出国际社会处于一种所有人反对所有人的自然状态，人们之所以愿意达成和平协议正是因为对死亡的恐惧[⑤]。马丁·怀特亦认为，国际政治虽然是国内政治的延续，但两者之间最大的不同在于后者追求文明的进步和

---

① ［美］汉斯·摩根索：《国家间政治——权力斗争与和平》（第七版），徐昕等译，北京大学出版社 2006 年版，第 5 页。

② ［古希腊］修昔底德：《伯罗奔尼撒战争史》，谢德风译，商务印书馆 1960 年版，第 19 页。

③ William O. Chittick, Annette Freyberg – Inan, "Chiefly for Fear, Next for Honor and Lastly for Profit", *Review of International Studies*, Vol. 27, No. 1, 2001, pp. 69 – 90；［美］理查德·内德·勒博：《国家为何而战》，陈定定、段啸林、赵洋译，上海人民出版社 2014 年版。

④ Michael W. Doyle, *Ways of War and Peace: Realism, Liberalism, and Socialism*, W. W. Norton & Company, 1997, p. 105.

⑤ Neta Crawford, "The Passion of World Politics", *International Security*, Vol. 24, 2000, p. 120.

稳定的秩序，而前者则多数处于对彼此的恐惧和争斗之中①。克劳塞维茨认为激情在战争中占据重要位置："激情总是使战争成为一种矛盾的三位一体——由原始的暴力、仇恨和敌意组成，这些都被视为一种盲目的自然力，在这种三位一体的关系中，战争的机会和概率是自由游荡的。"② 到了 20 世纪，新现实主义的代表肯尼思·华尔兹同样认为，在国际权力结构中，国家发展军事行动的利己性情感一方面是基于自我保存本能下的恐惧、不安和愤怒，另一方面是基于支配他国和赢得他国赞同的骄傲、炫耀和虚荣情感③。汉斯·摩根索亦认为，个人的焦虑是民族主义的根源，个人的恐惧可以转化为国家的焦虑。个人对国家认同的情感强度与特定社会的稳定成反比，而这个社会的稳定取决于其成员的安全感。社会的稳定性和成员的安全感越强，集体情绪寻求发泄侵略性民族主义的机会就越小，反之亦然。④ 汉斯·摩根索和科尔·赫尔曼都认为并非所有的国家对外政策偏好总是遵循着理性、客观的路线，尤其是在民主制国家，往往为了争取公众的支持而不得不损害对外政策偏好本身的理性，这就使得国家之间的冲突往往不是根据国家客观利益的理性计算，更多的是为了满足群体情感的需要⑤。美国阿拉巴马大学的尼古拉斯·扎哈里亚迪斯教授同样指出一些学者⑥把民主制国家的政策制定理解为受拨款（成本—收益）逻辑驱动，这种简单的以收支差异结果为主要考虑依据的逻辑与实际上外交政策偏好的形成过程并不符合，并提出国家外交政策产出过程实质上遵循的是情感分配的逻辑，决策者在寻求国民情感支持的过程

---

① H Butterfield, M Wight, *Diplomatic Investigations: Essays in the Theory of International Politics*, London: George Allen and Unwin, 1966, pp. 17 – 34.

② Carl von Clausewitz, *On War*, Princeton University Press, 1984, p. 89.

③ [美] 肯尼思·华尔兹：《国际政治理论》，信强译，上海人民出版社 2003 年版。

④ Hans J. Morgenthau, *Politics among Nations*, McGraw-Hill Education, 2005, pp. 123 – 125.

⑤ Diana M. Mackie, Lisa A. Sliver, Eliot R. Smith, *Intergroup Emotions: Emotion and intergroup Phenomenon*, in Larissa Z. Tiedens and colin wayne Leach, 2002, p. 228.

⑥ James G. March, Johan P. Olsen, "Elaborating the New Institutionalism", *The Oxford Handbook of Political Institutions*, Vol. 6, 2008, p. 690.

会很大程度的掩盖成本或收益的计算①。杜克大学的道格拉斯·福伊尔教授更是将国家领导人分为民意的代表、民意的执行者、民意的利用者以及民意的监护者，以此来证明民众的情感对总统和国会在对外政策偏好形成过程中的影响力②。

从自由制度主义理论来看，自由制度主义学者将许多情感合理化为各种功利性的自我利益。如：罗伯特·基欧汉指出，国际制度能够降低交易成本、提高信息透明度、降低不确定性，从而大大提高各国在该领域的合作效率，使国家从合作中获得更大的收益。同时，当一国政府欲退出或违反国际制度时，即使不会遭受到具体的报复性打击，也会顾虑可能损失的主观（声誉）利益而不得不留在制度体系内继续行事③。也就是说，基欧汉一方面认为国家会基于机制的功能性作用而选择成为某一国际组织中的一员，另一方面又会将声誉等主观利益换算为国家的经济等客观利益，再根据"经济成本—收益"的原则来计算利益得失，进而决定是遵循抑或退出国际制度及国际合作。但是，这种理论解释和国际关系现实之间存在一定的张力，如这种理性选择视角无法解释中国建立负责任大国形象的努力和经济收益最大化之间的冲突；也无法解释美国不顾声誉接连退出《跨太平洋伙伴关系协定》、联合国教科文组织、《巴黎协定》《中导条约》、联合国人权理事会等国际组织的行为选择，并认为维护声誉甚至会伤害本国的利益，说明国家参与国际制度不一定是国家实现利益最大化的唯一选择，甚至可以侧面说明国家决定是否参与国际制度的初始动因并不是源于国际制度的功能性作用。所以，有学者进一步追溯国际合作的动因，提出国际制度只是国际合作的效能，国家间合作的承诺（一

---

① Nikolaos Zahariadis, "The Shield of Heracles: Multiple streams and the emotional endowment effect", *European Journal of Political Research*, 2014, p. 12.

② Douglas C. Foyle, *Counting the Public in: Presidents, Public Opinion, and Foreign Policy*, New York: Columbia University Press, 1999, pp. 11 – 15.

③ ［美］罗伯特·基欧汉：《霸权之后：世界政治经济中的合作与纷争》，苏长和等译，上海人民出版社 2006 年版，第 105 页。

种情感）是促进国际制度产生和建立的动因①。因为由良好声誉所引起的"自尊感"和不良声誉所激发的"羞耻感"正是促进自身实现对他人合作承诺的内在动力，情感决定行为的方向，实力决定行为的力量。同时，影响国际合作程度的因素中合作的历史、合作的制度基础和共同利益可以促进国家间工具性共识，而合作的情感意愿则可以影响着彼此长久合作的范围层次与深度。尼古拉斯·扎哈里亚迪斯教授更是指出，制度因素通过影响政治家对舆论的反应，从而影响政策产出，但情感禀赋效应②（endowment effects）则贯穿于总统和议会整个决策体系之中③。在情感禀赋效应下，情感惯性会影响国家对自身实力的认识、外来风险的评估、行动目标和行动方案的选择，从而引出新的路径依赖产生。

从建构主义理论来看，建构主义学者把身份、规范和观念的产生和转变路径合理化为不证自明的。因为相比较于现实主义和自由主义的"利益/制度决定行为"的逻辑，建构主义进一步扩展了利益和行为的因果链：身份、文化认同的不同→个体社会目标的差异→利益认知的不同→行为的不同④。但是建构主义者对该逻辑链条中的起点，即对"究竟不同的身份、文化认同的产生进程如何在施动者的社会互动中形成"并没有给出具体回答。对此，英澳学者萨拉·艾哈迈德给出了答案：利益依赖于身份，而身份依赖于情感关系⑤。罗兰·布莱克和艾玛·哈奇森同样指出，情感能够为自我与他者之间的关系"着色"，不同的情感

---

① Richard Ned Lebow, "Reason, Emotion and Cooperation", *International Politics*, Vol. 42, 2005, p. 285.

② 禀赋效应是 1980 年 Richard Thaler 提出，指当个人一旦拥有某项物品，那么他对该物品价值的评价要比未拥有之前大大增加。情感禀赋效应就意味着损失会放大了情感诉求反而产生正反馈，即国家决策者在面对损失时非但不会纠正行动促进变革，反而会坚持政策的连续性。

③ 参见 Nikolaos Zahariadis, "Leadership and the Emotional Endowment Effect in Foreign Policy", *American Political Science*, 2009; Nikolaos Zahariadis, "The Shield of Heracles: Multiple streams and the emotional endowment effect", *European Journal of Political Research*, 2014。

④ Richard Ned Lebow, "Reason, Emotion and Cooperation", *International Politics*, Vol. 42, 2005, p. 301.

⑤ Sara Ahmed, *The Cultural Politics of Emotion*, Edinburgh University Press, 2003.

体验可能使双方的关系发生变化，进而建构出不同的身份认同和利益选择①。谢尔顿·史崔克等学者根据情感认知一致理论，具体指出人们倾向于趋近能够给自身带来积极情感的角色身份，反之则会排斥。在此基础上，行为体根据情感效价维度②来衡量哪种角色身份能够给其带来的利益是积极且大的，哪种是消极且小的，而当对两种角色身份所带来的利益比较结果难以抉择时，就会根据情感的能量维度来衡量，就是当行为体失去其中一种角色身份时，哪种更难以接受，则其就更为重要。需要说明的是，行为体失去某种角色的情感体验是由其长期所处的文化氛围中积淀的价值观而决定的③。概而言之，情感的效价维度和能量维度促进行为体角色身份转变机制的两个维度。

除此外，马克思主义学者也指出情感乃人性本源之冲动，资本主义市场经济对其的贬损、压制和驯服，不仅使人性异化，也破坏了传统封建、宗法虔诚、骑士热忱、田园般的关系，把人的尊严变成了交换价值，使人们之间只剩下了赤裸裸的、冷酷无情的现金交易利害关系。资本主义的"利己导致利他"逻辑，其实质是把资本家的自私粉饰为市场经济的正常品德，以此为无下限的追求财富增长的行为寻找到合理的理由④。但是，人类若无内疚羞耻之情，将会削弱社会结构和文化对人类行为的控制能力，长此以往整个社会必将陷入混乱状态。

（二）关于国际关系中情感的最新研究及运用

该部分综述将从历史发展的角度，勾勒出情感在国际关系决策研究经历了"被忽视—关注但被视为干扰因素—重视且起着主要作用"的

① Roland Bleiker, Emma Hutchison, "Fear No More: Emotions and World Politics", *International Studies*, Vol. 34, 2008, p. 123.

② 效价维度指的是根据情感的性质将其划分为积极情感和消极情感两类；能量维度指的是情感的强度。

③ Sheldon Stryker, *Integrating Emotion into Identity Theory*, Oxford, UK: Elsevier Ltd, 2004, pp. 11 – 12.

④ 马克思、恩格斯：《共产党宣言》，陈望道译，上海人民出版社1997年版，第30页。

过程①。具体来说，首先在 20 世纪七八十年代之前，情感被主流国际关系理论合理化，包括国际政治心理学知名学者罗伯特·杰维斯在 2004 年回顾其学术成就时，明确表示很遗憾在其代表作《国际政治中知觉与错误知觉》中没有意识到情感对于错误知觉的重要性②。此后最早将情感从主流国际关系理论中释放出来的是西方的政治认知心理学的学者们，同时"情感"研究也成为国际政治心理学最新、最前沿的发展阶段。这个阶段又分为两个阶段。第一阶段是对情感的非理性研究。该阶段的学者虽然开始重视情感的作用，但是仍将情感和理性视为二元对立的，认为情感的非/有限理性特征会对国家决策者或决策团队产生负外部作用，不仅将其与理性二元对立，视为偏执、激情、冲动的载体，更是将其谴责为"民主的敌人"，认为需要被严格驯服和压制。如耶鲁大学的欧文·贾尼斯分析出自满、消极回避和焦虑等消极情绪，是导致决策者制定对外政策过程中产生认知偏差的原因③。第二阶段是对情感的理性研究。罗伯特·杰维斯的两位学生乔纳森·默瑟和妮塔·克劳福德弥补了老师的遗憾。乔纳森·默瑟在 1996 年所发表的《论国际政治中的情感现象》一文中，首次明确提出国际关系中的情感与理性之间并非对立关系，认为情感可能扭曲理性，也可能促进理性；情感是理性产生的必须要素，且情感可以在国际政治中发挥战略性作用④。妮塔·克劳福德在 2000 年《国际安全》上发表《国际政治的激情：情感和情感关系的假定》，提出了国际政治和国际安全理论有赖于情感的假设，综述了亚里士多德等哲学家对情感的关注，揭示了现实主义和自由主义对情感表面的隐藏，论述了情感与认知对于人类行为具有不同的意义和功能，他指出推理、判断等高级认知进程框定人们如何去做，但情

---

① 庄锦英：《情绪与决策的关系》，《心理科学进展》2003 年第 4 期。

② Robert Jervis and Thierry Balzacq, "Logics of Mind and International System: A Journey with Robert Jervis", *Review of International Studies*, Vol. 30, No. 4, 2004, pp. 564 – 565.

③ Irving Janis, Leon Mann, *Decision Making: A Psychological Analysis of Conflict, Choice, and Commitment*, New York: Free Press, 1977, p. 488.

④ Jonathan Mercer, *Approaching Emotion in International Politics' paper presented at the International Studies Association Conference*, San Diego, California, 1996, p. 1.

感是人们行为的背后动机，引领人们为什么这么去做，即将情感从认知中抽离了出来①。他还指出情感不仅只是个体内在的私有心理生活，情感本身还可以制度化，比如安全困境中的恐惧，不仅是一种制度化了的情感，还投射进了世界政治的结构与进程之中②。随后布朗大学的布朗罗斯·麦克德莫特、牛津大学的郝拓德和俄亥俄大学安德鲁·罗斯等杰出学者把情感放在了国际关系推理的核心位置。如，麦克德莫特从神经生理学的角度回答了"认知的鸡蛋问题"，即辨析先有情感还是先有认知，并简要地探讨了情感在风险决策中的作用③；郝拓德将国际关系中的情感划分为即时情感和基调情感，前者是一种短暂的、强烈的情感，后者则是一种经过长期积累沉淀出的固定性情感，且两者之间是可以相互转化的关系④。郝拓德还提出了情感外交（Emotional Diplomacy）的概念，以中国在台海危机中愤怒情感的表达以及中国在"9·11"事件后对美国的同情情感表达为例，挖掘了国家对外偏好中情感的理性功能⑤。罗斯认为建构主义对身份、认知、话语的关注使其在情感研究上具有天然优势，并在其基础上提出"欲望（情感）认知理论"，指出情感的纳入将会拓展国家身份、利益、行为的因果关系链接，能够更深入的探寻到国家身份及行为转变的动力⑥。美国匹兹堡大学的理查德·内德·勒博为突出情感在国际关系中的作用，指出情感承诺不仅仅是维系国家间长久合作的主要因素，而且些许过激地提出理性、民族国家等国际关系核心概念不过是"启蒙运动虚构出来的"，情感才是一直真实存

---

① Neta C. Crawford, "The Passion of World Politics: Propositions on Emotion and Emotional Relationships", *International Security*, Vol. 24, No. 4, 2000, pp. 116 – 136.

② Neta C. Crawford, "The Passion of World Politics: Propositions on Emotion and Emotional Relationships", *International Security*, Vol. 24, No. 4, 2000, pp. 116 – 136.

③ Rose Mc Dermott, "The Feeling of Rationality: The Meaning of Neuroscientific", *Political Science*, Vol. 2, No. 4, 2004, pp. 691 – 706.

④ ［加］郝拓德、［美］安德鲁·罗斯：《情感转向：情感的类型及其国际关系影响》，《外交评论》2011 年第 4 期。

⑤ Todd H. Hall, *Emotional Diplomacy: Official Emotion on the International Stage*, Ithaca: Cornell University Press, 2015.

⑥ Andrew A. G. RossS, "Coming in from the Cold: Constructivism and Emotions", *European Journal of International Relations*, Vol. 12, No. 2, 2006, pp. 197 – 222.

在并值得重点分析的①。可以说，该观点和本尼迪克特·安德森所提出的"想象的民族共同体"颇为相似。英国著名学者克里斯托尔·希尔和安德鲁·林克莱特也强调了决策过程中"情感和直觉"的核心作用②。许多学者更是逐步地把威慑、信念和信任等传统国际关系概念重构，然后与情感结合在一起来探讨国际危机③、人道主义救援④、道歉外交⑤等具体议题。

随着个人情感的研究，西方学者认为情感不仅仅局限于某个单一行为体，其应该具有集体维度，并促进社会和政治过程的形成。对此，早期法国的古斯塔夫·勒庞曾揭示群体的本质是"心理群体"，心理群体是"民族精神"和"种族灵魂"的基础，凸显了情感在群体中的功能作用，但遗憾的是他把集体行动当作群体非理性激情所导致的结果⑥。此后，布鲁默提出的群体情感"循环反应理论"、斯梅尔塞提出的"加值理论"、格尔的"相对剥夺理论"等皆不同程度地推动了群体情感的研究。苏珊娜·雷辛格和托马斯·谢夫等理论家亦认为，对促进和平与缓解冲突的努力构成最严重障碍的往往不是物质利益，而是强大的群体情感⑦。到20世纪80年代，美国社会心理学家戴安娜·麦凯和埃利奥特·史密斯等学者系统的提出了集中关注集群行为的群体情感理论（Inter-group Emotions Theory，IET），这弥补了传统对外政策偏好理论对

---

① Richard Ned Lebow, "Reason, Emotion and Cooperation", *International Politics*, Vol. 42, 2005, pp. 283 – 313.

② Christopher Hill, "The Changing Politics of Foreign Policy", *Hound mills*: *Palgrave*, 2003, p. 116; Andrew Linklater, "Emotions and World Politics", *Aberystwyth Journal of World Affairs*, Vol. 2, 2004, pp. 71 – 77.

③ 参见 Andrew A. G. Ross, "Coming in from the Cold: Constructivism and Emotions", *European Journal of International Relations*, Vol. 12, No. 2, 2006, p. 198; Edkins, Jenny, *Trauma and the Memory of Politics*, New York: Cambridge University Press, 2003.

④ Zehfuss, Maja, "Forget September 11", *Third World Quarterly*, Vol. 24, 2014, pp. 513 – 528.

⑤ Callahan, W. A, "Humiliation, Salvation and Chinese Nationalism", *Alternatives*: *Global*, *Local*, *Political*, Vol. 29, 2012, pp. 199 – 218.

⑥ ［法］古斯塔夫·勒庞：《乌合之众：大众心理研究》，陈剑译，广西师范大学出版社2015年版，第106页。

⑦ Thomas J. Scheff, Suzanne M. Retzinger, *Emotions And Violence*, i Universe, 2001.

群体行为的缺位。他们认为个体情感和群体情感之间是相互影响的，没有群体的情感，个体决策者的情感也很难发挥作用。在群体情感的框架效应下，国家对外政策偏好的形成与转变是经过社会化的，在社会化的过程中决策者是其所在群体的代表者，为了使其所行之策能够得到群体内成员的支持，必然要迎合或引导成员的情感，不然轻则政策流产，重则威胁到自身的政治生命或社会稳定①。20 世纪 90 年代，纽约大学的詹姆斯·贾斯珀（James M. Jasper）等学者进一步强调了理性主义将群体行动中的怨恨感、挫折感、剥夺感被利益、成本和代价所代替，他们所提出的资源动员理论、政治过程理论皆忽略了"人们是追求意义的动物"，尤其是在发展与和平的国际潮流下，各群体已然从"为生存而战"转向了"为承认而战"②。

由于中国的国际关系学界起步较晚，在过去很长一段时间都只能将西方普遍认可的理论通过翻译引入中国，并将其作为研究国家间关系的"标准"。同样的，虽然中国的情感哲学比西方更为浓厚，但是在国际关系领域目前也仍然是以吸纳借鉴西方研究为主。中国学界对该领域关注最多的是外交学院的教授和学生在该方面做出了理论创新和案例分析。如：外交学院聂文娟率先总括性指出了情感研究的必要性、探讨了主流国际关系理论对情感因素的隐含、梳理了情感研究发展动态，特别是关于情感和理性以及情感和认知的关系、情感的研究方法等③，但由于涉及方面颇多，每一部分都着墨不多只是简要介绍。她在另一篇文章中则比较详细深入地批判了温特认为朋友角色身份是集体身份认同核心变量的观点，聂文娟认为集体身份认同的分析层次应在群体层面，用朋友角色身份认同的微观个体特征、个体差异和个体间互动来解释宏观的

---

① Tamir Sheafer, Shira Dvir Gvirsman, "The Spoiler Effect: Framing Attitudes and Expectations Toward Peace", *Journal of Peace Research*, Vol. 47, No. 2, 2010, pp. 205 – 215；马得勇：《政治传播中的框架效应——国外研究现状及其对中国的启示》，《政治学研究》2016 年第 4 期。

② James M. Jasper, "Emotions and Social Movements: Twenty Years of Theory and Research", *Annual Review of Sociology*, 2011, pp. 285 – 303；Castells, *Networks of outrage and hope-social movements in the internet age*, Chichester, UK: Wiley, 2012, p. 298.

③ 聂文娟：《国际关系中的"情感"研究》，《国际论坛》2011 年第 1 期。

群体现象，不但个人主义色彩浓厚，而且主要集中在积极情感层面，忽视消极情感的作用。她在此介绍了戴安娜·麦凯和埃利奥特·史密斯等学者所提出的群体情感理论，为国内研究群际关系以及群体身份认同引入了一种新的视角①。她还探讨了在人权规范多样化的国际社会中，为何不同的国际组织会选择不同的人权规范，并以非盟的"人权非漠视原则"和东盟的"人权不干涉原则"进行实例比较和理论检验，论证了两者由于不同的历史怨恨情感导致他们在信息收集、信息加工、概率判断和行为决策上的差异，进而产生不同的人权规范认知②。聂文娟还总结了菲律宾国内政党之间以污名化作为竞争手段已然成为常态，污名化作为自变量直接影响到其国家对外政策偏好的形成，在此基础上提出领导者化解污名和身份管理的策略差异③。袁野则进一步扩大了污名化的适用范围，提出国际社会具有社会属性，国家之间彼此污名化的现象普遍存在。被污名化的国家会为了维护自身的本体安全而进行承认斗争。作者提取了情感中的污名来探讨美国进行污名化政策的动力、对古巴被污名化的压力以及古巴通过内部身份变迁来应对外部污名化的过程④。景晓强根据中国本土文化提取了国家互动中复合性的社会情感，即面子感，探究身份危机、社会承认、面子感、国家对外行为之间的关系，并提出经验困惑。清政府和缅甸、越南、柬埔寨之间一直保持着宗藩的关系，19世纪末英法日对这三个国家的殖民统治导致清政府陷入宗藩体系和殖民体系的身份危机中。按照传统理性选择模式，清政府针对三个国家同样类型的身份危机时，应当在支援政策上保持一视同仁。但事实上，清政府在缅甸

---

① 聂文娟：《群体情感与集体身份认同的建构》，《外交评论》2011年第4期。
② 聂文娟：《非盟与东盟人权规范的比较研究》，世界知识出版社2014年版，第 i 页；聂文娟：《历史怨恨情感和规范认同：非盟与东盟人权规范的比较研究》，博士学位论文，外交学院，2011年。
③ 聂文娟：《菲律宾外交议题的污名化与对外政策选择》，《东南亚研究》2018年第5期。
④ 袁野：《国际关系中的污名：以古巴和美国间的污名互动为例》，硕士学位论文，外交学院，2016年。

问题上，一方面对推脱其求援，另一方面与英国进行外交谈判解决；在越南问题上，清政府则没有袖手旁观，而是暗中对越南领袖刘永福的抗议提供物质支持；在朝鲜问题上，清政府态度强硬，直接与日本发生了正面军事冲突，更是迅速引入国际协调，对朝鲜实行"监国"。基于上述经验困惑，他提出了清政府在面对相同紧急外交事务时采取了差异性政策偏好主要是因为与他们之间的情感关系不同，其中有面子和丢面子是清政府对缅越政策偏好差异的主要原因，小丢面子和大丢面子是清政府对朝越政策偏好差异的主要原因①。景晓强还以情感为中间变量，分析了国家为了维护身份稳定的本体安全，应该采取何种对外政策。他认为本体安全具有积极和消极的两面性，我们应当制定合理反思性的话语战略，消弭他国对本体安全的侵蚀②。季玲主要是通过建构一个社会身份再生产的情感动力理论机制，论证"东亚共同体"这一身份为何以及如何在东亚合作进程中快速兴起和消退的。她以关系性逻辑为起点，指出国家间在情境性、变动性以及互动性的实践中所产生的情感因素，为社会身份再生产提供了动力基础与方向，并特别强调情感效价能够独立影响行为体的风险趋避性以及对认知的消极或积极偏向。具体来说，之所以 21 世纪初中日韩三国对"东亚共同体"身份呼声很高，是因为这一身份可以激起成员国对地区一体化建设的积极性，但随着东亚峰会的召开、美俄的加入以及中日关系的恶化，使得东盟面临着身份确认危机，这一身份符号所引起的消极情感，导致东亚内部合作乏力，消极的关系认知和行为倾向导致"东亚共同体"身份符号的逐渐消退③。曲丹提取了消极情感中的羞辱，分析了非政府组织、国际媒体等跨国倡议网络为何得以在既无军事力量保障也无经济制裁权力的情况下，能够在人权传播领

① 景晓强：《身份危机、面子与对外政策——19 世纪末清政府与英法日争端比较研究》，博士学位论文，外交学院，2010 年。
② 景晓强：《身份、情感与对外政策——以本体安全研究为中心的讨论》，《外交评论》2011 年第 4 期。
③ 季玲：《情感、身份与社会身份的再生产——兼论"东亚共同体"符号的兴起与消退》，博士学位论文，外交学院，2011 年。

域通过点名批评等手段进行羞辱施压①。

此外，尹继武教授在该领域的研究颇深。他在接受《国际政治科学》期刊特约访谈中条清理明地阐释了国际政治心理学科的性质、产生背景、理论基础、与建构主义的区别以及国内外国际政治心理学的流派和发展趋势，提出了情感研究是当前国际政治的最新发展阶段，情感的理性研究更是研究热点，指出情感对威胁、信任、信念等概念的重构，以及在国际危机、人道主义援助、领导外交等传统核心议题上运用的可行性②。尹继武还探讨了新时代中国外交转型背后的社会（非物质）基础，特别是中国与国际社会互动过程中由于权力仪式的错位、地位仪式的误解、价值仪式的冲突所产生的挫折情感是新时代中国外交转型中微观层次的主要原因③。尹继武在国际共识的类型和战略效应方面，指出国际共识并不是狭义上认为的国家间积极的互相认同，共识应该分为完全共识、部分/虚假共识、分歧和无共识，各类国际共识在现实中均具有战略意义，或者说具有主观战略理性。其中，积极共识能够较大程度地降低国家间对合作风险的不确定性，增大对未来收益的预期，虚假共识也有可能根据战略需要促使国家间维持短暂或表面的合作关系，当虚假性越发凸显则会重新走向分裂甚至国际冲突。但不管哪种类型的共识，作者都强调了共有观念、偏好一致、社会认同以及情感要素对共识的深层次要求④。尹继武从认知和情感路径出发将盟友间的信任划分为工具性信任、情感性信任和混合性信任，指出国家间联盟的形成既存在理性因素，同时也需要社会归因机制。他还进一步具体分析到情感等心理因素明显存在于社会归因机制中，理性变量也是在社会认知

① 曲丹：《跨国倡议网络的转化式干预：羞辱施压与国际规范内化》，博士学位论文，外交学院，2014 年。

② 参见尹继武《中国国际政治心理学理论与实践研究的进展与问题——尹继武教授访谈》，《国际政治科学》2017 年第 6 期；方鹿敏、尹继武《情感与国际关系研究：主要路径与发展趋势》，《中国社会科学报》2013 年 1 月 16 日。

③ 尹继武：《中国外交转型的微观社会互动分析》，《教学与研究》2015 年第 5 期。

④ 尹继武：《共识的国际战略效应：一项理论性探讨》，《国际安全研究》2016 年第 1期。

情感的中介作用下促使联盟的形成①。唐世平教授提出不确定性对国际关系归因理论的影响，并特别强调"为生存而恐惧"的负面情绪是导致国际关系学界在进行敌意归因时出现误差的主要原因，以及非系统和非动态的惯性思维总是促使国家乐于接受他国从善意转换为恶意，而对他国从恶意转化为善意的示好则倾向于抗拒接受，这种对他国意图的猜疑和不信任总是阻碍国家间的合作②。余文全虽然提出应该重视情感等直觉因素的作用，甚至把理性和情感纳入同一个框架，但是他仍将情感视作非理性的因素，是导致最终决策走向非理性的"绊脚石"，指出需要理性系统进行阻止，即这是一个情感和理性拉锯的过程。具体来说，他认为情感直觉系统首先为决策者提供基本的判断，需要重视该因素，但是情感的作用多是个人的经验和偏见，理性思维系统的作用就是要协助决策者对情感系统下做出的判断进行审慎分析，削弱情感直觉力量在决策中的负外部影响③。张凯滨运用法国学者多米尼克·莫伊西的情感地缘政治视角，分析为何西方主流舆论场在传播中国"一带一路"倡议时多显现出焦虑、猜忌等词，疑虑此倡议是一种地缘政治战略工具。对此，张凯滨从情感维度针对性地提出中国在推进"一带一路"倡议的过程中，应当有意识地去培养一批具备国际公共利益感的精英人员，理解西方国家对中国的战略焦虑并积极倾听和沟通，努力通过培育情感上的共通性和文化上的亲和力，以建构起凝聚"希望"的情感共同体④。张鑫运用敌友情感曲线图重新解读国际秩序发展的过程。他提出情感是界定敌友的标志，并根据敌友之分划分了四种不同的外交倾向选择，进而推进了国际秩

---

① 尹继武：《社会认知与联盟信任形成》，上海人民出版社 2009 年版，第 101—162 页；尹继武：《文化与国际信任：基于东亚信任形成的比较分析》，《外交评论》2011 年第 4 期。

② 唐世平：《一个新的国际关系归因理论：不确定性的维度及其认知挑战》，《国际安全研究》2014 年第 2 期。

③ 余文全：《超越理性假定：情绪、信念与国家决策行为》，《外交评论》2018 年第 2 期。

④ 张海滨：《国际主流舆论场对"一带一路"倡议的情绪与预期——基于情感地缘政治学的视角》，《国际传播》2018 年第 6 期。

序的演变。整体来说，文章以环形理论思辨的形式推演：情感→国家行为互动→国家意志产生和改变→再回到国家行为→综合诸多国家行为→结构化为国际秩序，并推导和绘制出环环相扣的敌友生成/区分图、国家实力图、外交行动弹性图和理想交点轨迹等图，形象展示出国际秩序的演变过程①。黄真静态的将情感性质划分为三类：作为一种交换资源的情感、作为行为动机的情感以及作为互动结果的情感，并指出在现实国家互动中三种情感不是相互孤立、泾渭分明的，而是相互交织、相互融合的②。柳思思认为个人认知心理学只注重个体的情感，对公众情感的解释力比较局限，但是情感具有社会性和主体间性，公众情感是一种普遍存在的现象。故此，提出了公众情感的引导机制，指出该机制的核心变量为形象塑造（引）与情感传递（导），假设了两者与公众情感引导效果成正比关系；最后在该理论假设的基础上分析了塔利班和美国对阿富汗公众的形象设定和情感传递途径的不同，导致了阿富汗公众对两个行为体截然不同的情感反应。美国执念于纯粹理性的计算，忽视公众情感，一心信奉消灭塔利班的策略性，这也是为何其在反恐问题上事倍功半、越治越乱。最后，作者呼吁研究阿富汗问题时重视情感要素的必要性，以及在实践中更要尊重理解阿富汗公众的情感③。

三 关于塞尔维亚对俄欧政策的研究

塞尔维亚的地理位置和独特的历史经历决定其自诞生之日起就成为俄欧在巴尔干半岛地区的重要地缘战略支点，被称为"巴尔干之钥"，塞尔维亚的对外政策也只能在这两个异质大国之间的夹缝中求生存。所以，国内外学者在分析其对外政策偏好时一般有两个特点：一是从地缘

---

① 张鑫：《基于敌友情感曲线的国际秩序演变逻辑分析》，硕士学位论文，中共广东省委党校，2017 年。

② 黄真：《国际关系中的情感》，《中南大学学报》（社会科学版）2012 年第 5 期。

③ 柳思思：《公众情感引导机制研究：塔利班与美国对阿富汗的公众情感引导比较研究》，《世界经济与政治》2013 年第 2 期。

政治角度将塞尔维亚视为地缘战略支点的国家，秉持大国平衡外交战略在两个大国之间左右逢源；二是将塞尔维亚的对外政策偏好视为欧洲化的子议题进行讨论，但多是从欧盟的视角来分析。国际政治是国内政治的外延，对外政策是服务于国内政治，当前国内外学者侧重于分析外部因素（欧盟）对塞尔维亚的对外政策偏好，忽视对塞尔维亚自身原因的探讨，凸显出当前国际关系学界同样存在霸权傲慢的心态，不利于深层解读和理解塞尔维亚的对外政策偏好。

从欧盟视角审视塞尔维亚等候选国的政策。第一，路径依赖说。路径依赖是历史制度主义提出的概念，指主权国家或国际组织一般在做出最初的政策偏好选择后，会将其习惯性地持续并贯彻下去。也就是说，先前的制度惯性和政策黏性所形成的政策背景会影响决策者的理性及偏好。东西兼顾的对外政策偏好是塞尔维亚共和国首任总统鲍里斯·塔迪奇执政时确立的，旨在扩大塞尔维亚交往范围，在西方加强与美欧的关系，在东方加强与中俄的关系[1]。根据路径依赖说以及塞尔维亚的国情，大国平衡外交将继续是塞尔维亚未来对外政策偏好的基本特征，但是该视角无法解释其在俄欧之间徘徊时坚持站在俄罗斯一方的根本原因[2]。第二，经济依赖说。欧盟作为当前世界经济的主要经济实体，塞尔维亚等中东欧国家向欧盟靠拢的最终目标是为了实现国家复兴，但是欧盟对提交入盟申请的国家都会针对性地提出相应的入盟条件（Conditionality）和标准[3]。其中，最重要的就是该国是否会将欧盟的制度规范内化并法律化。欧盟会对努力遵约的国家进行奖励，对消极配合的国家进行惩罚。基于"成本—收益"原则，申请国和候选国在决定是否积极转向欧盟的时候都会仔细衡量欧盟提出的入盟条件，评估入盟后奖励措施的可信性、奖励发放的规模和速度、入盟后对其行为规定是否细

---

① 刘作奎：《塞尔维亚国内形势、外交政策走向与中塞关系》，《当代世界》2016 年第 9 期。

② Philippe C. Schmitter and Javier Santiso, "Three Temporal Dimensions to the Consolidation of Democracy", *International Political Science Review*, Vol. 19, No. 1, 1998, pp. 69 – 92.

③ Moravcsik, A. Vachudova, "National Interests, State Powerand EU Enlargement", *East European Politics and Societies*, Vol. 17, No. 1, 2003, pp. 42 – 57.

化、合法化以及采纳欧盟规则将付出多少成本代价①。通过衡量入盟援助以及亲俄代价，塞尔维亚的对外政策偏好亦不符合经济依赖说。第三，制度吸引说。欧盟作为欧洲地区较大的区域性经济合作组织，其宗旨是：促进和平，追求公民富裕生活，实现社会经济可持续发展。一些学者认为欧盟的制度规范是影响申请国和候选国国内政治的主要变量，因为其他组织或主权国家与欧盟长期互动中，会被欧盟的制度所吸引、引起政策共鸣，进而主动去模仿并被同化，从而形成新的制度。当申请国与欧盟内部的规范、规则或制度的社会适当性越高，匹配程度越接近，规范在国内的传播也就越容易②。这种制度吸引说主要被用于分析克罗地亚、斯洛文尼亚等已经加入欧盟的国家，但无法解释塞尔维亚的对外政策偏好。同时，静态的制度吸引说也忽视当前制度复杂体的竞争性，因为主权国家在现实中要决定加入哪一类国际组织时具有多种选择空间。

近年来有少数学者逐步尝试突破上述几种视角，开始着眼于从塞尔维亚自身找寻影响其对外政策偏好的因素，如：贺刚探讨经历了相同历史和战争的塞尔维亚和克罗地亚为何在欧洲化进程中表现出截然不同的选择。基于该经验困惑，他提出形成国家差异性身份的进化和转变动力根源，在于塞尔维亚和克罗地亚不同的自传体叙述方式，认为自传体叙述是影响身份聚合和身份分裂的核心变量。具体来说，就是自传体叙述对国家的身份认同具有建构作用，自传体叙述主要分为三类：神话传说建构国家是受害者还是主导者的叙述、政治精英对民族主义的强化或淡化叙述、历史教育的喜剧式或悲剧式叙述，不同的叙述方式导致国家身份的差异化转变③。该视角结合国际关系学和语言学，跨学科地为我们提供了新的分析视角。但是，需要注意的是，这种依靠独白式的自传

① 参见 Ulrich Sedelmeier, "After Conditionality: Post-accession Compliance with EU law in East Central Europe", *Journal of European Public Policy*, Vol. 15, No. 6, 2008, p. 806；刘作奎《欧盟对塞尔维亚和黑山政策评析——从"联盟"到"双轨"》，《欧洲研究》2007年第2期。

② Maria G. Cowles, James Caporaso, Thomas Risse, *Transforming Europe: Europeanization and Domestic Change*, Ithaca: Cornell University Press, 2001, pp. 1 - 20.

③ 参见贺刚《自传体叙述与身份进化的动力——基于欧洲化进程的视角》，《世界经济与政治》2015年第11期；贺刚《自传体叙述与身份进化的动力：克罗地亚与塞尔维亚的欧洲化进程比较研究》，博士学位论文，外交学院，2015年。

体叙述无法维护和保持身份的稳定，虽然不断有学者证明叙述在国际关系中的建构作用，但其在国家治理和维持身份稳定方面存在着不可忽视的弱势，即叙述只能解释国家如何影响对外政策偏好的改变，但是却不能在此基础上提出后续该如何维持身份稳定的可行建议。甚至有学者比较极端的称，如果叙述可以转变国家身份，那么要改变现有国家身份及治理方式岂不是只需要迫使其闭嘴就可以了。更进一步来讲，叙述的能动性实质上是通过建构出不同的情感并作用在行为体来表现的①。笔者则比较温和地认为话语分析并不是毫无用处，也不是说情感应该替代话语分析，而是认为话语符号可以是情感的研究对象，情感能够揭示话语符号是如何与它们的对象相连接的。国际关系学院的陈旸、吴楠和李俊三位学者总括性地从塞尔维亚内部的政治、经济、身份认同三个方面分析，之所以其转型困难主要在于该国不仅面临着政治经济的双重转型的挑战，还肩负着平衡民族国家与欧盟的认同难题②。但是，这种总括性的论述过于空泛，无法从根源上解释直接阻碍塞尔维亚对外政策偏好转变的具体因素。弗兰克·施莫芬尼以历史遗产作为自变量，解释塞尔维亚之所以对欧盟欲迎还拒，在于欧盟指责塞尔维亚破坏了南斯拉夫的名誉，并且谴责塞尔维亚是波黑战争暴行的最大侵略者。欧盟对塞尔维亚过去历史的指责，使得其政治精英与普通民众即使很希望摆脱过去，发展经济，融入国际社会，却也无法接受欧盟这种强加的污名，反观俄罗斯的表态则让塞更易接受。可以说，历史遗产的视角探寻到塞尔维亚对俄欧政策差异的内部深层原因。但比较遗憾的是，施莫芬尼并没有对历史遗产进行逻辑上的理论建构和因果推理③。

---

① Roland Bleiker, "The Aesthetic Turn in International Political Theory", *Millennium*: *Journal of International Studies*, Vol. 30, No. 3, 2001, p. 523.

② 陈旸、吴楠、李俊：《塞尔维亚转型困境及前景》，《现代国际关系》2016 年第 6 期。

③ Arista Maria Cirtautas, Frank Schimmelfennig, "Europeanisation Before and After Accession: Conditionality, Legacies and Compliance", *Europe-Asia Studies*, Vol. 62, 2010, pp. 421 –441.

第三节 主要的研究方法

1. 跨学科研究方法

随着国家对外政策偏好自身发展的多样性变化，影响其形成和转变的因素也逐渐丰富，需要借鉴经济学、社会学，语言学或心理学等方面的知识。本书选取群体情感作为分析国家对外政策的中介变量，是典型的心理学与国际关系学的交叉。

2. 文献分析法

国家对外政策偏好研究一直以来都是国际关系中的研究重点，文献资料可谓浩如烟海；（群体）情感研究作为近二十年来的研究热点，其研究成果也是汗牛充栋。本书将对与这两者相关的大量中英文文献及数据库进行归纳、分析及述评，从而为这两者搭建起关系性逻辑。此外，在文献梳理的过程中，还将运用到文本情感分析法[①]，该方法指的是对新闻报道、民意调查、重要领导人言论等资料中体现的态度和情绪进行分析。因为在国际关系中负面话语可能不能反映客观事实，但是流露出的恐惧或焦虑却包含着真实的情感。

3. 案例分析法

国家对外政策偏好分析不同与纯理性学术分析，更加强调政策相关性，因此在方法论上非常重视具体的单个案例。本书选取塞尔维亚为典型案例，对其政策偏好的形成或转变过程采取过程追踪的方式，不仅能够凸显出群体情感在国际关系中的必要性和重要性，而且也能揭示影响国家对外政策偏好的主要因素之间内在的关系和规律，达到"解剖麻雀"的功效。

4. 比较分析法

本书主要对两方面进行了比较，一是对主流对外政策偏好分析模式

---

① 吴雁飞：《国际关系研究中的自动文本分析》，《国际关系研究》2019年第6期；乐国安、董颖红、陈浩、赖凯声：《在线文本情感分析技术及应用》，《心理科学进展》，Vol. 21, No. 10，2013，pp. 1711-1719.

进行比较，尝试找出模式中存在的不足之处，并在本书的理论框架中加以弥补，在理论层面搭建起群体情感与国家对外政策偏好之间的关系性逻辑；二是对塞尔维亚的俄欧政策偏好差异进行比较，在经验层面验证群体情感与国家对外政策偏好的共变性与共通性。

第四节　创新点与不足点

本书的创新点主要在于理论创新与实证创新。首先，理论层面的创新一方面体现在群体情感拓展了国家对外政策偏好分析的链条，弥补了传统理性选择模式与个人心理认知模式之间的错位性对立；另一方面体现在群体情感与主流国际关系理论的对话，这不仅可以促进人们对群体情感的研究不再执拗于对其进行衡量与测评，而是转向群体情感在国际关系中的战略作用，客观地正视国家对外政策偏好是在理性和非理性因素的双重作用下产生的。再者，中国的（群体）情感哲学实质上比西方要更为浓厚，但是中国学者对该领域的研究相对薄弱，本书的研究可以说是对该领域研究添砖加瓦。但需要说明的是，本书的理论创新并不是要推翻既有范式，而是对现有理论的完善。其次，实证层面的创新，过往学者们在分析中东欧国家的对外政策偏好时，多是从他者（俄罗斯或欧盟）的视角来分析，如制度吸引说、经济依赖说等，这体现出西方国际关系理论的傲慢心态。本书引入群体情感这一中介变量，则将研究视角从他者转向了自我，且内因决定外因，这一转变可以更加真实地探讨出塞尔维亚在俄欧之间政策偏好的差异。

不足之处：首先，文章大线条地分析了群体消极情感和群体积极情感对塞尔维亚对外政策偏好转变的影响，但对同一效价维度的群体情感没有进行具体区分，如怨恨和恐惧对国家对外政策的影响也是不同的。由于在塞尔维亚国内的群体情感更加侧重于怨恨，故在案例分析上对同一效价但不同能量的群体情感比较着墨不多，仅在最后一章略作了补充表述。其次，需进一步加强对积极群体情感的研究。因为在政治生活中，真正能引起国家和民众兴趣的是差异，但差异是群体之间的常态，其本身并不必然会造成群体间的对立，往往是某些积蓄已久的不宽容群体引领其成员注意或创造了差异。因此，未来的研究执念于消除国家群体之间内部的差异是无济于事的，重点应放在如何避免将差异过度政治化。而且，国际关系发展的潮流是和平与发展，注重群体积极情感的研究是未来国家对外政策偏好研究的应有之义。再次，需进一步在研究国家对外政策偏好中区分真实性群体情感与工具性群体情感。最后，关于国际关系中的情感研究，国外学者的研究成果相较更为丰富，所以英文文献的查阅和整理工作量比较大，囿于本人的英语能力，对群体情感理论的理解和运用上可能还不太透彻。

第二章　群体情感：国家对外政策偏好中的中介变量

> 一个只关注国家行为模式，却忽略关注国家行为对自己和对方意义的国际政治学生，将来只会变成一个影子专家。
>
> ——［美］罗伯特·莱格沃德（Robert Legvold）
>
> 认知因素是引起和调节心理上的比较和辨别的活动，但不具有动力性，而群体情感具有动力性，表达着某种感受、某种应对的情绪，它为认知和动作提供活动线索，组织并驱动着群体的认知与行为，起着中介作用。
>
> ——［美］卡罗尔·伊扎德（Carroll Izard）

偏好（Preference）是一个心理学概念，是潜藏在人们内心的一种动态的情感和倾向，其结构是由过程和结果两部分构成，对人类的行为具有导向和维持的作用①。故分析国家对外行为的前提要先明确行为体的政策偏好。美国学者阿诺德·沃尔夫斯（Arnold Wolfers）指出，要理解、预测和应对国家对外行为的缘起和后果，前提就是要辨别出那些能够影响决策偏好的要素②。而确定对外政策偏好的方法主要有三种：假定、经验观察和理论推演③。理论推演要立足于之前理论对偏好的假

---

① Jonathan Mercer, "Emotional Belief", *International Organization*, Vol. 64, 2010, pp. 1 – 31.

② Arnold Wolfers, *The Goals of Foreign Policy*, *Discord and Collaboration*: *Essays on International Politics*, Baltimore: The Johns Hopkins Press, 1962, pp. 67 – 80.

③ Jeffrey A. Frieden, *Actors and Preferences in International Relations*, Princeton: Princeton University Press, 1999, p. 53.

定与经验观察，且对理论家而言，之前的假定与经验观察没有对与错之分，只有有用或无用的区别。[1] 因此，本书对国家对外政策偏好的追溯亦站在前人的肩膀上，去开展进一步的理论推演。目前被学术界广泛应用的对外政策偏好分析模式主要有传统理性选择模式和个人认知心理模式。前者以理性为核心要素，不仅忽视过程偏好，只重视结果偏好，且直接剔除情感要素，致使该模式在任何决策甚至是微不足道的决定时，都陷入了一种永无止境的成本收益分析之中。[2] 后者以领导者个人性格特征为核心要素，其虽重视了过程偏好中的情感要素，但只是将其视为影响国家对外政策的偶然性因素，聚焦于特定领导人在特定事件中的反应和决策。这两种模式对分析国家对外政策过程作用的重要性不言而喻，但两者却经常陷入理性与非理性何者更重要、何者更能解释现实政策偏好的相互诟病与攻讦之中。事实上，在现实对外政策偏好的形成与转变过程中，理性与非理性并非绝对对立的，而是两种因素共同促成的，他们之间具有很大的弥合空间。

因此，本书立足于这两种模式对偏好的假定与经验观察，引入长期被西方主流国际关系理论忽视的"群体情感"这一遗漏变量[3]，揭示出群体情感是国家理性的基线，是个体情感的趋同，在国家对外政策偏好形成和转变过程中的每一环节中隐而不显却无处不在地发挥着中介作用。同时，群体情感的引入不仅可以弥合两种模式之间的错位性对立，而且能够更加完善地了解国家对外政策偏好形成和转变的内在动力。再者，主流的两种模式最大共同点就在于皆是"自上而下"的分析视角，而群体情感的介入则提供了一种"自下而上"的新视角。

---

① Milton Friedman, *The Methodology of Positive Economics*, Chicago: University of Chicago Press, 1953, pp. 1 – 16; Kenneth Waltz, *Theory of International Politics*, New York: Random House, 1979, pp. 5 – 6.

② Antonio Damasio, *Descartes' Error: Emotion, Reason, and the Human Brain*, New York: Putnam, 1994, p. viii.

③ Alastair Iain Johnston, "What (If Anything) Does East Asia Tell Us About International Relations Theory?", *Annual Review of Political Science*, Vol. 15, 2012, pp. 53 – 78.

第一节　主流对外政策分析模式的
偏好假定及评价

一　传统理性选择模式的偏好假定及缺陷

传统理性选择模式的偏好假定主要来源于西方文化对"理性"概念狭隘地二元界定。如，从辞源上看，理性（Rationality）是不可数名词，意味着其从词性上就将其他理性系统隔绝开来；从思维惯性上看，西方学者将理性标准打上了深深的欧洲中心主义色彩，认为其所秉持的理性具有普遍的指导意义，凡是与西方思维习惯和推理方式不同的就都属于非理性范畴；从内涵本质上看，西方学者认为理性是对目的与手段之间关系的描述，主要是从好的备案中选择出更好的方案，只体现出了其工具性，但实质上工具理性不等于正确，真正的理性应当是一种辨别和推理的能力①。该部分将详细论述传统理性选择模式的偏好假定及其缺陷。

（一）传统理性选择模式的偏好假定

传统理性选择模式鼻祖是美国的安东尼·唐斯，他基于二元对立论、单一世界秩序崇拜论、情感边缘论等不可通约的预设，于1957年在《民主的经济理论中》总结概括了理性的标准，奠定了传统理性选择模式对理性偏好的假定：理性偏好必须符合效用最大化原则，即行动收益必须超过成本；理性人在完全信息的基础上能够穷尽各种选项，然后按最大效用原则排列出所有备选方案，每个方案的偏好顺序是传递的，总是一个比另一个更好；理性的偏好必然是最终选择排列顺序中位置最高的备选方案；这种理性偏好可以应用于所有被研究的人群，且他们的判断力和决定不因时而变，不因人而异②。也就是说，在传统理性选择模式中，任何人（不管是掌握较多决策信息精英还是掌握信息较

---

① Steven J. Brams, *Rational Politics*, Washington D. C. Press, 1985, p. Preface vi.

② Green, Donald P. and Ian Shapiro, *Pathologies of Rational Choice Theory: A Critique of Applications in Political Science*, New Haven: Yale University Press, 1994, pp. 14 – 17.

少的普通民众）任何时候都能在诸多备案中挑选出利益最大化的方案。对此，赫伯特·西蒙等学者提出质疑，认为现实社会中不存在绝对理性人，有限理性才更能反映人的特性，因为很难界定和保证达到理性决策所需要的信息质量和数量，而且决策者在有限时间内获取及处理信息的能力还会受到自身知识水平的影响，甚至有些人是无知的[①]。

但是，秉持传统理性选择模式的学者对赫伯特·西蒙的有限理性做出回应，证明许多低信息量的选民（Low-information Voters）也可以在政治参与中做到标准理性[②]。他们指出，在议会制或人民代表大会制的国家中，民众多是间接参与对外政策偏好制定中，且民众明白他们掌握的信息量不够充分，为了投出自己沧海一粟的一票就需要他们耗费大量的时间、精力成本去分析候选人信息，但为了使自己的投票能够获得个人利益最大化，同时保障自己的选择及行动是理性的，他们就会选择把信息的收集、解释和判断，部分或全部委托给可以依赖的信息源，比如跟随与自身诉求接近的政党、媒体或利益集团的判断，来投出自己的一票，这样既可节省时间与精力成本，又能保证尽可能满足自身的利益[③]。在此基础上，进一步证明了所有人都是理性经济人，理性偏好就是追求成本收益最大化等逻辑假设。

同时，传统理性选择模式将个人理性偏好向国家层面进行推演，认为国家对外政策偏好的产生也是符合理性的。其逻辑是：当需要从宏观上解释国家外显的决策偏好时，就以国家这个"单一行为体"为主体来代表国内的各种声音；当需要微观分析国家某项具体决策偏好时，则采取还原主义方法，将国家这个"单一行为体"的决策原因还原到各

---

① Herbert Simon A, *Models of Bounded Rationality*, Cambridge：MIT Press, Vol. 2, 1982, p. 162.

② 季乃礼、吕文增：《选民无知能否影响美国民主运行的理论纷争——从特朗普当选美国总统说起》，《学习论坛》2018 年第 12 期；Fording, Richard C, "The Cognitive and Emotional Sources of Trump Support：The Case of low-information Voters", *New Political Science*, Vol. 39. No. 4, 2017, p. 670.

③ ［美］安东尼·唐斯：《民主的经济理论》，姚洋、邢予青、赖平耀译，上海人民出版社 2005 年版，第 5 页。

具特色的决策者行为层面。但是，这并没有对国家与决策者之间能够进行互换性的原因做出明确的解释。

概而言之，传统理性选择模式中的国家对外政策偏好，在政治、经济、安全、声誉等领域都是给定且稳定的，是基于目的性逻辑的一种外生偏好，强调国家追求功利主义的倾向和对物质主义的依赖，只注意工具理性、目的理性，以及相对收益和在国际体系中的地位。

（二）传统理性选择模式的偏好假定缺陷

首先，传统理性选择模式备受现实决策环境的挑战。其一，在理论上决策者根据自身掌握的信息可以有诸多给定的备选方案，但真实的政策制定过程中备选方案并不是给定多个的，而是需要一个个去搜寻。那么如何搜寻，搜寻到多少数量方案才是最佳，这两个问题若根据理性选择的最优化标准，搜寻行动在复杂的现实环境中将会永不止歇，而且只要不穷尽所有方案，那么永远无法得知究竟哪一方案才是最佳，倘若出现两个效用相同的方案时更是将陷入无从选择的境遇[1]。也就是说，缺少情感辅助的理性计算最终只会沦为无效率的简单重复劳动。其二，传统理性选择模式要求决策者不管最终收益如何，都将会通过比较做出选择。而事实上，决策者往往只需找寻到满意的方案就会停止继续搜寻，甚至也会因为没有找到满意的方案而放弃或搁置决策。其三，传统理性选择模式认为掌握信息量较低的选民会根据成本收益而由代理人代表或直接放弃投票，事实上，在英国脱欧公投中显示，英国公民参与投票的比例达到72.2%[2]。即普通民众影响国家对外政策偏好的行为不应被静态地视为在某个时间点做出的自利决策，而是随着时间推移而扩展的一系列群体行为[3]。因为个人是在社会互动的情境中决定是否投票的，即投票实质上是一种有关自我认同的社会表达行为。

---

① Weintraub, Ruth, "What Can We Learn from Buridan's Ass", *Canadian Journal of Philosophy*, Vol. 42, 2013, p. 3.

② 英国广播公司网站公布的统计结果，（June 2016），http://www.bbc.com/news/politics/eu_referendum/results.

③ ［美］西蒙：《管理行为》，詹正茂译，机械工业出版社2007年版，第248页。

其次，传统理性选择模式"利己"的假设造成其"成本—收益"标准的矛盾性。该模式强调决策者都重视自身利益最大化[1]，其实质就是一种以自我为中心的心理，且主要源于对他人的有限信任和不安全感。事实上，所谓的理性人在进行自我利益偏好排序时是基于情感和价值观的等级进行。如，某行为体之所以喜欢 A 而不是 B，就在于 A 更符合其预期情感的顺序。换句话说，就是行为体对于获得 A 比获得 B 在情感上更有成就感。而且，一味地依据成本收益原则并不一定最终能实现利益最大化。因为理性选择并不总是一种生产性、提升自我收益的活动。如 2008 年的金融危机，很大程度上就是由强大的市场运营商自私自利的行为造成的。在充满情绪化的国际政治中，若只关注自身利益可能适得其反，国家间稳定的关系需要意识到通过尊重他人利益的方式来构想和实施自己的利益。否则，缺失信任将使每个人的利益最终都会面临风险。而且，决策者有时受互惠、不平等厌恶、利他等动机所做出"损己"的行为[2]，往往比单纯自私自利的行为更能为个人和集体带来良性循环的利益。

最后，现实社会并没有因传统理性选择模式对群体情感的忽视而变得简单和谐或美好，反而引导政治家心安理得地充当理性自私人[3]。传统理性选择模式由于剔除了国家中的群体情感因子，致使其视角下的多元国家和群体皆原子化、同质化，强调人的功利性和算计性，忽略人的价值理性和实践理性，忽视群体情感在社会关系中所起的作用，使得"放纵的、物质主义的人性"单向度地膨胀起来。尤其在理性主义所推崇的囚徒困境、集体行动逻辑、交换理论等六个博弈论中，行动者彼此之间没有情感上的沟通和交流，只有相互的提防和算计。这就使得国际关系中的利他、国际主义精神及诚实守诺等友好行为，被"冷冰冰的

---

[1] ［美］尼克·威尔金森：《行为经济学》，中国人民大学出版社 2012 年版，第 305 页。

[2] 叶航、陈叶烽、贾拥民：《超越经济人：人类的亲社会行为与社会偏好》，高等教育出版社 2013 年版，第 82 页。

[3] 王海东：《情感在重构世界政治与文化中的意义——莫伊西的情感地缘政治学探析》，《上海文化》2015 年第 4 期。

理性"冻结，也使得促进合作实践和平所需要的积极情感沟通，被厚重的"理性大坝"堵塞。传统理性选择模式所勾勒出的人与人之间相互欺诈、钩心斗角的社会缩影，不仅强化了人的自利性，还造成两败俱伤，利益皆损。更重要的是，在无政府状态的自助体系中，国家之间基于利己利益开展战略竞争，并尽可能地隐藏自己的战略意图和私有信息，这使得战略欺骗往往成为一种天生的、进化的偏好。所以，传统理性选择模式的理论风险是，当人们接受了人性自私的理论假设时，有可能产生默顿"自我实现预言"式的效果，放松对自己的道德约束和利他情怀，进而走向极端，最终引发公共利益和社会伦理的危机。也就是说，理论不仅可以反映事实，而且也可以指导行为，有可能最终导致理论假设由"假"成"真"。

需要注意的是，传统理性选择模式强调的仅仅只是理性的一面，即工具理性。工具理性不等于正确，真正的理性应当指理性能力（Reason）。那么是否传统理性选择模式就毫无意义，对此笔者持否定态度。因为面对复杂的国际关系，只要一项理论能够对某一类现实议题还存在解释力，那么理论研究者们就不会轻易加以抛弃，而是选择对其狭隘假定进行修正和完善。① 至于如何更加突出理性的能力这一面，在下文笔者将在群体情感的指导下对理性的概念与内涵进一步拓展，使其与国际社会现实尽可能地无限接近。

二 个人认知心理模式的偏好假定及缺陷

随着国家对外政策偏好研究的逐渐具化，学者们到 20 世纪 50 年代已经开始逐渐认识到建立在"经济人"假说之上的工具理性，不仅过于理性化，而且存在认知误区。具体来说，新古典经济学的奠基者马歇尔最初就强调，商品的属性并不在于其物质实体性，而在于对人类有用的"效用属性"，人类生产的是能够为人们带来并且赋予物

---

① ［美］加里·金、［美］罗伯特·基欧汉、［美］悉尼·维巴：《社会科学中的研究设计》，陈硕译，上海人民出版社 2014 年版，第 98 页。

质价值的"效用"。只是学者们在将其引入国际关系学科时，在试图建构简约理论过程中将其删减了，进而与现实社会脱轨。事实上，决策者在具体制定决策的过程中不可避免会受到"个人认知心理"等情势性因素（Situational Factors）的影响。这就意味着决策者并不能像编程计算机一样通过"信息输入—决策输出"这样有序运行，往往还会受到损失厌恶、应用启示、框定效应等因素影响，导致其在不同的情境下对同一问题做出不同的选择。对此，个人认知心理模式尝试动态解释国家对外政策偏好的变化，向着更接近真实人类行为的现实理性迈进了一大步，但其自身也因对群体情感作用的片面理解而存在着不可忽视的局限性。

（一）个人认知心理模式的偏好假定

"在漫长的国际关系史中，不管是合作抑或是冲突，很大程度上是由重要决策领导者的思想言行书写的，国际政治归根结底是人的事物，人的一切特点它都具有。"[①] 个人认知心理模式试图贴合国际社会现实，将关注点回归到政策制定的决策者本体上，以"社会人"取代"经济人"，指出社会人是"有限理性"（Bounded Rationality）的、是"认知吝啬鬼（Cognitivemisers）"，会囿于自身有限的脑力和精力以及很多客观事物含糊不明的意义，而无法进行成本收益计算。所以，社会人在日常决策中的偏好不可能谨遵效用最大化的公理性假设，往往更倾向于秉持"满意"原则[②]。换句话说，就是决策者虽然试图在考察完所有方案后选择效用最大的那个方案，但是其行为却受有限理性的限制，只能寻求能够满足其最低要求的可接受的选择，即有限理性的适应机制代替了完全理性的最优机制。

个人认知心理模式的偏好假定来源于普林斯顿大学丹尼尔·卡尼曼（Daniel Kahneman）和阿莫斯·特沃斯（Amos Tversky）教授所提

---

① 晓端：《角色与个性——人性与国际关系》，《世界经济与政治》2000年第5期。

② 以稻草堆中寻针为例，社会人与经济人两者之间的差别在于：经济人试图找到最锋利的针，即寻求最优，从可为他所用的一切备选方案当中，择其优者；而社会人只要找到足可以缝衣服的针就满足了，即寻求满意，寻求一个令人满意的或足够好的行动程序。

出的前景理论①。该理论在国家对外政策偏好研究中的基本观点是：一是决策者一般不会首先追求最优，然后次优，而是首先防止最恶事态的发生；二是相对于提升在国际社会中的地位，国家更愿意为了防止国内政治支持下跌和政府声誉恶化而冒风险；三是相对于增加收益，国家间更愿意为了防止损失而达成合作共识；四是相对于威慑对手终止已经在进行中的某项行动而言，直接在最开始便威慑对手不要采取某项行动更为容易；五是决策者在面对较小的损失时，一般不会就此选择保守的政策，而是会尝试冒更大的风险去弥补②。该模式重视个体情感，但认为是个体情感阻碍国家对外政策偏好的理性，具体来说主要受以下因素影响。

损失厌恶与个人决策偏好。损失厌恶是人类普遍存在的心理惯性。根据传统理性选择模式，决策者对收益的损失反应应当是呈正比的。而在现实的国际关系史中，决策者对收益和损失的反应与效用呈现出非线性。具体来说，在收益情势下，决策者倾向于风险规避，因为人们在评估收益时往往以维持现状③为参考点，人们对已经拥有物质损失的痛苦要大于获得新收益的喜悦。所以，决策者更愿意维护确定性的现状以避免损失，而不愿意冒较大的风险去促进现状向更好的方向发展。比较典型的现状锚定案例，就是国家倾向于花费更多的成本去维持一项国际机制而不愿创建一项新的国际机制。同时，这也是为何某大国即使知道对其边缘利益的局部地区进行军事干涉不会获得什么收益，甚至还有可能利益受损，但仍要坚持此错误行为的主要原因④。但在损失情势下，决

---

① 之所以将该理论称为"前景理论"，是因为个体进行决策实际上是对"前景"的选择。而所谓前景即各种风险结果，前景选择所遵循的是特殊的心理过程与规律，而不是预期效用理论所假设的各种偏好公理。

② Levy, Jack S., "Prospect Theory and International Relations: Theoretical Applications and Analytical Problems", *Political Psychology*, Vol. 13, No. 2, 1992, pp. 284 – 292.

③ 在国际政治中，现状指稳定的和没有变化的需求。现状分为三种层次：一是现实现状；二是对现实的认知（perception of status quo）；三是遭受损失之前的现状。该现状是可以改变的，当损失和收益发生变化，需要将新的现状作为参考点。

④ Jeffrey W. Taliaferro, *Balancing Risks: Great Power Intervention in the Periphery*, Ithacaand London: Cornell University Press, 2004, pp. 17 – 18.

策者则倾向于风险寻求，因为决策者会受"沉没成本"和"冲力效应"①影响而不愿轻易放弃。尤其是在低烈度的军事冲突中，处于劣势的决策者很少会为降低损失而主动寻求签订停战或求和协定，沉没成本往往促使决策者低估继续打下去的损失，高估求和的损失。个人认知心理模式为了使上述现象更加理论化，进一步用权重函数和价值函数②来解释损失厌恶与对外政策偏好之间的关系：一是决策者的偏好是向损失和收益两个方向偏离，呈现出"反射效应"的增函数，并随着参照点移动；二是决策者的偏好体现在反比例函数曲线图中时，其在收益状态下呈凹性，即倾向于风险回避；在损失状态下呈凸性，即倾向于风险寻求；三是呈凸性曲线的斜率要小于呈凹性曲线的斜率，即决策者对同等损失的敏感度要高于收益③；四是人们往往会高估低概率的事件，低估中高概率事件，并对概率处于 0 和 1 之间的事件给予更大的政策权重。

应用启示与个人决策偏好。个人在决策过程中一般会受到以往经验的启示，主要分为典型性启发法、可得性启发法、锚定与调整启发法。其中，典型性启示法指人们在不确定性条件下，会自觉地关注两个事物之间的联系及相似性，且不考虑两者之间相似的原因及重复的概率，尤其是当面对意想不到的难题，决策者无法在短时间内通过繁杂的推理步

---

① 冲力效应指的是决策者由于已经拥有了信息，而导致对新信息不敏感，在调整决策上表现不足。

② 权重函数是在加和、平均、整合或其他运算中为了突出某个元素比其他元素"重"而引入的数学概念。在不确定性情境下，事件发生的客观概率有时是不能准确预知的，于是决策主体对反映客观概率 P 的信息进行加工，形成对事件发生可能性的主观感受，即主观概率，称为决策权重，它与客观概率之间存在一定的偏差。决策权重函数 π（p）是客观概率 p 的非线性函数，不满足概率公理，它具有以下性质：（1）π（p）是 [0，1] 上的单调递增函数，π（0）=0，π（1）=1；（2）亚确定性：对任意的 0<p<1，有 π（p）+π（1-p）<1；（3）对于较小的 p，有 π（p）>p，对于较大的 π，有 π（p）<p，即决策个体高估小概率事件而低估中、高概率事件；（4）次可加性：对于较小的 p 和任意的 0<r<1，有 π（rp）>rπ（p），这一性质可以用来解释在面对两个获利概率都很小的期望时，人们偏好于提供更大可能性收益的期望。Jack S. Levy, "Loss Aversion, Framing and Bargaining: The Implications of Prospect Theory for International Conflict", *International Political Science Review*, Vol. 17, No. 2, 1996, p. 181.

③ 蔡志明：《风险决策与个体偏好的实验研究——实验经济学的挑战与贡献》，《复旦学报》（社会科学版）2000 年第 1 期。

骤找寻最佳方案，就会通过联想搜索记忆中预知相关的前例为当前的紧急决策提供参考和启示，进而寻找到简单且正确率相对稍高的替代方案。可得性启示法指的是人们根据对其影响较大的事件来评估其再次发生的概率，比如，"911"事件导致美国人民产生的创伤性回忆，认为整个世界都处于恐怖主义之中。锚定与调整启示法指的是人们对最初获得的信息容易产生锚定效应①，并在此锚定范围内进行调整，这就意味着不同锚定所调整出的结果也是不一样的，最终的政策结果已经不仅仅是最初获得的原始信息。也就是说，传统理性选择模式中的初始信息在几乎没有经过加工，就在纯粹的"客观环境"中机械进行。同时，个人认知心理模式在这三种方法下可能会得出正确的结论，也可能得出错误的结论，但也正是因为其结果的不确定性，更加凸显出该模式贴近现实决策过程。

框定效应与个人决策偏好。框定效应是在风险厌恶与应用启示的基础上进行信息加工的过程。该过程分为两个阶段：第一阶段是编辑阶段。该阶段是通过接受、剥离、编码及合成等手段收集和整理信息，对不同可能性的结果进行初步分析，筛选出简化的结果。其中，接受是指无论报告表述形式如何，只要提交给决策者的报告是合理的，决策者就倾向于按照递交给他时的表述来理解，一般不会再去改动它；剥离是指决策者不会对备选方案按照风险从大到小的顺序进行排列，而是按照有风险与无风险的方式将其分离出来；编码是指决策者参考现状判断要处理的事件是处于损失情景抑或是收益情景；合成是指决策者将相似结果的方案概率进行合并，以简化对问题的认识。所以，编辑方式的不同会对相同的决策问题框定出不同的架构，从而导致个体在面对相同问题时具有不同的决策偏好。第二阶段是评估阶段。该阶段是决策者基于上述编辑之后的备选方案进行估值，先是基于备选方案的价值函数，然后是基于备选方案的权重函数，最终整合并选择出令决策者最满意的政

---

① 沉锚效应，指的是人们在作决策时，思维易受第一印象或第一信息支配，就像沉入海底的锚一样把人们的思想固定在某处，并用一个限定性的词语或规定作行为导向，达成行为效果的心理效应。

策方案。

综上，个人认知心理模式注重非理性因素在国家对外政策偏好过程中的作用。该模式认为在真正的决策过程中，不论是决策者个人还是决策团体都先会根据自身的经验与知识，对需要处理的问题形成初步的印象和感知，然后根据该感知对已经收集到的信息进行评估和判断。决策者无法一直保持高度注意力在海量信息中筛选真正有用的信息，也不可能遵循严密的逻辑规律逐步推导，人们的大脑更倾向于以非系统的"省力模式"去思考。比如布热津斯基提道："我在担任卡特政府的国家安全事务助理时，每天都要处理诸多文件政策，从理论上讲，我应该充分运用我所学习到的知识或查阅大量的资料来进行推敲、反思和评估。但是，现实中我每天都需要与时间赛跑，时间的急迫以及各种死板教条的程序约束，再加之在各部门利益矛盾下需要做出让步的压力，使得我在大多数时间不得不将某些学术理论抛之脑后。"① 尤其是在处理危机时，个体决策者更加倾向于将复杂问题简单化，凭借自身的直觉思维来做出判断。直觉思维与审慎的、慢速的、费脑力的、受控制的理性逻辑思维不同，它是决策者与生俱来的，多是在情感、知觉、经验及习惯等因素共同参与下运行的，并通过经验积累和长期训练而获得的快速判断能力②。但它比逻辑思维应用更为广泛，因为最终决策行为虽然都是经过深思熟虑的，但该决策所依据的信息已经不再是最初收集到的材料，而是在直觉思维过滤之后进行的二次加工③。同时需要注意的是，直觉思维并不是完全独立于理性逻辑思维④，这两者共同作用于国家对外政策偏好。

---

① Zbigniew Brzezinsk, *Power and Principle*：*Memoirs of the National Security Advisor* 1977 – 1981, New York：Farrar, Strauss, Giroux, 1983, p. 514.

② ［美］丹尼尔·卡尼曼：《思考，快与慢》，胡晓姣等译，中信出版社2012年版，第6页。

③ 余文全：《超越理性假定：情绪、信念与国家决策行为》，《外交评论》2018年第2期。

④ Jonathan St. B. T. Evans, "Dual Processsing Accounts of Reasoning, Judgment and Social Cognition", *Annual Reviews*, 2008, p. 271.

（二）个人认知心理模式的偏好假定缺陷

个人认知心理模式是目前为止最为重要的一个描述个人决策过程的模型，在摒弃"理性人"假设后，在心理学基础之上构建了"普通人"的假设，"普通人"相对于"理性人"，更加强调微观层次上决策者和环境之间的互动，以及影响特定领导人和决策者在决策中的情势性因素，更是融合了沉没成本等背景因素，成功解释了传统理性选择模式不能解释的许多"异象"，但与现实仍然存在张力。

其一，个人认知心理模式最大的缺陷在于其以个人主义为出发点，这在运用到国际政治中时，往往自动规避了集合的问题。国家是一个群体，个人的偏好是否能够代表群体的偏好是值得商榷的。换句话说，就是将个人行为的逻辑通过简单相加直接转换到群体行为的方式是否合理①。对此，从理论逻辑上讲，美国的肯尼斯·阿罗教授通过大量的社会调查实验，提出了"阿罗不可能性定理"，即将个人的偏好或个人利益相加不可能推导出群体偏好和群体利益②。从现实角度来看，国家的政治系统也不允许夸大个人偏好，这一方面在于国家立法时就不是简单地对公民偏好直接做加法，另一方面在于国家在执法时也不是简单地对公民偏好直接做除法。而且，群体身份认同是宏观层面的结构属性，用微观层次上的变化来解释前者宏观层次上的特性，在现实国际关系中存在着范畴上的逻辑差异。再者，群体情感与个人情感的载体虽然相同，但是两者形成的路径和所调控的行为对象不同，个体情感是基于自身兴趣爱好所引起的感受，调控的是个体自我的行为，而群体情感则是基于自身所处群体的兴趣爱好，在与外群互动的过程中产生的，调控的是社会和群际行为。

---

① ［美］彼得·卡赞斯坦：《世界政治理论的探索与争鸣》，秦亚青等译，上海人民出版社 2006 年版，第 346 页。

② 阿罗不可能性定理是指不可能从个人偏好顺序推导出群体偏好顺序。阿罗认为，个人偏好顺序和群体偏好顺序都应符合两个公理和五个条件。这两个公理是：（1）完备性公理。对任意两个决策方案 X 和 Y，要么对 X 的偏好甚于或无差异于 Y，要么对 Y 的偏好甚于或无差异于 X。（2）传递性公理。对任意三个方案 X、Y 和 Z，若对 X 的偏好甚于或无差异于 Y。而对 Y 的偏好甚于或无差异于 Z，则对 X 的偏好甚于或无差异于 Z。

其二，个人认知心理模式虽然将心理要素纳入决策偏好分析中，但在实际分析时仍秉持的是"主观理性"的观念和操作。个人认知心理模式突破传统理性选择模式中工具理性的前提假设，开始关注人的知觉、注意、记忆、思维、认知等高级心理过程，并承认人不仅是有限理性，在参与决策时会不可避免地将个人情感投入其中。但是，它将个体情感定位为阻碍决策者制定出理性判断的干扰因子，认为情感等心理因素会使决策者对风险的评估、行为的选择及政策目标的设定出现偏差。这种假设不仅忽视情感是理性的基础，也从侧面反映了个人认知心理模式虽然关注心理要素，但其本质还是为迎合工具理性标准的"主观理性"。

其三，个人认知心理模式的决策过程中最重要的步骤是确定参考点，而参考点是由决策者决定的，决策者自身又受各种情感和错误直觉影响，导致决策者面对同一个备选方案时，其对方案的收益还是受损的评估随着参考点的变化而变化。也就是说，到目前为止个人认知心理模式尚没有针对参考点的确定形成一个比较系统的理论框架，这大大削弱了该模式在国际关系理论中的解释力和预测力。但是，学者们并没有就此放弃，目前学界总结参考点确定的标准大致有四种，分别是：以现状作为参考点；以期望水平做参考点；依靠启示法作为决策参考；依靠类比作为决策参考①。事实上，情感尤其是群体情感也是当下民主体制下决策者行为偏好的主要参考点。

通过总结个人认知心理模式的三点缺陷，可知个人假设如何上升到群体层面以及参考点的确定将是制约该模式未来发展的主要瓶颈。对此，笔者将在下文根据群体情感理论详细分析个人情感如何上升至集体层面，以及群体情感如何作为参考点影响国家对外政策偏好，在此就不多做赘述。

三　两种模式对国家对外政策偏好解释的可弥合性

关于两种模式在国家对外政策偏好的争论以及比较研究已经颇多，

---

① Jonathan Mercer, "Prospect Theory and Political Science", *Annual Review of Political Science*, Vol. 11, 2005, pp. 1 – 21.

多数学者认为个人认知心理模式是对传统理性选择模式的一种替代①，认为"心理人"取代了"经济人""有限理性"取代了"完全理性""价值函数"取代了"效用函数"，"偏好转化"取代了"给定偏好"，指出两种模式是绝对对立的。丹尼尔·卡尼曼和阿莫斯·特沃斯更是提出，传统理性选择模式描述的是人们长时间段内无差别的理性行为，而个人认知心理模式则解释的是"人们在当下的决策行为，相对于前者的简约以及宏观的指导，我们更需要后者，因为我们主要面对的是当下"②。但事实证明，两种模式的前提假设是互相弥补的，两种模式对国家对外政策偏好的解释是错位对立的，他们之间具有可弥合性。

首先，两种模式对理性的界定是互相弥补的。传统理性选择模式强调经济人的标准理性其实是一种理性意识，理性意识是经济活动中各种主体在任何时候都力图使自身利益最大化，这是经济人行动选择的一个内在趋势和愿望，更是人类理性长河中的极限，人们只能朝着这个方向努力的前进，但不一定会实现③。该模式虽然对个体当下短期的实际决策行为的解释力有限，但是从长期来观察经济人的行为则符合理性的假定。因为通过分析个体长期的决策行为和结果，会发现虽然短期内个人的决策偏好会有波动，但在这个过程中，个体的计算和分析问题的能力会不断地得到锻炼和提升，个体会最终将长期实践的绝对收益作为衡量指标，进而对损失和获利的反应度逐渐趋近，对风险的偏好也趋向稳定。而个人认知心理模式将心理学与经济学进行有效相结合，试图从实践中以现实人为研究对象，将理性趋利性和价值感受性统一于正常个体当中，在合理的范畴内无限去逼近理性极限，所提的有限理性实质上强调的是人类的理性能力④。因为人们在现实中某个时刻即使缺乏充分计

---

① 林民旺：《前景理论与外交政策》，《外交评论》2006 年第 5 期。
② 施海燕、施放：《期望效用理论与前景理论之比较》，《统计与决策》2007 年第 6 期。
③ 方霏：《不确定性情境下的理性决策》，《山东经济》2005 年第 11 期。
④ 理性能力是人类实现理性意识的理解、认识、计算、判断、记忆、预计等能力。

算评估能力和记忆力，但也依然在坚持着计算，表明有限理性其实是理性意识的一面，即主观理性。这也是为何在个人认知心理模式中在前期的信息筛选及加工中重视直觉、理解能力、态度等价值感受因素，但确定了决策框架，对于随后价值和决策选项的评估依然是理性的选择①，即个人认知心理模式并没有明确的区分理性与非理性，而是借助有限理性来表达理性能力。所以，这两种模式的理性界定并不是彼此对立的，只是前者以理性意识为国家对外政策偏好提供一个终极指导，后者以理性能力来具体分析某一时刻国家对外政策偏好的变化，两种模式对于理性的前提假设是互相弥补的。

其次，两种模式在国家对外政策偏好分析过程中各司其职，发挥不同的作用。对于国家对外政策偏好的研究，研究者的立场不同，所提出的问题及研究方法就不同，得出的结论也就不同，即每个研究者的立场不一样。根据政策相关性可以将众多研究成果划分为以下几种类型（见表2－1），其中直接的政策分析的政策相关性最高，案例分析次之，理论分析再次之②。但是，无论何种理论都是政策分析的助手，在知识生产的劳动分工中占据不同位置，并不相互否定。

表2－1　　　　　**不同类型对外行为偏好研究的政策相关性**
（完全相关＝3，有点相关＝2，不太相关＝1，完全不相关＝0）

理论分析	量化分析	政策分析	地区研究	历史性案例研究	当代案例研究	形式模型
1.40	1.64	2.28	2.31	1.85	2.22	0.97

资料来源：Richard Jordan etal，"One Discipline or Many?"，*TRIP Survey of International Relations of Faculty in Ten Countries The College of William and Mary*，2009，p. 56.

其中，传统理性选择模式属于理论分析，其政策相关性不高。这是因为学院派学者们的任务既不是去深挖谁去制定政策，也不是要时刻进

---

① 魏建：《理性选择理论的"反常现象"》，《经济科学》2001年第6期。

② Joseph Lepgold，Miroslav Nincic，*Beyond the Ivory Tower：International Relations Theory and the Issue of Policy Relevance*，Columbia University Press，2001，p. 68.

行时事追踪或为官方政策做注解诠释，其目的是为了提高政策分析的知识性与学术性，凸显国家对外政策偏好分析的理论功底和学术价值，使其成为一门能够进行系统研究的学科。所以，学院派学者一般选择以明确简约的概念指标，进行抽象、深奥、形式优美的逻辑推演，使用晦涩的专业语言以及深奥的数理工具来写作，从而使政策分析真正具有"分析性"[①]。这就如国际关系理论大家基欧汉所说的："学者们很少能够有机会近距离的接触精英决策者们，并了解他们的想法和信息，学者们更多的是坐在办公室进行思想实验。"[②] 个人认知心理模式则属于政策分析，多采用案例研究，具有相当强的政策相关性。因为决策者在决策方案的判断时往往需要面临诸多现实取舍，比如：究竟是侧重于决策的理性和效率，还是侧重于程序的合法性或等待协调政治资源的矛盾性；究竟是侧重于特定政策行为的负外部性结果，还是侧重于特定政策行为的机会成本；究竟是侧重于在政策目标和结果之间做妥协，还是侧重于最大程度的追求最优解等。这些问题到底该如何衡量基本都是需要经过认知心理过滤。所以，决策者更多是依据直觉、经验而不是某项国际关系或者外交政策理论[③]。换句话说，就是这两种模式产生与发展以及目的与任务不同，一个强调理论标准化，一个强调描述准确性，双方在整个国家对外政策分析研究中互相弥补，而不是取代与被替代的关系。

最后，两种模式对偏好的来源皆需通过群体情感来确定。具体来说，传统理性选择模式对偏好的假定是给定的，没有对其来源做出明确的解释，用偏好的类型解释国家的行为，但现实是国家的偏好一般是通过决策者的选择行为来"显示"的，决策者如何选择受到多种因素影响。如：特朗普政府执政以来坚持"美国第一"原则，其对外经济政

---

① 王栋：《双重超越的困境——中国国际关系理论与政策刍议》，《国际政治研究》2009年第3期。

② ［美］罗伯特·基欧汉：《霸权之后：世界政治经济中的合作与纷争》，苏长和等译，上海人民出版社2001年版，第80页。

③ ［美］阿诺德·沃尔弗斯：《纷争与协作：国际政治论集》，于铁军译，世界知识出版社2006年版，第8页。

策偏好明显呈现出贸易保守主义倾向①，摒弃多边主义并开展贸易战，这种政策偏好并不是国家先验给定的，而是特朗普执政团队为争取某一部分群体的选票支持而主动选择的，即国家理性是在群体情感的指导下实现的。个人认知心理模式对偏好的假定虽然动态地展示了国家对外政策偏好的变化，但是却将这种变化归咎于决策者的个人情感，没有注意到并不是群体情感包含着个人情感，而是个人情感中内蕴着群体情感，在制定对外政策时决策者通过个体情感中的群体情感来发挥作用，当群体情感侧重于哪一偏好，国家就会赋予相应的政策以更多权重②。即在这两种模式中，个体决策者在对外政策偏好选择时主要调动的是自身心中的群体情感。所以，本书提出群体情感是影响国家对外政策偏好的中介变量，也是弥合两种分析模式的主要立足点。至于为何群体情感是国家的理性的基线，群体情感是个人情感的趋同，下一节将做出详细的解释。

综上，两种主流的对外政策分析模式具有可弥合性，但是整合两种理论的做法是否是标新立异或哗众取宠。对此，理查德·斯奈德（Richard Snyder）提出，不确定性是世界的常态，而确定性是非常态。对国家对外政策偏好的解释应该整合社会科学不同系统的信息，构建多层次、多因果关系的理论③。维拉利·哈德森（Villalee Hudson）指出，国家对外政策偏好研究必须实现"合成理论"，将各层次理论整合起来，形成一种关于对外政策偏好完整的、综合性的分析图景。美国学者詹姆斯·罗西瑙（James Rossinau）在《预理论与外交政策理论》中同样认为，国家对外政策偏好缺少经得起验证的、概括构成的综合系统，该领域的学者不应去试图建构宏观的国际关系理论，而应该致力于建构中观理论，对国家表现型特征而非基因型特征进行总结，这才能对国家

---

① 刁大明：《2016 年大选与美国政治的未来走向》，《美国研究》2016 年第 6 期；李巍、张玉环：《"特朗普经济学"与中美经贸关系》，《现代国际关系》2017 年第 2 期。

② ［美］尼克·威尔金森：《行为经济学》，中国人民大学出版社 2012 年版，第 305 页。

③ Valerie M. Hudson, *Foreign Policy Analysis: Classic and Contemporary Theory*, Rowman & Littlefield, 2006, p. 16.

对外政策偏好具有解释力和预测力。

第二节 群体情感的引入及对两种模式 偏好的弥合

国际关系学科自从其诞生起就在不断地进行跨学科互动，这不仅在于国际关系自身研究对象的多元化，同时也是为了丰富国际关系的研究议程，拓宽国际关系理论的创新路径。这种跨学科的趋势之所以能够成立，在于各个学科存在着来源于现实同一性的系统同构性，这就意味着学者可以在不同学科内寻找综合的方案。从认识论角度看，人类的思维有限，任何一种理论都只反映了现实的一个组成部分，他们之间的差异与其说完全对立，不如说是在整体层面能够最终形成互补的关系。传统理性选择模式与个人认知心理模式同样如此，两者的实质是一种可以互补的关系。而要弥合两者之间所谓的对立点，美国学者麦克德莫特（Rose Mcdermott）明确指出，群体情感可以在决策的理性选择模式和个人认知心理模式之间搭起沟通的桥梁，两者都以其为中介变量发挥作用[1]。同时，群体情感政治化的最终目标不是使要情感成为独立的学科研究领域，而是要弥合。至于群体情感何以能够将两种模式弥合起来，则需要分析：群体情感是如何生成的，群体情感为何是国家理性的基线；既然个体情感无法代表国家群体情感，那么个体情感又是如何上升至群体情感。

一 群体情感的生成过程及概念阐释

在人类社会中，只要有"人"的存在，就会有产生情感，也就无法做到全然的理性；同时人是社会性群居动物，只要聚集在一起，就会有群体，就会产生群体情感。从形式构成上讲，群体与个体是辩证统一

---

① Bruce Bueno de Mesquita, Rose Mcdermott, "Crossing No Man's Land: Cooperation From the Trenches", *Political Psychology*, Vol. 25, No. 2, 2004, pp. 271 –287.

的关系，群体由个体组成，个体是群体的子集。关于"群体"的具体定义，在《新牛津英语词典》中较为宽泛地将其定义为"不同个体在地理空间上聚集在一处的团体，比如同一辆公交车、同一个游乐场玩耍的人；或是在心理认知上自我归于一类的团体，比如家庭成员、足球队成员、宗教成员、国家成员、联盟成员或国家等"①。在中国的《辞海》中则对群体的定义更为细致，它将群体解释为"由许多同种类或具有共同本质的个体聚集而成的团体，其中群体中的成员必须有互动关系，且彼此之间对群体有认同感。如若临时集在一起而没有互动关系的人群，不能称之为群体，只可称之为群集（Collectivity）"②。从中可发现，这两种定义都注重到心理认同感对群体形成的重要性，强调"群体"不仅一个实体，更重要的是其为一个心理集合。那么，群体情感具体是如何产生的，对此美国社会心理学家戴安娜·麦凯和埃利奥特·史密斯等学者在亨利·泰弗尔的社会认同理论（Social Identity Theory，SIT）和其学生勒纳的自我分类理论（Self categorization theory，SCI）的基础上提出了集中关注集群行为的群体情感理论（Inter-group Emotions Theory，IET），两位学者将群体定义为"一个对成员具有心理意义的群体，他们在主观上将自己与之联系起来，以便进行社会比较和获得规范和价值观……，他们私下接受成员身份，并影响他们的态度和行为"③。同时，还指出群体不是作为物质存在的，而是作为社会关系的形式存在，情感使认同成为必然，认同使群体层面的情感成为可能④。因此，群体情感依赖于个体，但不可还原为个体。群体情感生成的过程主要是通过自我分类来激活生成个体对群体的认同和归属感，并在群际比较间得以巩固，而这也正是个体情感上升至群体情感的过程。

---

①　［英］朱迪·皮萨尔：《新牛津英语词典》，上海外语教育出版社 2001 年版，第 1076 页。

②　夏征农、陈至立：《辞海》（第 6 版），上海辞书出版社 2010 年版，第 1477 页。

③　Brent E. Sasley，"Theorizing States' Emotions"，*International Studies Review*，Vol. 13，2011，pp. 452 – 476.

④　认同是区分个体情感与群体情感的标志，个体情感无关乎认同，只有群体情感才包含认同的概念。

群体情感如何生成的议题来源于社会认同理论的创始者——波兰学者亨利·泰弗尔（Henri Tajfel）。他自身悲惨的现实经历是其对该问题的思考和研究的动力，身为犹太人的泰费尔在波兰长大，由于波兰的克劳索斯法令（Clausus Restrictions）对犹太人的限制，他前往法国并在二战期间自愿为法国服兵役，但不幸被德国军队俘虏，在此期间他依靠向德国人宣称自己是法国人而侥幸在各个战俘营中存活下来。可当他回归波兰时，却发现自己的父母、兄弟和其他家庭成员多数死于大屠杀。沉痛的经历经验使泰费尔在战后一直致力于筹建犹太人人道主义组织，救济战争中的难民孤儿，并进行了一系列著名的实验，来证明分类使个体产生了对群体的认同，以及群际间比较所产生的情感，导致群体间在没有权力、物质等因素刺激的情况下，仍会出现对群体内成员的认同以及对外群的歧视。

第一阶段是个体的自我分类。人是社会性动物，在精神层面具有追求"类"的情结，会主动寻找并融入与自我价值趋同的团体，使自身处在一种舒服的社会状态中，并得以生存和发展，这一趋势源于人类积极评价自己的基本心理需要[1]。所以，作为个体的人们会倾向于根据某一群体成员的身份来定义自己，并将自己视为"一个社会群体类别中的可互换样本，而不再是根据由其个体差异来定义的独特人格"[2]，这一过程被称为"自我分类"。当然，并不是说群体始终是自我的定位点，个体也保留着自我意识，只是个体在做某些社会性或政治性决策时往往是以群体成员的身份来进行的。自我分类和去人格化促使个体不再把自己看作具有独特个性的个体，而是看作与所属群体具有相同特质的成员。而且，在自我归类之后，为了更加贴合或接近群体内部，个体往往会根据所属群体的态度、观念、信念来采取行动，如采用所属群体的特定语言或特定符号，来加强与群体内部成员合作或外部群体进行竞

---

[1]　Jonathan Mercer, *Rationality and Psychology in International Politics*, Cambridge University Press, Vol. 59, 2005, p. 96.

[2]　Katherine J Reynolds, "Self-Categorization Theory", *Handbook of Theories of Social Psychology*, 2016, pp. 1 – 23.

争。在社会中，每个群体都有专属的标志，尤其是当群体之间互动，各种元素混合在一起的时候，每个成员都采用所属群体特有的属性，自我分类意义就更加明显。如看奥运比赛的球迷脸上涂着标志性的色彩、手拿迷你国旗、唱着国歌为自己国家运动员加油喝彩时，自我分类增加了群体内部之间的相似性，使得群体属性成为自我中的一部分，个体最终具有相同的品质。同时，每个人也是多元的，会将自我归类在多个群体中，但当某个群体能够更好地符合自身的身份诉求时，则更倾向以该群体成员的角度对自己进行长期思考，甚至以该群体的标准来对社会进行分类。在日常的生活中，往往只需一点小小的评论或暗示就能激活其群体成员的情感，然后全心全意地采用心仪群体的特征、态度和行动，与该群体融为一体，像保护自己一样保护该群体的声誉，这强烈地展示了分类的结果。

第二阶段是自我分类所产生的群体认同和归属感。从心理层面来讲，群体情感不是个体情感的简单相加，恰恰相反，群体情感是个体情感中的组成部分。因为自我分类会产生依恋感，依恋感会产生同一性，从行为学角度来看，群体情感是同一性的核心组成部分。所以，个体是否属于某个群体的成员并不取决于其有没有与该群体中的大量成员进行频繁地互动，而在于其是否体验到与群体一致的情感。如若个体没有认同所处的群体，即使其身在集群之中，在心理上也还不算该群体中的一分子。同时，群体内情感具有强烈的传染性，当个体对某个群体的理念、宗旨、信念感兴趣时，会主动与该群体中的成员彼此共享文化、兴趣，互相传染来培养共同的价值观，这一过程一般被称为"观点获取"。之后，行为体将这个群体视为他/她自己的一部分，群体内成员之间分享、验证和控制彼此的情感，进而涌现出群和状态[1]。亦有研究表明，成员对所处群体认同程度的不同会产生不同的情感体验[2]。如群体中的成员有时会与内部其他成员表现出相反的情绪，特别是群体内忠

---

[1] Jeffrey Blustein, *The Moral Demands of Memory*, Cambridge University Press, 2008, p. 153.

[2] Amit Goldenberg, David Garcia, Eran Halperin, James J. Gross, "Collective Emotions", *Harvard Business School*, 2014, pp. 1 – 19.

诚度较高的成员认为自己所属的群体应当对某事件感到愤怒时，却发现其他成员的愤怒程度较低，这就会使其更加愤怒，而不是与他们保持一致降低愤怒程度，因为他们认为自己应该承担起体验这种情绪的"负担"。相反的，如果其他群体成员已经表现非常愤怒，即整个群体已经呈现出适当的情感反应，基于一种责任感的扩散反而会降低其愤怒的程度。

第三阶段是群体间评价。虽然当个体认同某个群体的身份价值和情感时，就会产生群体情感，但是当某外部群体与所属群体形成对比时，群体情感会进一步加强。也就是说，群体成员之间的共识也来自其他群体，其他群体对自身所属群体的评价决定了内群成员标准的制定[1]。而且，每个群体都有积极评价自身的天性，故而多表现为对群体内成员偏袒，对群体外成员歧视的现象。尤其是成员越认同其所在群体，就愈发为群体内成员的价值感到骄傲自豪，认为这个群体不同于其他群体，比其他群体更好，并通过对外群保持偏见来维持自身所在群体的边界和显示对其的忠诚度[2]。同时，需要注意的是，处在群体中的个体往往不必直接卷入一个给定的触发情境中，仅仅通过认同群体就会产生情感转换和共享的情感体验。这有别于个人情感必须是个体评价某一事件对自身的刺激影响才会产生，这就是常说的"身体缺场的行动在场"[3]。也就是说，民众在群体中的行为偏好夹杂着强烈的社会情绪，也许某行为并非关乎其个人利益得失，而是引起了身份归属与情感共鸣，呈现出"非直接利益"特征。因此，评价体系不同也是区分个人情感与群体情感的标志之一。个体情感只会由于自身的事件而感到情绪波动，而群体情感往往是因群体内无关乎自己切身的事件而产生。如：一名黑人因其自身业务被企业辞退而感到愤怒，但是经过种族内部群体成员或相似事

---

① 尹继武：《国际政治心理学的知识谱系》，《世界经济与政治》2011 年第 4 期。

② Smith and Mackie, "Intergroup Emotions and Intergroup Relations", *Social and Personality Psychology Compass*, 2008, pp. 428 – 429.

③ 罗佳：《身体缺场与行动在场：论网络政治动员发生的微观机制》，《云南行政学院学报》2018 年第 3 期。

件的激发，群体内成员就倾向于认为该企业不仅仅是因为业务问题，很可能是基于种族或肤色问题辞退他，人们对种族歧视的愤怒要远远比老板对个人工作不好表现的批评更激烈，从而相对应采取集体而不是个人的行动反应。

综上，根据群体情感生成的过程，本书将其定义为：处于群体情境中的个人基于影响群体的社会身份、对象或事件，做出与群体保持一致的行为，并对影响该群体的事件或客体做出情绪性回应时而产生的情感。同时，需要明晰两点：一是，这里的群体在不同的层次上所指代的对象不同，在单元层次指的是国家内部的各种利益团体，在体系层面则指代各民族国家。二是，群体情感虽属于主观因素，但不等同于文化、价值观、公众舆论等，他们也许在发挥作用的途径有某些相似之处，但发挥作用的顺序与能量却是不同的。比如，群体情感与社会文化既有区别也有联系：群体情感不是与生俱来的简单心智反映，而是人类在特定的社会文化与价值观下，经过重复实践，伴随话语、身份和规范而产生的。社会文化框架和社会价值观为评价事件的好坏提供了标准，著名文化人类学家和历史人类学家莫妮可·希尔所提出，群体行为被社会文化脚本所训练出的情感所支配[1]。又如，群体情感也不等同于公众舆论，公众舆论是一种被引导的话语，内蕴的群体情感是其为何能够被引导的原因。换句话说，群体情感是一种动机性因素，就内在作用而言，它是引起、维持或转变行为体的活动朝着某一目标前进的原因；就变量作用而言，它既不属于自变量也不属于因变量，而是属于中介变量，就好像粮食是自变量，种粮食的行为是因变量，而饥饿感是介于这两者之间的动机性情感[2]。同样的，公众舆论是原因，公众行动是结果，群体情感是发生于其中的媒介动机，其隐而不

---

① Monique Scheer, "Are Emotions a Kind of Practice (and Is That What Makes Them Have a History)? A Bourdieuan Approach to Understanding Emotion", *History and Theory*, Vol. 51, No. 2, May 2012, pp. 193 – 220.

② 张春兴：《现代心理学——现代人研究自身问题的科学》，上海人民出版社 2005 年版，第 357 页。

现且无处不在。

所以，群体情感有三个基本特征：（1）群体情感具有主体间性，是社会建构出来的。即群体情感虽由个体感受到的，但不可还原至个体的身体，因为其主要是在社会文化和社会制度下经过反复实践"训练"出来的。（2）群体情感不是个体情感的简单之和。过去学者们一般从表面组成形式上，认为个体情感相加即等于群体情感，群体情感包含着个体情感。但事实上，从心理学角度讲，群体情感是个人情感中的一部分，个体情感中内蕴着群体情感。即在群体中，个体的反应不是作为个体而是作为群体的一员，即使某一特定的群体性事件对个体的利益和自我认同并无太大的关联，处于群体中的个体仍会产生群体情感。尤其是在政治生活中，个人情感中的群体情感作用更为显著。这也是为何本书一方面否定个人精英主义的情感作用，但又强调精英们可引导即时情感来转变国家对外政策偏好，因为此时的个人精英所调动的不是个人情感，而是个人情感中的群体情感。（3）群体情感作为个体情感中的趋同一部分，调节的是国家层面和体系层面的集群行为，即其虽发端于人的第一意象，但通过对第二意象与第三意象内的因素发挥中介作用来影响国家对外政策偏好。而且，群体情感在塑造群体间互动模式的同时，也被这种互动所造就着。

二 群体情感是国家理性的基线

首先，理性和非理性不是二元对立的，两者都是中性词，他们之间的区别不是"好的和坏的"或"精明和愚蠢"之分，两者在人类社会中各司其职。如，德国哲学家哈贝马斯认为，人类社会由两部分组成，一部分是系统世界，一部分是生活世界，前者主要根据理性原则来安排利益和效率，后者主要由情感原则来协调与平衡我们的生活空间，两者缺一不可[1]。法国哲学家卢梭持相同观点，指出一方面现实社会中几

---

[1] Jane Allyn Piliavin and Hong-Wen Charng, "Altruism: A Review of Recent Theory and Research", *Annual Review of Sociology*, Vol. 16, 1990, p. 38.

乎不可能存在完全无欲无求的人在进行理性的苦思冥想，人的理性需要在情感活动的指导下才得以真正实现；另一方面，情感的发展需要理性知识的推动，人类对于任何事物的渴望与畏惧都是在了解其概念与功能之后产生的，否则那就只是纯粹本能冲动而已①。对此，英国哲学家弗朗西斯·培根更加形象地描述："人类的理性不是干燥的光，它的内在沁透着情感。"② 相对于以上学者比较中庸的论述，苏格兰哲学家大卫·休谟等学者虽然也同意理性和情感密切相连的观点，但更加强调社会生活中情感的重要性。如休谟认为，理性是、并且也应该是情感的奴隶③。法国哲学家奥古斯特·孔德指出，情感更多是以隐而不现的方式界分着敌友、支配着我们的生活，但理性只是情感的传导，尤其是恐惧有时比理性更能影响一个人或一个群体的选择④。但"超理性"的行为往往和过度情绪化的行为一样有害，正如乔纳森·默瑟所说，"极端情感扭曲判断，被剥夺了所有情感的人只会变得空虚、失去理性，而不是变得中立"⑤。

其次，国家是情感和理性的统一体。国家作为一个群体，具有情感自反的行为能力，会不断地反思自身的利益和行为，如果不考虑情感因素，减少所考虑的可行选项数量，使慎思变得更加集中，否则不可能做出理性的决策。而且，国家在从事战略算计和成本收益考量过程中不仅会受到国内群体情感的驱动，甚至直接将群体情感作为目标的一部分⑥。即在每次理性判断之前，都先有一个价值评价的情感活

---

① ［法］卢梭：《论人类不平等的起源和基础》，李常山译，商务印书馆 1979 年版，第 82—83 页。

② ［荷］斯宾诺莎：《知性改进论》，贺麟译，商务印书馆 1986 年版，第 3 页。

③ ［英］大卫·休谟：《人性论》，关文运译，商务印书馆 1996 年版，第 453 页。

④ ［法］昂惹勒·克勒默－马里埃蒂：《实证主义》，管震湖译，商务印书馆 2001 年版，第 67 页。

⑤ Jonathan Mercer, "Emotional Beliefs", *International Organization*, Vol. 64, Issue1, 2010, pp. 7 – 13.

⑥ Andrew A. G. Ross, "Coming in from the Cold: Constructivism and Emotions", *European Journal of International Relations*, 2006; Jonathan Mercer, "Emotion and Strategy in the Korean War", *International Organization*, Vol. 67, No. 2, 2013, p. 247.

动，因为只有有价值的事物才是有意义和值得关注的①。也就是说，所谓"理性"的决策和集体政治中实质上充满了群体情感因素，群体情感是国家理性的精神动力，国家理性是群体情感的现实支撑，两者共同作用于国家对外政策偏好之中②。换言之，国家理性的对立面不是群体情感，而是不加节制的武力使用，即工具主义霸权。再者，国家所追求的利益亦存在群体情感的背景，如波士顿大学朱塔·韦尔德斯教授指出，群体情感影响着国家利益长久形成过程中对于应得应损的理解③。可以说，群体情感可以表达国家利益，而国家利益则未必能完全表达群体情感，非理性中蕴藏着未被认知的理性。

最后，群体情感与国家理性中的某些要素是互相通约的。群体情感具有不易测量的特点，有学者从行为角度，有学者从人性角度，还有从社会行动角度定义的，但不管将群体情感从哪个角度出发，都会受到其他学者攻讦。而在国际关系领域，学者们不再执着于量化它，而是普遍将其视为一种"默会知识"④，以显性的默会知识来表述各种不同的隐性现象。如将群体情感解构、附庸到"权力、秩序"等社会科学核心普遍使用的词语上，或者过渡到"族群意识、信仰、荣誉、道义、追求承诺"等心理、意识词语上，这些词语既和"群体情感"通约，又可以在国家理性的概念上找到内容和含义的边界⑤，即将群体情感与国家理性经常挂钩的词进行通约从而为人们勾勒出一个相对完整的情感景象。也就是说，相对于量化群体情感，目前国关学界认为集中精力去思

① ［德］F. 拉普：《技术哲学导论》，刘武等译，辽宁科学技术出版社 1986 年版，第 7—8 页。

② 刘科、李东晓：《价值理性与工具理性：从历史分离到现实整合》，《河南师范大学学报》（哲学社会科学版）2015 年第 6 期。

③ Jutta Weldes, "Constructing National Interests: The United States and the Cuban Missile Crisis", *Minneapolis/ MN*, 1999, p. 10.

④ 默会知识，就是指经常使用却又不能通过语言文字符号予以清晰表达或直接传递的"行动中的知识"或"内在于行动中的知识"，其源于理性收纳非理性的承载能力的有限性。根据估计，人类的理性只能述说整体知识的10%，而90%的知识都属于默会知识。参见贺斌《默会知识研究：概述与启示》，《全球教育展望》2013 年第 5 期。

⑤ Jonathan Mercer, "Bad Reputation: The Folly of Going to War for Credibility", *Foreign Affairs*, 2013, p. 247.

考国际关系中群体情感的类型、生成的机制是什么、群体情感如何导致合作与冲突、如何建构身份或认同、这些变量间的因果机制是什么等问题更有价值[1]。同时，群体情感与国家理性在概念要素上的通约，也进一步反映出群体情感是国家理性的基线。

三 群体情感是个体情感的趋同

根据本节第一部分探讨群体情感的生成过程，可以了解个体情感上升至群体情感的过程，并反映出了群体情感是个人情感的趋同。在这里将追根溯源为何群体情感不是个体情感的简单之和，以及群体情感无法还原至个体情感的原因。

关于个体变化与群体特性之间的因果关系，建构主义学派多有探讨，如中国学者聂文娟教授早就提出，亚历山大·温特以符号互动论为框架提出群体身份认同是在行为体之间的互动过程中形成的。具体来说，就是自我在与他者的互动进程中，要么选择"合作"要么选择"不合作"。如果双方都选择合作，就相当于彼此互相认同了身份，此时双方就内化出群体身份认同，即群体身份认同的形成需要满足相互依存、共同命运、同质性和自我约束四个条件[2]。但是，温特的这种以微观的个体特征、个体差异和个体间互动来解释宏观的群体现象的做法具有还原主义的局限性，个体变化和群体特性之间是否有必然的因果关系值得进一步商榷。

首先，理论上的个人情感相加等于群体情感的条件不具现实性。根据建构主义理论，个体情感相加等于群体情感，就意味着需要在微观层面进行大规模、充足的个人情感互动才能形成群体情感。但是，在现实的国家内部或国际社会中，由于受限于人们互动的能力，即使是最小的

---

① Jonathan Mercer, "Human Nature and the First Image: Emotion in International Politics", *Journal of International Relations and Development*, Vol. 9, 2006, p. 296.

② 聂文娟：《群体情感与集体身份认同的建构》，《外交评论》2011 年第 4 期。

民族，其成员也不可能认识或遇到他的大多数同胞①。也曾有学者专门
通过将高级灵长动物按照群体的大小进行分组实验，预测在人类社会
中，要保持一个群体的活力，该群体的人数上限是 150 人，当超过这个
数时，群体的活力就会下降②。很显然，150 人的互动远远无法满足建
构主义学派对充足互动的要求。而且，理论上的群体情感的生成需要微
观层面个人之间的互动频率突破某个临界点才会形成宏观的群体情感。
但是，究竟是什么动力推进单个行为体之间的互动、集合的呢？该动力
是线性的并能够持续不断推动个人的移情，还是非线性的会出现突变或
停滞的可能呢？如果在中国这样的十几亿人口的大国中，是否存在着更
多的不确定性、复杂性和变数。所以，这种推导过程中受限于现实的客
观条件，显然是不可取的。

其次，个人情感和群体情感感受的基础不同。社会心理学的一些学
者曾多次做实验证明：虽然个体和群体层面的情感可以感受到相同的感
受，但感受的基础却是不同的。个体层面的情感会为了自身被冒犯而感
到愤怒，会为了自身的成功而兴奋；群体层面的情感则会为了群体内的
其他成员被冒犯而愤怒，会为了所在群体的成绩而兴奋。群体情感是个
体对某特定群体及其成员的喜好，体现着个体对该群体身份的认同，其
影响变量主要是自我与群体原型的相似度，属于去个性化的（Deper-
sonalized）情感；而个体情感是两个个体之间的喜好，体现着个体与个
体之间的角色关系认同，其影响变量主要是彼此之间的相似度，属于个
性化的（Personalized）情感，与群体情感的影响变量无关或负相关③。
再加之，要达成群体认同更重要的是能够达成利益上的相互促进，那么
在国际关系互动中，决策者需要确定在某一事项中国家的利益到底是什
么，他们既不能在磅秤上衡量不同的利益孰轻孰重，更不是把不同的个

---

① ［美］本尼迪克特·安德森：《想象的共同体：民族主义的起源与散布》，吴叡人译，
上海人民出版社 2003 年版，第 5 页。

② Dunbar R，"Why Gossip is Good for you"，*New Scientist*，Vol. 21，1992，pp. 28 – 31.

③ Hogg, M. A., Hardie, E. A., "Social Attraction, Personal Attraction, and Self-Categoriza-
tion: A Field Study", *Personality and Social Psychology Bulletin*, Vol. 17, 1991, pp. 175 – 180.

体的偏好简单加起来，而是需经复杂、高度竞争的讨论、劝说、形成议题，然后感知、归因、判断、类比和预期彼此利益诉求底线，最后形成利益共识①。

最后，群体情感还原到个体身体或大脑上缺乏生理结构上的支撑②。剑桥大学的肖恩·勒布蒂利埃教授指出："群体情感是社会建构的，虽然可以从因果关系上还原为大脑，但不能从本体论上还原为大脑，即内容不能还原为原因。史密斯解释我们可以了解到关于蝙蝠神经生理学的一切，但我们不知道作为蝙蝠的感觉是什么样的，即自我不受皮肤的限制，情感也不受皮肤的限制。"③ 对此，伦敦大学的克里斯汀·李斯特（Christian List）教授指出群体情感是由于生理所引起不可还原性的社会性词语，群体情感更多的是与身份有关，而不是与生物个体有关。我们是谁就是我们的感觉。群体身份和群体情感是相互依赖的，主要与社会文化、社会规范存在因果关系④。因此，群体情感中的群体不是作为物质存在的，而是作为社会关系的形式存在的。

---

① Alexander Wendt, *Social Theory of International Politics*, Cambridge University Press, 1999, pp. 128 – 129.

② Shaun Le Boutillier, "Emergency And Analytical Dualisml", *Philosophica*, 2003, p. 65.

③ Craig A. Smith, Richard S. Lazarus, "Appraisal Components, Core Relational Themes, and the Emotions", *Journal Cognition and Emotion*, Vol. 7, 1993, p. 303.

④ Christian List, Kai Spiekermann, "Methodological Individualism and Holism in Political Science: A Reconciliation", *Cambridge University Press*, Vol. 107, Issue 4, 2013, pp. 629 – 643.

第三章　以群体情感为中介变量的国家对外政策偏好分析层次

国家对外政策偏好分析是一项"本末倒置"和"车前马后"的研究，选取自变量需要在因变量之后，因为对国家对外政策偏好的判断和解释必须在明确特定对外政策行为之后，而不是之前①。

——［韩］塞缪尔·金（Samuel S. Kim）

群体情感是公众在多个政策议题上偏好的复合测度和加权平均，是影响一系列政策偏好的潜变量和公因子②。

——［美］珍妮丝·毕利·麦特恩（Janice Bially Mattern）

随着国际社会现实中群体分化和情感因素的现象愈发明显，要探讨群体情感在国家对外政策偏好中的中介作用，首先需要根据这一研究目的对影响国家对外政策偏好的自变量进行适切性选择。所以，该章节将主要论证分假设一的合理性，即为何在单位层次选取共同历史记忆与本土实践，在体系层次选取地区安全结构与地区规范作为本书的自变量。

---

① Samuel S. Kim, ed., *China and the World: New Directions in Chinese Foreign Relations in the Post-cold War Era*, Westview Press, 1989, p. 6.

② Janice Bially Mattern, *Ordering International Politics: Identity, Crisis and Representational Force*, Routledge, 2004, p. 591; Christopher Wlezien, Stuart N. Soroka, "Public Opinion and Public Policy", *Oxford Research Encyclopedias*, 2010, pp. 1 – 18.

第一节 现实变化对对外政策偏好分析
要素提出新要求

首先，当前的国际社会中群体分化的现象越发明显。如在国内，20世纪时西方政治是根据经济问题来划分左翼阵营和右翼阵营，左翼主要关注社会平等和经济的再分配，右翼主要关注缩小政府规模和促进私营部门发展，但这些经济层面的分歧往往由于政党福利政策的趋同，最终多以妥协而告终①。而自冷战之后，身份政治与认同问题则变得越来越难以调和，左右翼已不再主要根据经济来划分，而是围绕群体来划分，左翼更关注促进黑人、移民、LGBT、难民等被边缘化群体的利益；右翼则寻求保护传统的民族身份，重点将与种族或宗教有明确联系的群体定义为爱国者②。欧洲各国也陆续出现代表各种群体诉求的反建制政党：如法国的民族阵线（Front Nacional）、英国的独立党（UK Independence Party）、德国的德意志另类选择党（Alternative fur Deutschland）、希腊的激进左翼联盟（Syriza）和西班牙的波德莫斯（Podemos）等。也就是说，群体情感认同当代社会正在逐渐民主化，个人往往不希望承认他们的个性，而是承认他们与其他人的相同之处，特别是认同他们所属的群体③。所以，在理性的经济利益视角之外，争取群体情感认同是理解现代世界政治的关键力量，很多被认为是基于经济动机的事件，实际上是根植于对群体情感认同的需求，无法简单地通过经济手段来解决。而在国家对外政策偏好商议环节，美国政治学者基欧汉亦提

① Evelyne Huber and John Stephens, *Development and Crisis of the Welfare States: Parties and Politics in Global Markets*, Chicago: University of Chicago Press, 2001; Paul Piersoned, *The New Politics of the Welfare State*, Oxford: Oxford University Press, 2001; Francis G. Castles, "Developing New Measures of Welfare State Change and Reform", *European Journal of Political Research*, Vol. 41, 2002, pp. 613 –641.

② ［美］弗朗西斯·福山：《身份：对尊严的需要和怨恨政治》，法勒、施特劳斯和吉鲁公司 2019 年版，序。

③ ［美］弗朗西斯·福山：《身份：对尊严的需要和怨恨政治》，法勒、施特劳斯和吉鲁公司 2019 年版，序。

出，国内的多重群体（Multiple Publics）相当于一系列拦水坝，在政策制定过程中圈定了层层外围界限①。在国际上，以往守成国所关注的仅仅是某一崛起国的威胁，随着全球化和信息技术的发展，新兴发展中国家群体性崛起，守成国所面对的不再是单个而是多个潜在的挑战者②。对此，有限实力的守成国不可能同时应对，遂倾向于通过彼此间情感亲疏关系来判断哪一个国家对其威胁更大，以此来决定其对外偏好和行为。因此，群体情感已然成为影响国家一系列政策偏好的潜变量和公因子。

同时，各国的群体分化和情绪化现象被美国学者英格尔哈特以当前43个不同类型的国家（覆盖世界70%的人口）为样本进行了理论验证。他先是借用马斯洛的需求层次理论指出，人们具有生理、安全、情感和归属、尊重、自我实现五个方面的需求，它们是自下而上依此递进的关系，当人们对其中某一层次的需求相对得到满足时，就会追求更上一级的需求。然后，英格尔哈特通过对西方民主国家、威权政治国家以及前社会主义国家等多种政体类型的主体进行分析，印证了一国的需求层次是由经济发展水平、工业化程度以及人均受教育水平所决定的，欠发达国家仍然在乎的是生理上和安全上的需求，而发达国家的年轻一代在经历了第二次世界大战后的长期经济发展与持久和平之后，已经对基本生活、生命安全等物质主义价值需求开始逐渐降低，相对更加强调情感归属与自我表现等后物质主义价值（Post-materialism）③。换言之，过去的民众对执政者的诉求是只要能维护社会秩序稳定，并保障他们衣食住行无忧即可，而现在的民众不再满足于单纯的投票，而是更渴望在国家对外政策偏好形成过程中发挥自己的作用。也就是说，西方的政治参与氛围已经显示出由精英决策者主动引导政治动员转变为由特定议题来

---

① V. O. Key, *Public Opinion and American Democracy*, New York: Knopf, 1961.

② 游启明：《"群体性崛起"背景下霸权国的威胁评估研究》，《印度洋经济体研究》2020年第6期。

③ ［美］罗纳德·英格尔哈特：《现代化与后现代化：43个国家的文化、经济与政治变迁》，严挺译，社会科学文献出版社2013年版。

主动引导精英决策者的趋势①。这就解释了为何过往主要以经济等物质主义为导向政党独掌大权，而当下主要以后物质主义价值观为导向的政党异军突起②。最具代表性的，如英国公投脱欧、特朗普当选以及欧洲诸多国家极右翼政党的强势上升等现象，他们无一不是外在表现为反精英、反移民和逆全球化，但本质上却是西方社会"后物质主义价值观"的多种形态的"身份政治"和"群体情感表达"，是多元的社会力量面对全球化带来的利益结构、人员流动和资源配置方式的变化，要求调整西方民主政治原则和传统治理机制的现实诉求。这些"黑天鹅事件"反映出群体情感在国际关系中已然不再是隐而不现的潜变量，国家对外政策偏好与其有着显性直接联系。因此，从理论上讲，学界对于国家对外政策偏好分析不能再依赖于简约的目的性逻辑与适当性逻辑，需要超越"不可通约律"来兼顾理性与非理性。

其次，国家对外政策偏好分析面临着自变量多样化困境，需要进行适切性选择。国家对外政策偏好分析是将国家对外政策偏好作为因变量，将影响该研究对象的要素作为自变量，学者们的任务就是根据自身的研究目的来探寻到自变量与因变量之间的内在逻辑关系。换言之，国家对外政策偏好分析就是利用多种研究方法在不同层次选取各种以往研究中尚未注意到的要素，以此来增加对已有研究的解释。目前学者们已经关注到的因素可谓汗牛充栋，简而言之（如图3–1）所示。

所以，影响国家对外政策偏好的因素是多元的，产生影响的过程是复杂的。具体要选择单位层次和体系层次中的哪些自变量，许多学者对该问题都觉得无所适从，因为很难将纷繁复杂的所有因素都囊括在内，也很难确切界定各个自变量作用于国家对外政策偏好的范围③。对此，部分学者采取定量分析来找寻特定自变量与因变量之间的相互

---

① ［美］罗纳德·英格尔哈特：《静悄悄的革命：变化中的西方公众的价值与政治行为方式》，叶м丽，韩瑞波译，上海人民出版社2016年版。

② ［美］罗纳德·英格尔哈特：《发达工业社会的文化转型》，张秀琴译，社会科学文献出版社2013年版，第498页。

③ 李魏：《体系层次到单元层次——国内政治与新古典现实主义》，《外交评论》2009年第5期。

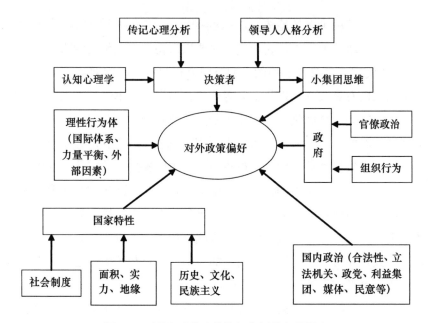

图 3 - 1 国家对外政策偏好分析的多元视角

资料来源：张清敏《对外政策研究的主要维度及其内在逻辑》,《国际政治研究》2019 年第 1 期。

关系，如世界事件相互关系调查、冲突与和平数据库、领导人性格分析数据库等①。但鉴于人类行为的不确定性过大，当前在该领域的定量分析热度逐渐减弱，定性研究占据主要的地位。学者们在定性分析中基本达成共识，就是不可能将国家对外政策偏好形成的各个阶段、各个角度面面俱到地描述到，只能从众多因素中选取最符合自身研究或是与国家对外政策偏好联系最为紧密的要素，以事实问题为导向提出"假如……那么……"的关系假设，进而有针对性地选择相关材料，在现有事实基础上对其与解释性假设之间的类似关系进行推论②。这种选

---

① 美国心理学家玛格丽特·赫尔曼所建立的数据库，主要是通过对国家领导人的言语进行量化分析，形成不同领导人的行为码或人格数据，找出领导人的行为码或人格差异，以此揭示这些差异与国家对外政策差异之间的关系。

② Arthur W. Burks, eds. , *Collected Papers of Charles Sanders Peirce*, Cambridge: Harvard University Press, 1958, p. 137.

择性也能让其他研究者或实证者沿着该假设，知道如果特定条件存在，且动力因素也在起作用，那么就会产生特定的偏好①。这正是本书所采取的方式，根据现实经验困惑和理论迷思，在前文中提出了核心假设和分假设。

最后，选取国家对外政策偏好自变量的标准。由于影响国家对外政策偏好的因素分布于各个层次，不同层次因素在对外政策偏好形成和转变的不同阶段发挥作用的重要程度不一样。对此，罗伯特·杰维斯指出，某一层次不可能包含着可以解释所有阶段所有问题的最重要变量，学者们应当根据自身需要的答案丰富度和详细度来选择哪些是重要的，哪些是相对不重要的②。自 20 世纪 50 年代起，国际关系学界普遍认同，分析国家对外政策偏好需要兼顾体系层次和单位层次的共同作用。如建构主义代表卡赞斯坦提出，国际政治是国内政治的外延，当国内政治结构受单元层次变量影响时，这些变量必然会外溢并影响国家对外部利益的认知，从而对对外政策偏好产生作用③。行为主义代表阿尔蒙德和小鲍威尔认为国家对外政策偏好发端于国内环境但投射于国际环境，其在改造这些环境的同时自身又被这些环境所改造④。新古典现实主义代表人物吉丹·罗斯提出国家对外政策偏好先是不可避免地会受到体系层次的压力，但这种压力会经过单位层次的过滤而增强或减弱⑤。也就是说，学界对于影响国家对外政策偏好影响变量的层次是可以确定的，即单元层次和体系层次。本书同已有成果的观点保持基本一致。同时，本书的研究目的主要是探讨群体情感在对外政策偏好形成和转变的过程

---

① ［美］希尔斯曼：《防务与外交决策中的政治：概念模式与官僚政治》，曹大鹏译，商务印书馆 2000 年版，第 6 页。

② ［美］罗伯特·杰维斯：《国际政治中的知觉和错误直觉》，秦亚青译，世界知识出版社 2003 年版，第 6 页。

③ Peter J. Katzenstein, "International Relations and Domestic Structures: Foreign Economic Polices of Advanced Industrial States", *International Organization*, Vol. 30, 1976, pp. 1 – 45.

④ ［美］阿尔蒙德、小鲍威尔主编：《当代比较政治学——世界展望》，朱曾汶、林铮译，商务印书馆 1993 年版，第 7 页。

⑤ Gideon Rose, "Neoclassical Realism and Theory of Foreign Policy", *World Politics*, Vol. 51, 1998, p. 152.

中如何发挥中介作用。因此，笔者同前人一样不执念于囊括所有自变量并明晰他们的作用力，也不再依赖于简约的目的性逻辑与适当性逻辑，而是基于关系性逻辑，运用分析折中主义方法①超越"不可通约律"，根据自身的研究目的来寻找合适的自变量。关系性逻辑指世界的本质是关系性，世界不是客观存在的，而是主体间关系的互动所建构出来的客观事实，包括国家对外政策偏好也是以总体关系圈为背景，根据行为体与特定主体的关系亲密程度和/或重要性来做出相应决定②。再根据第一章分析可知，理性和非理性不是绝对对立的，群体情感是两者之间的中介和桥梁，共同作用于国家对外政策偏好。为了凸显并证明群体情感的这一驱动作用，本书选取的自变量必然是具有黏合物质主义与观念主义、个体主义与整体主义的特征，故而笔者选取了单元层次的共同历史记忆与本土实践，以及体系层次的地区安全结构与地区规范。

第二节　单元层次：共同历史记忆与本土实践

之所以在单元层次选择共同历史记忆与本土实践，其合理性在于国家不是具有相同功能的原子，而是各自具有不同的单元属性和特征，如国家—社会关系、政治制度、参与力量、决策机制、运作过程、政治气候、意识形态等具体自变量都在不同时间、不同问题领域对各国对外政策偏好施加影响且是无规律的。但这些迥异的自变量具有同源相似性（Ontological Similarity），归根到底都是从时间维度和空间维度来分析的，时间维度可以厘清一国对外政策偏好在长时段内的变与不变，空间维度是通过比较看出一个国家与其他国家在同样问题上政策行为的共性与特殊性③。基于此，共同历史记忆以及本土实践，这两者不仅在历时

---

① 庞中英，黄云卿：《国际关系理论合成与分析折中主义比较评析——基于科学哲学的视角》，《国际论坛》2016 年第 3 期。
② 秦亚青：《世界政治的关系理论》，《世界政治研究》2018 年第 2 期。
③ 张清敏：《对外政策研究的主要维度及其内在逻辑》，《国际政治研究》2019 年第 1 期。

性和空间性两个维度中涵盖了以上所有因素，而且皆需要通过群体情感作为中介变量来发挥作用，适合作为本书的分假设一。同时，在论证这两个自变量为何需要群体情感为中介变量之前，需要先论证国家为何能够作为群体情感的载体。

一 国家是群体情感的载体

就国家内部的社会构成而言，可以从三个方面来论证国家是群体情感的载体。首先是什么力量将追求特殊利益的分散个体聚集成社会整体呢？是群体情感的社会建构功能以及现实利益增强了社会团结和社会凝聚力。早在 1949 年美国学者西美尔发表了一篇名为 Sociability（可社会性）的文章，提出社会一方面是通过现实利益，尤其是相冲突的现实利益结成的一种社会实体，另一方面社会除了由利益关系构成外，还有纯粹为了满足人类在一起的群体情感诉求①。并且，仅仅在物质利益驱动下的社会很容易分裂瓦解，道德律令和群体情感才是统治和维系社会存在的关键。所以，社会的可能性就存在于人与人之间纯粹形式的情感关系与现实利益冲突关系的博弈之中。帕森斯的结构功能主义也认为能够进行情感交流是社会系统必须满足的一种功能。也就是说，社会存在的一个前提就是人们之间的相互尊重和相互承认。因为个体只有带着感情投入社会，去理解和接纳他人乃至社会，社会才能接纳个人，个人也才能组成社会②。其次，社会是如何被社会成员接受和认可的？虽然社会的存在必然符合统治阶级的理性，但我们不能根据某种社会的正常存在，就推断社会中所有成员对该社会的意识形态和制度都是理性可接受的。而那些与绝大多数人理性相悖的社会之所以能存在，在于维系社会存在的一个主要的维度，就是社会的合情性。人们与社会的融合既取决

---

① Simmel. G, "The Sociology of Sociability", *American Journal of Sociology*, Vol. 55, 1949, pp. 254 – 261.

② 郭景萍：《情感社会学：理论、历史、现实》，上海三联书店 2008 年版，第 61—63 页。

于主体的理性算计也取决于主体的情感悸动。最后，社会到底是以何种质态存在的？霍布斯把人类社会看作人都是自私自利的，钩心斗角的；滕尼斯把人类社会视为具有情感和公益性的统一共同体；温特将人类社会定义为"团体自我（Group Self），具有群体层面上的认知能力①。这三种观点的共同点都是承认情感在社会运行中的作用。所以，从国家内部看，社会的生成条件、维持以及存在形式都是在国家理性和群体情感之间寻求平衡的一种状态②。

就国家的自身属性而言："国家是由人组成的群体，可以被视为拥有集体意识的超机体。"③ 自1648年威斯特伐里亚体系建立后，民族国家就成为国际政治的基本单元，公民群体的产生就是基于他们对自己所属国家的情感认同。1945年联合国的成立，更是凸显了各成员国所对应Nation身份的重要④。国家与民族的结合凸显出现代民族国家的底色是民族共同体，无论是领土、人口、政府还是主权都被赋予了鲜明的现代"民族"特征与时代意涵。民族是人的信仰、忠诚和归属等情感的产物，在一个民族共同体内，即使它的规模很小，即使成员之间大多都不认识彼此，但是得益于民族情感认同的维系，使得他们彼此之间意识到存在着联结和纽带。这也是为何本尼迪克特称民族实质上是想象的共同体⑤。现代民族国家之间的互动，实质上可以说是国族之间的互动，在互动的过程中，不能简单地被视为在国际体系中运作的结构功能相似、无差别的抽象单位，而是应该将其视为具有自身逻辑和利益自主性

---

① ［美］亚力山大·温特：《国际政治的社会理论》，秦亚青译，上海人民出版社2000年版，第283页。

② Alisher Faizullaev, "Individual Experiencing of States", *Review of International Studies*, Vol. 33, No. 3, 2007, p. 531; Oded L Wenheim, Gadi Heimann, "Revenge In International Politics", *Security Studies*, Vol. 17, No. 4, 2008, pp. 685 – 724; Alexander Wendt, "The State as Person in International Theory", *Review of International Studies*, No. 2, 2004, pp. 289 – 316.

③ ［美］亚历山大·温特：《国际政治的社会理论》，秦亚青译，上海人民出版社2000年版，第272页。

④ 周平：《族际政治：中国该如何选择？》，《政治学研究》2018年第2期。

⑤ ［美］本尼迪克特·安德森：《想象的共同体：民族主义的起源与散布》，吴叡人译，上海人民出版社2011年版。

的行政组织实体①。当国家之间彼此认同时，他们之间也可以组成一个情感共同体。因此，阿西娅·阿列克西耶娃（Assia Alexieva）称，国际关系是由大量的"情感共同体"组成的，有的比民族国家的"想象共同体"大，有的小②。但是，国家内部民族情感相对更加浓厚，西方民族主义研究的权威专家卡尔顿·海耶斯（Carlton Hayes）认为，"民族主义是一种强烈的情感，这种情感代表着民族成员所忠诚的任何事务都不能凌驾于民族国家之上"③。布伦特·萨斯利（Brent Sasley）亦直接提出国家可以被视为"群体情感的载体"④。国家公民及决策者分享着共同的情感认同，并作为一个群体对同一事件或发展做出反应。因此，在国际社会中，国家作为一个实体与国家统治者之间具有互换性，即国家同人类一样具有一定程度的相似性，国家也可以既有智商也有情商，既能追逐理性目的，也追求群体情感目标。

二　共同历史记忆：影响国家对外政策偏好的时间维度

共同历史记忆是理性与非理性的结合体，是影响国家对外政策偏好的底蕴来源。英国政治学家欧内斯特·巴克指出：懂得各民族的共同历史记忆和心理基础的人握有制定对外政策偏好的金钥匙⑤。意大利知名历史学家贝奈戴托·克罗齐（Benedetto Croce）亦言，"一切历史皆是当代史"⑥，学者将过去历史建构为服务于当下政治的工具，内蕴着非理性。因此，本书在探讨共同历史记忆时不追求"不可能实现的客观

---

① ［美］詹姆斯·多尔蒂、小罗伯特·普法尔茨格拉芙：《争论中的国际关系理论》，阎学通等译，世界知识出版社 2003 年版，第 596 页。

② Assia Alexieva, "The Role of Emotions in Foreign Policy Decision Making Embarrassment from the Bay of Pigs", *University of Florida*, 2017, p. 221.

③ Carlton Hayes, *Essays on Nationalism*, New York：The Macmillan Company, 1926, p. 6.

④ ［美］詹姆斯·多尔蒂、小罗伯特·普法尔茨格拉芙：《争论中的国际关系理论》，阎学通等译，世界知识出版社 2003 年版，第 463 页。

⑤ Ernest Barker, *National Character and the Factors in its Formation*, Cambridge University Press, 2009, pre.

⑥ ［意］贝奈戴托·克罗齐：《历史学的理论和实际》，傅任敢译，商务印书馆 1982 年版，第 3 页。

史实",而是强调高于冰冷文字之上的历史价值。历史价值主要体现在现实需要,只有与现实所吻合的才是真正有用的历史。历史作为一种潜在的智慧元素,往往会对当代人的思维产生潜移默化的作用,现实社会则是历史的继续和发展,不同程度地存在着历史的痕迹与沉淀。而且,每个国家都会在既定的、从过去承继下来的条件中灌注于当代的理解,将其作为服务政治功效与社会作用的对象,以此创造自己民族共同的历史记忆。也就是说,共同历史记忆是基于过往事件来塑造社会性事实,且超越历史事实,构建群体观念,进而影响国家对外政策偏好。概而言之,共同历史记忆作为国家对外政策偏好的底蕴来源,主要体现在以下三方面:

首先,共同历史记忆在政策偏好层面上不仅是促进集体认知和社会融合的黏合剂,塑造着国民性格与国家认同;还是一国政治体系、政治角色、政治家及其行为的情感取向,赋予着政治程序意义,影响着国内政治秩序、基本的政治社会规范①。除此外,共同历史记忆还会影响国民看待自己和外部世界的观念,限定着本国处理同其他国际行为体关系的方式方法和偏好②。具体而言,国家对外政策偏好虽然目标指向域外,但却侧重于"对内政治"的社会心理研究③。因为只要社会的主体是人,那么认识事物的过程中就会不可避免受到人为主观因素的影响。因此,研究国家对外政策偏好,不仅要分析国家在某个特定时期的实际政策行为,还需了解和研究其基本的内顾倾向,即共同历史记忆。共同历史记忆既有面向当下又有传续未来的特点,它能够维系以往经验的有效存在,然后存储并投射到当代每一个民众记忆内,从而使得直接或间接参与决策时,能够纵向上与本国的规则和规范进行比较,进而更加可靠地保证对外政策偏好的一致性及其历时

---

① [美]加布里埃·阿尔蒙德、西德尼·维巴:《公民文化》,张明澍译,商务印书馆2014年版。

② 门洪华:《美国外交中的文化价值观因素》,《国际问题研究》2001年第5期。

③ Duffield, John S., *Political Culture and State Behavior: Why Germany Confounds Neorealism*, Cambridge University Press, 1999, p. 769.

不变性。

其次，国家对外政策偏好的根本出发点是国家利益，国家利益具有双重性，既有客观性又有主观性，前者指生存、独立、财富等方面，是各国利益的共性；后者则体现各国利益的特殊性，主要由各国领导群体的主观判断，他们之所以能够成为国内有代表性的政治精英来判断国家主观利益，主要在于他们身处某种特定的共同历史记忆中。共同历史记忆不是个人的心理或价值，而是由本民族过去和现在的社会、经济、政治活动进程共同建构而成，是为特定社会集体所共享的政治观念综合体，深深根植于国民头脑中的观念性东西，在不知不觉的情况下影响到决策群体的知觉倾向。即决策群体会潜意识地将内心的政治思想、政治价值观体现以及对外政策取向，从内容到形式上与他国表现出差异性①。正如约翰·洛弗尔（John P. Lovel）所说，人类都是在直接和间接的历史记忆中成长起来的，其基本价值观会受到本民族历史风俗习惯和信仰的熏陶，即使是掌握着国家政治权力的领导者，他们的偏好与行为也有着深深的历史记忆根源②。更为重要的是，决策群体的言论与行为不得不符合国家的民族精神，因为他们需要贴合本民族特征基本的共同历史价值和情感观念来获取民众支持③。所以，无论一国政治制度如何变换，精英集团怎么更迭，政策如何调整，国家的对外政策偏好可能在短期内存在一定程度的波动性，但从长期来看却是相对稳定并具有相当程度的连续性④。

最后，共同历史记忆具有现实能动性，各国会根据现实的价值与利益考量来选择性地重构过去，使不同国家对同一客观事件有着不同

---

① ［美］罗伯特·杰维斯：《国际政治中的知觉与错误知觉》，秦亚青译，上海世纪出版社 2015 年版，第 241 页。

② John P. Lovel, *The United State as Ally and Adversary in East Asia: Reflections on Culture and Foreign Policy*, in Jongsuk Chay, ed, Culture and International Relations, New York, 1990, p. 89.

③ Pye Lucian, *Political Culture: International Encyclopedia of the social sciences*, Macmillan and The Free Press, 1968, p. 204.

④ Earl H. Fry, Stan A. Taylor, Robert S. Wood, "America the Vincible: U. S. Foreign Policy for the Twenty-first Century", New Jersey, 1994, p. 113.

甚至相反的历史记忆①。而且，这种被建构出的历史认识一旦被认可并深深扎根，就会成为人们理所当然需要接受的"真相"并难以撼动②。所以，有学者称：谁掌握了过去，也就同时掌握了未来③。德国历史学家约恩·吕森更是进一步分析灵活利用共同历史记忆可以不同程度缓解普通、关键性和灾难性的三种现实危机，如普通危机仅仅通过共同历史记忆中现有的情感就可以得到克服；关键性危机则需要在现有记忆基础上加入新元素，进行新的历史诠释方能缓解危机；在灾难性危机下，意味着当下的历史叙事所关联的基本原则受到挑战，在这种转型危机中，极易激发国内由于两极分化和失序现象所积累的强烈不满情绪，这就需要采取保守主义政策来满足民众的怀旧心理④。

三　本土实践：影响国家对外政策偏好的空间维度

之所以选择本土实践作为自变量主要在于国家对外政策偏好研究不能单纯在具有普遍适用性的抽象理论中寻找答案，而是需要立足于现实实际生活，回归到关系性的本土实践之中。

一方面，本土实践为国家对外政策偏好的形成提供着背景性知识。背景性知识是相对于表象性知识而言的，表象性知识指国际关系理论发展过程中的普遍性规律，其虽在理论学科中长期处于主导和引领地位，但在现实中任何国家对外政策偏好分析模式本质上都是始于地方性的，不存在完全意义上的普适性，即使存在也只能最大限度做

---

① Frederic Bartlett, *Remembering: A Study in Experimental and Social Psychology*, Cambridge University Press, 1932, pp. 293 – 300; Susan Crane, "Writing the Individual Back into Collective Memory", *American Historical Review*, Vol. 102, 1997, pp. 372 – 1385.

② 迈克尔·麦杰：《文本、泛文本与当代文化裂片》，载［美］肯尼斯·博克《当代西方修辞学演讲与话语批评》，常昌富等译，中国社会科学出版社 1998 年版，第 263 页。

③ 黎英亮：《何谓民族？普法战争与厄内斯特·勒南的民族主义思想》，社会科学文献出版社 2015 年版，第 31 页。

④ ［德］约恩·吕森：《历史思考的新途径》，綦甲福、来炯译，上海世纪出版集团 2005 年版，第 149—150 页。

到有限普适①。背景性知识则是行为体在长期的本土实践中所积累的地方性、具体的、自下而上的知识，这种知识是弹性的，变化的②。同时，本土实践作为行为体主观意识见诸客观物质世界的具身性行动，既包含着物质因素也囊括了行为体身体力行对国内外事务的表述、理解、处理与解决，是主体性、社会性和物质性的统一③。不同的本土实践会产生不同的背景性知识，实践者的偏好和行为就会形成不同的意义。比如，美国学者曾言，当今的东亚就如过去的欧洲。对此，康灿雄提出反驳，指出为何要用过去的欧洲来分析亚洲的未来呢，为什么不反过来呢？这两者所处的本土实践存在很多不同之处，所积累出的背景性知识也是不同的④。再比如，西方国际关系均势理论认为当某国出现崛起的趋势或事实，其他的国家就会组成联盟来联合制衡该国，且该理论适用于国际社会各地区。然而，14—20世纪的东亚历史上，中国作为东亚的大国，该地区的其他国家与中国的关系是合作频率大于战争频率的，康灿雄指出这主要是因为东亚地区在不断的本土实践中逐渐形成的"儒家长和平"的偏好和行为方式⑤。

---

① 秦亚青：《国家行动的逻辑：国际关系理论的知识转向及其意义》，《中国社会科学》2013年第6期。

② 需注意的是，背景性知识和表象性知识不同于感性知识和理性知识。感性知识和理性知识是认识论范畴概念，前者指人的感官对客观事物的印象，反映事物的现象和外部联系；后者是在感性知识基础之上的推理判断，反映了事物的规律和内在联系。感性知识是认识的初级阶段，理性知识则是认识的高级阶段，两者在实践中统一起来。表象性知识和背景性知识是知识论范畴的概念，前者指来自理性思考的抽象知识，后者来自实践活动的经验知识，两者没有高低阶段之分。与实践密切相关的主要是背景性知识，故亦称实践知识。Vincent Pouliot, "The Logic of Practicality: A Theory of Practice of Security Communitites", *International Organization*, Vol. 62, No. 2, 2008, pp. 257 – 288.

③ 朱立群，聂文娟：《国际关系理论研究的"实践转向"》，《世界政治与经济》2010年第8期；Christian Büger and Frank Gadinger, "Culture, Terror and Practice in International Relations: An Invitation to Practice Theory", *International Studies Quarterly*, 2015, p. 25.

④ David Chan-oong Kang, *China Rising: Peace, Power, and Order in East Asia*, New York: Columbia University Press, 2007, p. xi.

⑤ David Chan-oong Kang, *China Rising: Peace, Power, and Order in East Asia*, New York: Columbia University Press, 2007, p. xi.

另一方面，本土实践互动推动国家对外政策偏好的形成。本土实践是立足于国家和地区的本土实际情况和特殊背景，所进行的具有社会意义、能够产生适当绩效、模式化且有规律、能够被社会识别的主导性行动①。主导性特征意味着本土实践行动要比其他一般行动更具实用性和社会建构性，它界定着行为体之间互动的基本规范、规则和议程，为其建立物质和规范的基本架构和参照系，决定着某些政策或战略是否能够产生和实现②。各国的对外政策偏好就是基于各自强烈的本土地域性、时代性和地方文化下产生的，并被决策群体所接受的有效实践惯性。比如，普斯曼通过分析美国 20 世纪 40 年代的对外政策，发现民主党与共和党对某特定问题的偏好，并不是严格地按照国会是否支持白宫的决定，而往往是根据本土实践的适度性和适当性所做出的选择与判断③。同时，各国和各地区的对外政策偏好在本土实践中通过言语或非言语的相互"学习"，逐渐认知到自身认知体系与其他群体之间的意义，重新界定彼此的身份定位，创造共同使命感和共同责任感，从而形成政策上的协调④。因此，本土实践的主体不是个人而是群体，且该群体既不是一直固定的，也不需要全方面的彼此认同，甚至是在其他方面具有较大差异性，但他们可以在某一特定议题实践中共通共建共享，组成一个新的具有背景性、针对性和议程性的群体⑤。也就是

---

① 桑浦：《角色·理性·行为：国家对外政策分析框架研究》，博士学位论文，吉林大学，2019 年；魏玲：《本土实践与地区秩序——东盟、中国与印太构建》，《南洋问题研究》2020 年第 2 期。

② ［加］伊曼纽尔·阿德勒、文森特·波略特：《国际实践》，秦亚青等译，上海人民出版社 2015 年版，第 1—25 页；Ann Swidler, *What Anchors Cultural Practices*, *in Theodore R. Schalzki*, *Karin Knorr-Celina and Eike von Savigny*, The Practice Turn in Contemporary Theory, Oxford and New York: Routledge, 2000, pp. 83 –101.

③ ［加］伊曼纽尔·阿德勒、文森特·波略特：《国际实践》，秦亚青等译，上海世纪出版集团 2015 年版，第 236 页。

④ 参见 Ling Wei, "Developmental Peace in East Aisa and Its Implications for the Indo-Pacific", *International Affairs*, Vol. 96, No. 1, 2020, pp. 189 –209; Emanuel Adler, "The Spread of Security Communities: Communities of Practice Self-Restraint and NATO's Post Cold War Transformation", *European Journal of International Relations*, 2008, p. 201。

⑤ ［加］伊曼纽尔·阿德勒、文森特·波略特：《国际实践》，秦亚青等译，上海人民出版社 2015 年版，第 229—400 页。

说，本土实践共同体是一个旨在实现共同目标的群体，他们需要对该目标的范围与实现手段达成主体间共识，且该共识是基于实践并在实践中不断演化和发展①。同时，基于本土实践的能动性，能够进一步推演出社会结构的开放性。传统对外政策偏好分析模式认为国内或地区的结构是固有给定的，但事实上，结构在本土实践的能动性下并非静止，而是不断演化和发展的。且能动性需要实践共同体有较强的能力和反思性②，这样他们才能对自身的理性与认知能力进行不断地监控和调整，形成正当性和可持续性的实践规范，进而推动着社会结构的生成、维系与动态演变。国家对外政策偏好也正是在这种动态的本土实践与结构中形成。

除此外，本土实践依赖于群体情感作用于国家对外政策偏好。由于背景性知识是无意识的、非表象的、无以言明的，其解释力离不开主观的群体情感，二者具有共生的关系③。本土实践之所以具有能动性、社会建构性皆源于其需要以群体情感为中介。一则在于单个行为体只有存在于群体实践网络中才会有实在的特质，主观的行为体与客观的世界两者缺少其中任何一个都会使双方失去自身的形态、价值与意义④。二则本土实践主要由互主期待和倾向构成，嵌于群体情感之中，只能从群体情感中去考察⑤。如一些学者指出：群体情感在特定的历史阶段和反复实践中自发形成，反映着特定民族的世界观，有助于本土实践的制度

---

① Hedley Bull, *The Anarchical Society*: *A Study of Order in World Politics*, Basingstoke: Palgrave Macmillan, 2002, p. 8; Evelyn Goh, *The Struggle for Order*: *Hegemony*, *Hierarchy*, *and Transition in Post-Cold War East Aisa*, Oxford University Press, 2013, p. 7.

② 李钧鹏：《蒂利的历史社会科学——从结构还原论到关系实在论》，《社会学研究》2014 年第 5 期。

③ Yaqing Qin, "A Multiverse of Knowledge: Cultures and IR Theories", *The Chinese Journal of International Politics*, Vol. 11, No. 4, 2018, p. 415.

④ 秦亚青：《行动的逻辑：西方国际关系理论"知识转向"的意义》，《中国社会科学》2013 年第 12 期。

⑤ ［加］伊曼纽尔·阿德勒、文森特·波略特：《国际实践》，秦亚青等译，上海人民出版社 2015 年版，第 1—25 页。

化①。也就是说，本土实践具有黏合物质主义、理念主义、结构主义、个体主义的特质，在分析纷繁复杂的国家对外政策过程中具有得天独厚的优势，适合将其作为本书主要自变量。

第三节　体系层次：地区安全结构与地区规范

同单元层次一样，体系层次同样存在着诸如权力结构、国际组织、同盟关系等影响国家对外政策偏好的因素。对此，笔者亦不准备将所有外部因素都囊括在考量范围内，而是重点着眼于地区层面。这一方面在于国家对外政策偏好最先投射到的是国土紧邻之地，周边外交受到各国首要重视；另一方面在于自冷战结束以后，掩盖在两极秩序之下的地方性特色逐渐备受关注，再加之地区一体化浪潮的兴起，地方学派的国际关系理论也开始崭露头角。对此，爱德华·卡尔曾言：国际关系理论从一开始就是地方性的，起源于盎格鲁－撒克逊理论②。阿米塔夫·阿查亚和巴里·布赞呼吁：我们处于一个"地区构成的世界"（A World of Regions），要把关于地区安全结构的能动作用研究纳入国际关系的核心研究议程中来③。

一　地区安全结构以亲疏关系形塑国家对外政策偏好

首先，之所以在地区层面选择安全结构作为自变量，是因为它有着其他因素所不具备的适切度，它更加贴合当前国家间互动的关系

---

① Yaqing Qin, "A Multiverse of Knowledge: Cultures and IR Theories", *The Chinese Journal of International Politics*, Vol. 11, No. 4, 2018, pp. 418 – 419.

② ［英］爱德华·卡尔：《20 年危机（1919—1939）：国际关系研究导论》，秦亚青译，世界知识出版社 2005 年版，第 50—51 页。

③ Amitav Acharya, Barry Buzan, *Non-Western International Relation Theory: Reflections on and Beyond Asia*, Oxford and New York: Routledge, 2010; Amitav Acharya, "Global International Relations and Regional Worlds: A New Agenda for International Studies", *International Studies Quarterly*, Vol. 58, No. 4, 2014, pp. 647 – 659；魏玲：《东南亚研究的文化路径：地方知识、多元普遍性与世界秩序》，《东南亚研究》2019 年第 6 期。

性。以往研究国家对外政策偏好时总是强调地区秩序的重要性[1]，地区秩序是国家之间经济、军事权力的分配状况所塑造，可经济军事权力结构在长时间段内一般来说相对固定，不会经常性地出现巨变，这就使其即使对国家对外政策偏好有着明显的体系压力，但由于缺乏变化性而在解释国家对外政策偏好转变问题上式微。地区安全结构则不取决于国家间经济军事的物质力量对比，而是取决于彼此间的关系性权力。在和平与发展的时代背景下，国家之间相互联系的频率越来越高，各国相对于硬权力和软权力更加强调关系性权力，关系性权力与这两者既有联系也有区别，联系在于它也是一种改变他人偏好、动机或行为，以使其在社会互动过程中符合自己意愿的能力[2]；区别在于它不为某一特定行为体所持有，而是来源于国家间关系的互动及其所形成关系网络，当某国以其自身为中心所搭建的亲密关系越多，其在国家间所持有的威望和权力也就越大。也就是说，行为体影响他人的能力，不是依赖于关系网络本身，而是如何协调和运作好这些关系网络。所以，关系性权力不仅追求物质收益，更加强调面子与威望等主观的长期社会资本，尤其是在重复博弈的游戏中，关系性权力中的提供者与接受者的角色经常性互换，这就使得沟通和信任成为彼此间长期有效合作的关键与支柱[3]。

其次，地区安全结构深受亲疏关系的影响，亲疏关系决定国家间对威胁的认知与判断。制定国家对外政策最主要和最根本的目的就是维护本国的国家安全，相对应的，国家行为偏好与地区间安全结构是由"安全威胁"的判断所决定。那么何为安全威胁？在现实国际社会中，

---

① 武琼：《大国战略与地区秩序：双重视角下的俄罗斯南亚外交评析》，《印度洋经济体研究》2020 年第 6 期；程蕴：《安倍内阁的中东外交：战略、地区秩序与困局》，《日本学刊》2019 年第 1 期；马荣久：《亚洲地区秩序构建的制度动力与特征》，《国际论坛》2019 年第 3 期。

② 黄光国：《面子：中国人的权力游戏》，中国人民大学出版社 2004 年版。

③ Nan Lin, "Guanxi: A Conceptual Analysis in Alvin So, Nan Lin and Dudley Poston, eds., The Chinese Triangle of Mainland, Taiwan and Hong Kong: Comparative Institutional Analysis", Westport: Greenwood, 2001, pp. 153 – 166.

安全威胁不仅仅只是军事武力间的力量对比，同时还是政治选择与社会建构的结果①。如美国将国家安全设置为一种协调国家内各部门利益的工具，模糊界定着国家安全的边界，以便为其建构的所谓安全威胁以及采取的暴力行为披上合法外衣②。巴里·布赞亦称，对安全或不安全的认知总是与外在特定对象的亲疏关系有关，并被政治言语所"修饰"，若是彼此比较疏离，那么即使国家之间不存在直接的武力冲突，也会被建构出地缘政治想象，使主观上的安全困境加剧现实中的安全困境③。也就是说，亲疏关系是影响地区安全结构的重要因子，并对国家对外政策偏好与行为边界起着框定性和能动性作用④。框定性体现在各国家行为体在政策制定过程中都将自我与他者放在一个整体之中来考量，疏离的关系会加剧国家间对威胁的负向判断，倾向于采取对抗的政策；亲密关系则是"人类命运共同体""相互安全""共同安全"等理念的基础，会增强彼此意图的正向评估。这也是为何美国不会因军事强国英国拥核而感到生存威胁，却会为小国朝鲜、伊朗潜在拥核而紧张不已。当然，亲疏关系并非恒定不变，过分亲密或者疏离都会对彼此的活动空间造成挤压，曾经的盟友可能会分道扬镳，过去的敌人亦可能会化干戈为玉帛。如东亚地区安全结构从过去的大国零和博弈逐渐形成以东盟为中心的区域安全合作框架。这种改变是以军事力量对比为基础的地区秩序所无法解释的，也显示出亲疏关系的变化正是地区安全结构比地区秩序更适切解释国家对外政策偏好转变的内核原因⑤。

---

① ［美］亚历山大·温特：《无政府状态是由国家造就的：权力政治的社会建构》，《国际组织》，1992 年；［美］詹姆斯·德·代元：《国际关系理论批判》，秦治来译，浙江人民出版社 2004 年版，第 46 页。

② Bill McSweeney, *Security, Identity and Interests: A Sociology of International Relations*, Cambridge University Press, 1999, p. 20.

③ ［英］巴里·布赞、琳娜·汉森：《国际安全研究的演化》，余潇枫译，浙江大学出版社 2011 年版，第 12 页。

④ 秦亚青：《文化与国际关系理论创新——基于理性和关系性的比较研究》，《中国社会科学评价》2019 年第 4 期。

⑤ 张鑫：《基于敌友情感曲线的国际秩序演变逻辑分析》，硕士学位论文，中共广东省委党校，2017 年。

最后，亲疏关系是以群体情感为中介来发挥作用。国家在处理与他国的关系时，一般将既不过分依赖他者也不完全孤立他者的亲疏均衡关系视为最理想状态，亲疏关系处理的好坏直接影响到彼此对安全的认知及长期利益。一旦这种安全关系的亲疏均衡被打破，行为体就不得不反思如何制定适当性的标准来改变现状，审视具体哪个环节出现问题，对其进行弥补和调整。因此，各国在地区关系网络中，相对于短期的物质利益，更倾向于维护、巩固和扩大以自身为网络中心的关系数量与质量，以寻求亲疏均衡。在这个过程中，物质力量的作用相对比较局限，各国会倾向于选择将群体情感等潜变量推向前台①，实施情感外交。如中国多方位的开展情感外交来维系、增强或区分与他者的关系，在情感辞语上，用"全天候战略合作伙伴关系、全面战略协作伙伴关系、全面战略合作伙伴关系、全面战略伙伴关系……"等阶梯修辞来表示与他国的关系重要性；用"好兄弟""好亲戚""好朋友""好伙伴""好邻居""好同志"等称呼来表示关系亲密度②。所以，相较于对外投资、经济援助、军事援助、安全保护等物质投入，群体间情感投入的方式具有成本低、可持续性强、效果明显的特点。因为群体情感资源不受限制，其既不会面临国内物质资源不足的窘境，亦不需许多耗费各行政部门太多的人力物力财力。但需要注意的是，情感投入的事后成本，因为一旦释放出国家间情感亲疏关系的信号就会被国际社会当作象征性承诺，若是后续行为没有及时跟进，反而会使本国的国际形象一落千丈。也就是说，群体间情感关系的提升在一定程度上会增加国家对外物质性投入的内在动力或外在压力。从群体间情感投入的战略作用来讲，积极的群体间情感投入能够直接提升地区域内国家间的信任水平，展示睦邻友好政策理念，缓解周边国家对情感输出国战略意图的猜疑，为国家间

---

① ［加］贾尼丝·格罗斯·斯坦：《将背景知识推向"前台"：关于"神圣领域"中适当性实践的对话》，载［加］伊曼纽尔·阿德勒、文森特·波略特《国际实践》，秦亚青等译，上海人民出版社2015年版，第100—123页。

② 门洪华、刘笑阳：《中国伙伴关系战略评估与展望》，《世界经济与政治》2015年第2期；戴维来：《中国的"结伴外交"战略：特征、缘由及路径》，《现代国际关系》2015年第10期。

各领域合作奠定政治基础。这种搭建亲疏关系的方式，甚至使一些国家在一定时间段内，以群体间情感关系替代经济利益关系、安全利益关系，这不仅能够回答为何一些国家的政策在面临成本收益不成正比的状态下仍然坚持不变，也能解释一些国家在经历双边政治关系低谷后依然延续的经验困惑。

二 地区规范内化以回旋镖效应作用于国家对外政策偏好

之所以在体系层面选择地区规范作为影响国家对外政策偏好的第二个自变量，主要在于地区规范是地区内国家之间互动所形成普遍认可的适当标准、集体观念，是塑造国家对外政策偏好的主要外部环境，与其虽无直接因果关系，却具有建构的作用①。再者，以往学者习惯于探讨地区组织对国家对外政策偏好和行为的影响，认为组织的功能性直接作用于国家行为，地区性组织作为地区规范载体，归根到底谈论的仍是地区规范的扩散，以及在这个过程中地区国家政策对规范的内化，且地区规范内化以"回旋镖效应"作用于国家对外政策偏好②。

具体来说，在关系性逻辑视角下，地区规范一般是将某种特定的行为视为各国共同遵守的道德，比如禁止种族屠杀、禁止贸易倾销、禁止恐怖主义袭击等，它约束着国家不道德的行为倾向，关乎国家在地区及国际社会中的声誉利益。这使得地区规范以回旋镖效应影响着国家对外政策偏好，这一方面体现在域内国家行为体基于共同安全与道德的功能性需要，会"自上而下"主动地将地区规范嫁接和内化到本国的政策偏好中，在内化的过程中，国家会根据本国的背景性知识与具体实践对地区规范形式与实质内容进行重构和融化，这不仅使

---

① 袁正清、李志永、主父笑飞：《中国与国际人权规范重塑》，《中国社会科学》2016年第 7 期。

② Ann M. Florini, ed., "The Third Force: The Rise of Transnational Civil Society", Tokyo: Japan Center for International Exchange, 2000, p. 190.

本国的政策偏好能够更好地与地区接轨，同时也促进了地区规范的扩散①。另一方面，跨国社会网络等非国家行为体凭借自身在国际社会中的信息政治、象征政治、杠杆政治以及责任政治等优势，将其代表的倡议和主张网络化，"自下而上"地向国家施加压力，从而促使域内行为体可以基于共同的目标聚集起来，形成新的身份认同感和共同的价值观念②。同时，之所以主权国家会重视地区规范的外在压力，美国心理学家维吉尼亚·萨提亚指出，国家在关系互动的过程中，外在表现出的偏好和应对行为仅仅只是冰山一角，隐藏在冰山之下的还有对自我肯定的诉求、被普世认可接纳的渴望、对特定事件的观点和看法，以及对某事物的直观体验和情感感受③。而且，只要国家之间的互动处于不完全信息与多重博弈的情势下，声誉利益就必然是国家制定对外政策时需要考虑的一部分④。约瑟夫·奈早就提出，国家间互动已然成为关于声誉的竞赛，国家间竞争就是提升自身可信度、削弱敌方可信度的游戏⑤。尤其是当前各国皆互相无法完全得知对方的意图，政策制定只能根据各自持有的自身私有信息为依据，若是在此前提下培养出良好的声誉，就会使彼此在博弈之前具有了"先验信念"，对方若是通过"我"的声誉及实质性的行为表现，相对应的改变其行为，那就出现了"后验信念"，此时所形成的多重博弈将有利于双方的长期利益。若是国家不遵循地区内共同秉持的道德规范，其对外政策偏好及行为也必然会受到他国及非政府组织的谴责。再者，良好声誉意味着对遵守规范的可信承诺，这是一种昂贵的信号，因为

① 张思思：《国际规范扩散之"本土化"思想研究》，硕士学位论文，外交学院，2009 年。

② 刘贞晔：《国际政治视野中的全球市民社会——概念、特征和主要活动内容》，《欧洲》2020 年第 5 期。

③ ［美］维吉尼亚·萨提亚：《萨提亚家庭治疗模式》，聂晶译，世界图书出版公司2007 年版，第 5 页。

④ 张笑天：《国际关系中的遵约与声誉以主权债务为例》，博士学位论文，复旦大学，2012 年。

⑤ Joseph S. Nye, *The Paradox of American Power*, New York: Oxford University Press, 2002, p. 106.

承诺既面向国际听众，也面对着国内听众，违反承诺的对外政策偏好与行为对于一国政府的合法性具有强大的冲击①。所以，跨国社会关系网络正是利用国家这种内心诉求才得以干预并施压于国家的对外政策偏好，地区秩序扩散及国家对地区规范的内化实质上是对外政策偏好起着外部环境制约的作用。

---

① James D. Fearon, "Bargaining, Enforcement, and International Cooperation", *International Organization*, Vol. 52, No. 2, 1998, pp. 269 – 305; James D. Fearon, "Domestic Audiences and the Escalation of International Disputes", *The American Poltical Science Review*, Vol. 88, No. 3, 1994, pp. 577 – 592.

第四章 群体内情感类别化进程是国家对外政策偏好形成的内在动力

> 从某种意义而言，政治活动是一种关于价值的选择与追问，尤其是在政策偏好领域中，首先要研究的应是选择、优先性、价值与问题。尽管制度、程序和权力是重要的，但处于第二位①。
>
> ——［美］莱斯利·里普森（Leslie Lipson）
>
> 谁掌握了影响群体情感的艺术，也就掌握了统治群体的艺术；影响群体情感的并不是事实本身，而是它们发生和引起注意的方式。
>
> ——［法］古斯塔夫·勒庞（Gustave Le Bon）

人类社会由许多群体组成，群体是人类生存和发展的前提。尤其是随着网络科学技术与民主政治的发展，现代社会中利益分化在不断加深，群体组合程度在不断提高，这使得纯粹的理性给定偏好与个人偏好存在的空间越来越小，群体偏好在政治生活中越来越受到重视②。根据前文对群体情感生成过程的梳理，可知群体情感的主体间性先于主体性，具有社会建构的能动功能，任何群体的行为和互动都内蕴着群体情

---

① ［美］莱斯利·里普森：《政治学的重大问题——政治学导论》，刘晓译，华夏出版社2001年版，第21页。

② 王元华、李庆均：《政策偏好浅析》，《决策借鉴》2001年第1期。

感的中介作用①。本章节将详细论证群体情感是如何通过类别化进程来驱动单元层次的要素发挥中介作用。具体而言，群体情感可以类别化为基调情感（Background Emotion）与即时情感（Instant Emotion），前者是一种长期的、作为"情感定向"（Affective Orientations）与"情感氛围"（Affective Climate）的固定性情感；后者是一种暂时的、集中的指向性应急反应②。其中，笔者在单元层次上所选择的共同历史记忆正是通过长期稳定的基调情感作用于国民的信念、忠诚、情感定向与情感氛围，塑造着国家对外政策偏好的基本信仰、需求与喜好；本土实践则是依靠群体内情感的高级识别者（决策者）激起群体中的即时情感③，并将其符号化、具体化，引领民众对对外政策偏好的选择。整体而言，群体内情感类别化进程界定国家对外政策所面临情景的性质，引导国家对外政策行为走向；并作为一种战略工具去追求国家利益；评估着国家对外行为的道义正确性，为其提供力量源泉和信心基础④。

第一节　历史记忆以基调情感为媒形塑国家对外政策偏好方向

共同历史记忆形塑国家对外政策偏好方向的过程，实质上是以政治基调情感为中介和内驱力来实现的。2015 年专门召开的国际历史科学大会，以"历史化的情感"（Historicizing Emotions）为主题，曾探讨

---

① 赵汀阳、[法] 阿兰·乐比雄：《一神论的影子》，王惠民译，中信出版社 2019 年版，序言。

② George, "The Causal Nexus between Cognitive Beliefs and Decision Making Behavior", *International Organization Foundation*, 1996, pp. 95 – 124.

③ Simon Koschut, Todd H. Hall, Reinhard Wolf, Ty Solomon, Emma Hutchison, Roland Bleiker, "Discourse and Emotions in International Relations", *International Studies Review*, Vol. 19, 2017, PP. 481 – 508; Todd Hall, *Emotional Diplomacy: Official Emotion on the International Stage*, Cornell University Press, 2015.

④ 董秀丽：《外交的文化阐释——美国卷》，知识产权出版社 2012 年版，第 13 页；David Patrick Houghton, "Historical Analogies and the Cognitive Dimension of Domestic Policy Making", *Political Psychology*, Vol. 19, No. 2, 1998, pp. 279 – 303。

当下的政治基调情感是基于共同的历史记忆所构建，其框架不是依循个体记忆的简单加总原则，而是与当下社会的主导思想相一致。为维持国内政治基调情感的稳定，国家对外政策偏好的方向一般不会偏离太远①。

一　从共同历史记忆到政治基调情感

首先，共同历史记忆中蕴含着当代民族国家的政治基调情感。民众所共享的历史记忆不是简单地对历史事实进行回顾，而是根据现下国内政治和社会的需要来决定人们应该记住什么以及如何进行记忆，以此建构出符合国家需要的政治基调情感②。具体来说，每个民族国家基本上都会经历"鼎盛时期—地位逆转—暴力冲突"这样周而复始的历史阶段，相对应地也会产生"特选骄傲—神话追溯—创伤恐惧愤怒"（Chosenness—Myths—Trauma complex，CMT complex）③ 等政治基调情感。正如法国的近代民族主义理论学者厄内斯特·勒南（Ernest Renan）所指出的，一个民族国家的心理基础来源于共同对"祖先的崇拜""英雄的过去"以及"被压迫的惨痛"等相关历史记忆，过去长久的努力、牺牲和奉献的顶点造就了现在的民族国家。其中，每个国家每个民族都曾有自己的鼎盛时期，鼎盛时期是一个群体产生民族主义和国家认同的核心所在，国家会通过建构诸多缘起神话（缘起神话往往包含了不同群体的活动和发展轨迹）、圣人、英雄以及伟大领导者的传奇事迹，描绘出一个辉煌的共同命运体，使民族国家成员催生出自豪、骄傲和眷念等积极的政治基调情感④。如：伊朗追忆曾经波斯帝国的辉煌、英国向

---

① Groenendyk Eric, "Current Emotion Research in Political Science: How Emotions Help Democracy Overcome its Collective Action Problem", *Emotion Review*, Vol. 3, 2011, pp. 455–463.

② Martin Goodmant, *The Oxford Handbook of Jewish Studies*, Oxford University Press, 2002.

③ Galtung, Johan, *The Construction of National Identities for Cosmic Drama Chosenness-Myths-Trauma (CMT) Syndromes and Cultural Pathologies*, In Handcuffed to History, ed. P. Udayakumar, Westport: Prager, 2001.

④ 王晴佳：《拓展历史学的新领域：情感史的兴盛及其三大特点》，《北京大学学报》（哲学社会科学版）2019 年第 4 期。

往曾经的日不落帝国、俄罗斯怀念苏联时期的广袤、中国传颂盛唐时期的繁华与包容。而在暴力冲突、羞辱偏见及地位逆转的历史阶段中，则会产生负面的政治基调情感，且这些负面情感往往是持久的、沉淀在民众内心深处，激励着当前民族国家复兴曾经的民族自豪感、民族自尊心和辉煌历史，并形成使命感加强内部的团结，进而与其他群体进行对抗。如俄罗斯总统普京总是在谈及苏联解体的悲剧时，鄙视西方政客道德优越的态度，并谴责欧美利用俄罗斯在 90 年代的弱点将北约推向其边界。值得注意的是，若一个民族沉迷自身的伟大过去，或许会出现集体的自满和自恋，或许会将自身置于历史神话或某种难以解决的冲突泥潭之中，受到两者的拉扯，如犹太民族一直在对巴勒斯坦和圣地的"应许之地"保持着疆土神圣归属感，同时又在失国离乡的惨痛大屠杀记忆中挣扎①。所以，政治基调情感一方面能够将民族国家的当下情景与遥远的祖先产生谱系意义上的关联，并依靠这种眷念之情得以在时间的变迁中使自我明确从何而来，"根"在何处。即共同历史记忆的产生与传播是一个确立和维护民族国家身份的社会建构过程，有什么样的记忆就会带来什么样的民族国家。另一方面，能够为民族国家的对外政策界定谁曾是我们的朋友或敌手，谁应该是我们怨恨或亲密的对象，自己又对谁负有罪责或恩赐。即一个民族对自己历史中不凡成就的荣耀以及难以忘怀的苦痛与创伤共同构成了这个民族当下的政治基调情感。

其次，共同历史记忆被建构为现今政治基调情感的途径。共同历史记忆具有间接性和不可重复的特性，要将其建构为当下的政治基调情感，让·路易斯·杜兰德和塞巴斯蒂安·坎普夫提出三种方式，他指出自民族国家诞生以来，无论在何种政体中，语言政策、公共教育以及历史类比是政府培育和塑造一代又一代公民理解本民族国家的起源、历史

---

① 黄萌萌：《德美外交行为模式比较研究：外交文化的视角》，博士学位论文，北京外国语大学，2015 年；彼得·斯特恩斯：《情感学：澄清情感史和情感标准》，《美国历史评论》，1985 年；Jeffrey Blustein, *The Moral Demands of Memory*, Cambridge University Press, 2008, p. 200.

和现状的主要工具①。其一，语言政策是由政府根植于本国历史背景，出于本国的利益考量，自上而下颁布、实施的一系列法律、法规、规则或实践，将其制度化并在社会结构中定位，以便成为区分不同社会群体或阶层的基础，使占统治地位的语言团体可以利用自我的历史叙事结构与民族记忆逻辑建构有利于自身统治的政治基调情感②。其二，公共教育是一种自下而上通过学校系统对历史知识进行选择的组织，是一种推进特定意识形态的工具，服务于特殊阶级和社会群体的利益，主要用来赞扬和巩固本民族的认同，并证明当下社会与政治体制形式的正当性，使一种既定的政治和社会秩序合法化③。其三，历史类比是在处理当前的某一事件时，直接借鉴历史上相同范畴事件处理的经验。决策团体倾向于从重大历史事件中汲取经验应用到类似的情境中去④，尤其是在不确定性的情势下，决策团体更会有意识或无意识地将历史相似事件的处理方式作为"路线图"，以此来评估当下备选方案的可能性风险与结果。比如，1990 年伊拉克入侵科威特，美国老布什政府将此次入侵类比为希特勒入侵波兰，认为伊拉克将会给其带来直接的地缘政治破坏，美国遂决定出兵伊拉克。但是，如果彼时美国将此次入侵与美国入侵巴拿马来进行历史类比，很大概率美国将会对是否发起第一次海湾战争做出不同的决定。神经科学家和心理学家亦研究论证，共同历史记忆所形成的政治基调情感具有独立的作用，能够在没有认知系统干预的状态下潜移默化地诱发起过去发生的情感体验，甚至用交流、沟通、说服等方式也不足以改变其态度或喜好，这就好比向一个本不喜欢吃某种蔬菜的人，不管你列举多少种吃这种蔬菜的好处，也很难使他改变对这种蔬菜

---

① Jean-Louis Durand, Sebastian Kaempf, "Reimagining Communities: Opening up History to the Memory of Others", *Millennium: Journal of International Studies*, Vol. 42, No. 2, 2014, pp. 331 – 353.

② David Cassels Johnson, *Language Policy*, Palgrave Macmillan, 2016, pp. 5 – 6.

③ Apple, Michael W., Linda Christian-Smith, *The Politic of the Textbook*, Routledge, 1991, p. 10.

④ ［美］罗伯特·杰维斯：《国际政治中的知觉与错误知觉》，秦亚青译，世界知识出版社 2003 年版，第 227 页。

的喜好①。

总之，过去主义强调共同历史记忆的循环往复，未来主义则重视它是线性进步或螺旋上升。而内蕴着政治基调情感的共同历史记忆则一面看着过去，一面望向未来，始终处于现在进行时，并不断被反刍到当下的决策偏好中，影响着人们的行为准则，为未来的政治实践奠定出新的情感记忆。

二 从政治基调情感到对外政策偏好的方向

首先，政治基调情感塑造着国家对外政策偏好的舆情态势。政治基调情感在公共教育与语言政策的社会化中形成一套系统的情感律责，约束着国内每个民众的情感表达，人们会主动通过"努力"使自身的情感风格与情感律责相符。因为人际互动过程中，至少有五种基本的交易需要，分别是证明自我、群体归属、获益交换、信任需要和确定性需要，其中前两者是最强烈的需要②。需要说明的是，虽然证明自我与群体归属的情感体验很重要，但是去具体探究这种情感究竟是否发自真心、是真是假并无意义，因为所有成年人的情感体验本质上都是被社会制度训练出来的，包括政治基调情感③。尤其是在当代社会，人们在"全景敞视监狱"中，会理性地进行快乐和痛苦的算法，若国家的政策能够减轻痛苦增加大多数人的幸福快乐感，那么该政策从道德层面讲就是善良的，从政治层面讲就是优越的，从法律层面讲就是权利。即政治基调情感如布尔迪厄所提出的惯习一般以"路线图"的方式来聚焦和黏合国内众多民众的公共话语，当政治基调情感为国内民众奠定下爱好和平或中立的舆情时，国家一般不会主动挑起战事；当舆情是报复的、群情激愤的时，采取保守的政策偏好也是不可想象，因为挑战国内政治

① Joseph P. Forgas, "Feeling and Doing: Affective Influences on Interpersonal Behavior", *Psychological Inquiry*, Vol. 13, No. 1, 2002, pp. 1 – 28.

② Jonathan H. Turner, *A Theory of Social Interaction*, Stanford University Press, 1988, p. 227.

③ Nicole Eustace, "Conversation: The Historical Study of Emotions", *American Historical Review*, Vol. 117, No. 5, 2012, p. 1503.

基调情感的对外政策偏好将很难获得支持①。而且，公共舆论是社会的皮肤与外在保护层，敏感而脆弱，在面对汹涌的舆情民意时，仅仅依靠讲事实、摆道理很难有效地安抚民众的情感和价值认同，这样即使政策得到执行，其效果也会事倍功半，甚至会激起民愤、适得其反②。所以，国家的对外政策偏好通常不是国家领导人短时间内的个人意气用事，往往是决策者根据社会共识性的政治基调情感来选择政策③。

其次，政治基调情感维系着国家对外政策偏好的合法性。政治基调情感框定民族国家对世界的认知，使他们将民族情感附加在特定的政治符号与事件之上，构成国家对外政策偏好选择所处的社会氛围和政治背景。需指出的是，国家内部存在诸多利益群体，每个群体的利益诉求不同，当政治基调情感与自身的利益相契合，会感到情感自由，反之则感到情感压抑，情感压抑的程度若是比较轻，人们一般会主动寻找适合自身的情感释放方式④，但若情感压抑的程度较重，人们就会开始质疑支持现有政治的意义何在、何种政治才是合理的、政治的本质与目的究竟是什么等基本命题⑤，进而他们便会抵制旧规则，推动建立新的情感规范和情感管理结构，为自己争取情感自由。这直接动摇着政府统治和管理的合法性。从这个意义上讲，权力即情感⑥，具有"非定域性"，存在于社会的各个角落中，这不同于强制性的武力只是权力构成的其中一部分，只会催化政治上的零和博弈，却无法建构与维系一个"心悦诚服"具有认同感的社会。因此，通过理解政治基调情感的作用，就可

---

① Andrei S. Markovits and Simon Reich, *The German Predicament*, Ithaca: Cornell University Press, 1997, p. 9.

② ［德］诺依曼：《沉默的螺旋：舆论——我们的社会皮肤》，董璐译，北京大学出版社2013年版，第189页。

③ Todd Hall, Emotional States? A Theory of Emotional Idioms for International Relations, Ph. D. dissertation, The University of Chicago, 2008, p. 4.

④ William Reddy, *The Navigation of Feeling: A Framework for the History of Emotions*, Cambridge University Press, 2001, p. 129.

⑤ 戴木禾：《政治文明的正当性》，江西高校出版社2004年版，第66页；周光辉：《论政治权力的合法性》，吉林出版集团有限责任公司2007年版，第145页。

⑥ 雷大川：《权力即是情感：儒家政治社会化理念探析——兼论政治传播研究的新理路》，《辽宁师范大学学报》（社会科学版）2009年第1期。

以明晰为何西方民主制国家内部的选举充满非理性，仍能稳步前进，因为民主制的国家搭建定期选举的平台可以说是为民众的情感压抑进行适当性释放。

最后，不同效价的政治基调情感限定着国家对特定对外情境事件的敏感性。政治基调情感就社会事件而言可以分为和谐性和冲突性，抑或积极的和消极的①。具体来说，若民族国家强调民族鼎盛时期的自豪感与近代遭受列强侵略践踏的愤怒，就会对主权独立和领土完整保持着高度的敏感性，如中国对 19 世纪末至 20 世纪初帝国主义的欺凌侮辱记忆，直接影响到中国对任何干预内政和侵犯领土完整行为都表示强烈抗议，即使其他国家面临相同境遇时亦能保持相同态度。若民族国家强调种族大屠杀，对人权侵犯具有深深恐惧心理，则对安全威胁有着高度敏感性，如波兰在 1941 年卡廷森林大屠杀中所形成的惨痛群体记忆，直接塑造着波兰民众对 2010 年 4 月的飞机失事事件的解读方式②；同样地，大屠杀创伤记忆也使以色列犹太人处于恐惧和攻击并存的状态，在生存威胁上往往做最坏的打算，注重军事力量的发展，倾向于先发制人来追求绝对安全。若民族国家强调共同的亲密历史记忆则会降低双方的威胁认知与消极情感的滋生，如英美共承益格鲁－萨克逊的传统历史记忆，这使得双方对彼此拥有大规模杀伤性武器并没有很强的安全焦虑感。而且，同一个民族国家在强调不同的指涉对象时，会滋生出不同效价的情感，如苏联在举行纪念"卫国战争胜利"的仪式时，会使本国民众产生对西方国家敌对情感，但在举行纪念"第二次世界大战的胜利"的仪式时，则又会使本国民众滋生出与西方共同维护战后胜利的团结情感。也就是说，国家间政治基调情感的效价不同，不仅使特定事件之外的其他事务在他们的情感世界中变得没那么重视，也使得原本多元化的群体身份因受到压缩而变得单一，这就是常说的"情感禁锢想

---

① 张荣明：《历史真实与历史记忆》，《学术研究》2010 年第 10 期。

② 王铮：《历史记忆、认同构建与政策行为：两种分析框架》，《复旦政治学评论》2014 年第 9 期。

象"①，即为保持自我内在一致性和维护自尊的愿望甚至使他们置身于某种"别无选择"的情境。所以，政治基调情感对国家对外政策偏好方向起着限制特定情境的作用。

第二节 本土实践以即时情感为介引领国家 对外政策偏好选择

本土实践是立足于国家和地区的本土实际情况和特殊背景，所进行的具有社会意义、产生适当绩效、模式化有规律、能够被社会识别的主导性行动。主导性意味着国内还存在着其他的一般行为，那要维系和转变其实践主导性，必须通过发挥即时情感的中介作用。因为在现代民主政体下，决策者与普通民众存在信息（Information）、兴趣（Interest）、影响力（Influence）的3I差异，决策者要保证某一本土实践或政策的主导性，就必须去个性化，以某一群体内情感的高级识别者身份来主动引导或被迫顺应国内民众的情感及立场。一方面其仍必须遵循社会中弥漫的政治基调情感，不能违背长期以来国民所形成的情感律责，否则将引起普遍的抵触；另一方面决策者为在短暂的任期内代表某一群体的利益，或者要在某一紧急事务中暂时改变国民的行为偏好惯性，则需要借助具有急性（Acute）影响力的即时情感。具体来说，就是决策者将抽象的即时情感类别化、符号化、具体化，使国内尽可能多的群体感同身受，从而提升自身所代表群体的政策偏好具备道义权威优势，同时削弱或丑化敌手②。

一 群体决策者引领即时情感的手段

熟练的政治领导人在政策阐释和政策选择的过程中，已经认识到运

① Anthony D. Smith, *The Ethnic Origins of Nations*, Oxford, Basil Blackwell, 1986.

② Mark Schlesinger, Richard R. Lau, "The Meaning and Measure of Policy Metaphors", *The American Political Science Review*, Vol. 94, No. 3, 2000, pp. 611 – 626；刘亚秋：《记忆二重性和社会本体论——哈布瓦赫集体记忆的社会理论传统》，《社会学研究》2017 年第 1 期。

用即时情感与潜在选民进行沟通的重要性，往往会利用相关手段引导即时情感将问题、政治与政策联系在一起。因为公众的信仰往往非常不一致和不稳定，很少有人真正知道他们想要什么，大多数人只能在他们不想要的东西上达成一致，而暂时性、高强度的恐惧和兴奋等情感可以固定人们对某问题的注意力，因此偏好的模糊性使得熟练的操纵者能够专注于将某种政策推向主导或固定的方面。正如美国竞选顾问塔克·马丁（Tucker Martin）所言，"即时性的情感是民主政治的中心，如果你想赢，就必须让选民们暂时兴奋起来"①。而唤醒或激起民众即时情感的方式主要是通过借喻或信息技术等手段来划分选民进行群体制约，即各政党用政治言辞对各种实践实施价值分层，将其中一些群体的实践渲染为对社会主流的、有益的行为，而将其他群体的实践逐渐地边缘化，甚至是污名化为社会的危害。

借喻主要是进行跨范畴的类比，先是决策者对所选择的案例进行阐释和解读，然后对当下的事务和情境之间的关联性进行论辩，使民众将某种不熟悉的事物和情境变得熟悉且易被理解，进而调动起他们的即时情感，使其对某议题的注意力限定在特定角度的属性上、归因解释和道德评判上，把复杂问题简单化②。尤其是随着全球化的发展，国家间相互依存越来越紧密，国家对外政策偏好议题清单正在无限延长，不管哪一项对外行为都意味着资源的投入，但是国内的资源是有限的，为了使自己所代表群体的利益获得尽可能多的资源，西方领导者越来越频繁地利用媒体或隐喻性竞选修辞在群体内"选择性创伤"（Chosen Trauma）和"选择性荣耀"（Chosen Glory），以此激起广泛民众暂时性恐慌或焦虑的即时情感，进而得以牺牲部分群体的利益来实现其目标。以"9·11"事件为例，美国学界经调研发现，美国普通民众

---

① Åsa Wettergren, André Jansson, "Emotions, Power and Space in the Discourse of 'People of the Real World'", *Journal of Political Power*, Vol. 6, No. 3, 2013, pp. 419–439.

② Keith L. Shimko, "Metaphors and Foreign Policy Decision Making", *Political Psychology*, Vol. 15, No. 4, 1994, pp. 655–671；张清敏、潘丽君：《类比、认知与毛泽东的对外政策》，《世界经济与政治》2010 年第 11 期。

并没有对该事件感受到温特提出的受害者和犯罪者的"敌人"身份结构，而是在短时间内感受到了强烈的群体愤怒情绪。因为决策者一直利用电视媒体不断重播袭击画面，并使大众将此事件与珍珠港袭击进行关联，促使许多民众表示愿意恢复到战时状态，接受加强安全措施甚至是麦卡锡主义的情报监控①。因此，很多美国人认为美国在"9·11"事件后一个月立即出兵阿富汗和伊拉克并采取武力行动，并非是冲动丑陋的报复，只是公开愤怒的合理表达②。值得注意的是，这种"情感领导论"（Emotion Leadership）虽然在短期内可获得民众对某项政策偏好的强烈反应或支持，但从长期来看这是一把双刃剑，若经常性地使用并损坏部分民众的利益，有可能会让民众质疑政策的合理性甚至政府的信誉③。比如"9·11"事件后，随着媒体对公众的视觉提醒不断减少，许多美国民众开始对在阿富汗的暴力军事活动感到不安和质疑。对此，自布什政府伊始，美国重新注重加强民众对该事件恐惧情感的培养：官方谴责萨达姆·侯赛因、持续性地广播国土安全警告、定期开展"9·11"纪念等活动。这些耸人听闻的口号以及模棱两可的宗教"自由"话语都使民众对军事打击继续保持热情，甚至将对恐怖主义的即时恐惧情感借喻转化为对伊拉克等国的普遍存在的仇恨基调情感④。

在技术赋权越来越明显的时代背景下，现实社会的"离场"变成了"在场"，重新建构社会实践关系，使得传统的社会实践关系通过"再组织"，形成诸多网络圈层。这不仅使各国政治领导者更加重视即

---

① Counter Terrorism Cell Education Learning Lab, *How Photographs Shape Our Perspective Of 9/11*, http：//www. thecell. org/wp-content/uploads/2014/04/CELL-How-Photos-Shape-Our-Perspective-of-911-pre-visit. pdf, 2014.

② David Garcia, Bernard Rimé, "Collective Emotions and Social Resilience in the Digital Traces after a Terrorist Attack", *Psychological Science*, Vol. 30, No. 4, 2019, pp. 617 – 628.

③ Groenendyk Eric W. , Antoine Banks, "Emotional Rescue: How Emotions Help Partisans Overcome Collective Action Problems", *Political Psychology*, Vol. 35, No. 3, 2013, pp. 359 – 378.

④ Janice Zeman, Molly Adrian, "The Effect of Post 9 – 11 Policy on Foreign Students: A Critical Analysis", *Presentation at the* 26*th National Conference on Law and Higher Education*, 2005, pp. 1 – 12.

时情感的引导，也使得推特等新的社交平台成为调动即时情感的主要平台①。根据推特官方数据统计，截至 2020 年 6 月 1 日，约98%的联合国会员国拥有官方推特账户，189 个国家的 1089 名国家元首、政府首脑和外交部长使用推特账户②。推特最初只是普通民众之间进行交流的一个平台，自 2009 年，推特用户第一次记录了一架商用飞机紧急降落在纽约哈德逊河，其在国内各群体中产生的强烈情感引起了官方的注意。同年，美国政府要求延迟软件更新时间，利用推特与中东平民进行沟通以解决伊朗绿色运动抗议活动。自此，推特正式成为引领即时情感的重要工具。之所以推特能够成为政治领导者用来对普通群众进行情感识别与引领沟通的工具，关键在于任何一个推特用户都可以艾特另一个，甚至可以直接艾特政治领导人和外交官。相较于传统的一对多宣传模式，领导者与普通民众间这种直接接触更易产生"真实性"情感③。比如，在 2016 年的美国大选中，特朗普团队与希拉里团队虽然都借助了推特，但不同点在于特朗普不仅仅只与他的追随者互动，他更与普通推特用户接触，而且特朗普的推文四分之一都是转发，转发的推文中78%都是普通用户发布的④。而希拉里团队的推文转发量不及发文总数的 15%，且其转发只是对其初审发布信息的再次复制。除此外，特朗普竞选团队还通过"剑桥分析"数据公司对选民进行即时情感分析和性格画像，其效果远远超过希拉里团队基于传统人口数据的预测模型⑤。也就是说，特朗普团队利用推特平台和群体的即时情感特点掩盖

---

① Constance Duncombe, "The Politics of Twitter: Emotions and the Power of Social Media", *International Political Sociology*, Vol. 13, 2019, pp. 409 – 429.

② Twiplomacy, "Twiplomacy Study 2020", (July 2020), https://twiplomacy. com/blog/twiplomacy-study-2020/.

③ Valentino, Nicholas, Ted Brader, Groenendyk Eric W., Krysha Gregorowicz, Vincent L. Hutchings, "Election Night's Alright for Fighting: The Role of Emotions in Political Participation", *The Journal of Politics*, Vol. 73, 2011, pp. 156 – 170.

④ Gunn Enli, "Twitter as Arena for the Authentic Outsider: Exploring the Social Media Campaigns of Trump and Clinton in the 2016 US Presidential Election", *European Journal of Communication*, 2017, p. 54.

⑤ [美] 汉纳斯·格拉希格、[美] 迈克·克罗格鲁斯：《大数据时代特朗普获胜美国大选的秘密》，《汕头大学学报》（人文社会科学版）2017 年第 1 期。

自己的弱点，并使他的政治对手失去合法性，对其选举成功做出了很大贡献。一些学者统计了特朗普团队与希拉里团队对即时情感的利用情况，如表4－1所示：

表4－1　　　　各种即时情感在美国 2016 年政治竞选中比重　　　（单位:%）

	特朗普团队	希拉里团队
激情（Enthusiasm）	9.1	53.1
焦虑（Anger）	77.3	53.1
恐惧（Fear）	22.7	21.9

资料来源: Kathleen Searles, Travis N. Ridout, "The Use and Consequences of Emotions in Politics", (February 2017), http: //emotionresearcher. com/the-use-and-consequences-of-emotions-in-politics/.

对此，"政治事实"作为为数不多的比较客观的媒体之一，对两个竞选团队的辩论演讲进行信息数据统计，显示事实上特朗普团队竞选宣言中的谎言比例为 71%，希拉里团队则为 28%；但民调则显示，77%的民众认为特朗普团队没有撒谎[1]。因此，《牛津词典》将"后真相"一词评为了英语世界 2016 年度热词，反映了在信息互联网时代，即时情感比真相更能影响舆论的现象，即遵从着"事实让位于即时情感，服从于价值判断"的反向逻辑，呈现出即时情感消解事实、操纵舆论和建构行为偏好的趋势[2]。但这并不是说，即时情感完全掩盖了民主理性，如果把民粹主义势力的抬头和新闻业的沦陷放在历史长河中、政治生态系统下来考察，会发现表面上各种群体在试图对现代化确立的理性原则进行解构，实质上不过是在唤醒长期被严肃死板的政府官僚制程序所压制的情感自由。西方民主选举逐渐走向娱乐化、仪式化，不再仅仅

---

① 史安斌，饶庆星：《事实核查类新闻的兴起：救赎还是纵容?》，《青年记者》2016 年 6 月（上）。

② Michael Schudson, "Discovering the News：A Social History of American Newspapers", *New York*：*Basic Books*, 1978, p. 3；张贝：《"后真相"时代公共舆论的情感表达》，《山东师范大学学报》（人文社会科学版）2019 年第 3 期。

是为了聚合最大多数人的意见，还成为民众周期性释放情感的平台，从而为理性官僚制之外的民主政治带来情感活力，即这是一个情感与理性不断矫正与平衡的过程。正如兰斯·班尼特（W. Lance Bennett）和罗伯特·恩特曼（Robert M. Entman）提出，当前的政治已经很大程度上丧失了自主性，主要依赖大众媒介来塑造其政策偏好，"政治中介化"（Mediated Politics）已然成为当今政治与公共生活的中心①。

需要说明的是，基调情感与即时情感之间相互联系、相互转化，一方面基调情感是即时情感产生的背景，塑造着我们的信仰、需求与喜好，决策者对即时情感的引导只是一种手段，其总是要在国内基调情感大致范围之内；另一方面即时情感影响着我们当下的本土实践，并在某些情势下改写了我们最初的目标、规划与行为习惯，对其连续的激发与长期积淀可能会转化为持久的基调情感。

二　群体决策者利用即时情感进行身份选择

国家身份从社会心理学视角来讲，是一国对"我们是谁"以及"我们因何成为我们"的普遍认知，该认知主要通过群体内归类（In-group Categorization）和群体间区别（Out-group Differentiation）两种方式实现②。前者是通过发现、识别与自身的共同特性而对某一群体产生"我们"（we-ness）的认同感和归属感；后者是通过发现、识别与自身的差异性而将特定对象排除在我们之外。制定国家对外政策偏好的一个主要任务就是对处于变化环境中的"自我"与"他者"身份进行识别、确定、建构乃至重构，并由此确定复杂环境下本国新的利益追求、新的威胁来源以及需要采取的新的对外行动。也就是说，国家身份限定了领

①　W. Lance Bennett, Robert M. Entman（eds.）, *Mediated Politics：Communication in the Future of Democracy*, Cambridge University Press, 2001, P. 247；郭小安：《公共舆论中的情绪、偏见及"聚合的奇迹"——从"后真相"概念说起》，《国际新闻界》2019 年第 1 期。

②　Anthony Smith, *National Identity*, University of Nevada Press, 1991, pp. 8 - 15；Heri Tajfel, *Social Categorization, Social Identity and Social Comparison*, London：Academic Press, 1978, p. 63；James E. Cameron, "A Three-Factor Model of Social Identity", *Self and Identity*, Vol. 3, No. 3, 2004, pp. 239 - 262.

导者选择对外政策偏好方案的范围，确定国家身份是制定对外政策至关重要的事情。即自我是"相互依赖的自我"，需要参照他者来获得自我身份，以及维系和确认自身关注的目标，这种确认虽然来源于外部，但终点是指向行为体内在集体自尊的情感需求。换句话说，就是国家内部集体认同依赖于以社会构成的"我"的形式，将他者融入自我的机制①。社会身份理论的学者们根据这两种路径指出群体情感是对外政策的原动力，认为国家身份以群体情感作为中间机制作用于对外行为，群体内与群体间的信心、尊严、焦虑和羞耻等情感，推动着国家选择巩固或者强化身份稳定的对外政策②。所以，罗斯指出社会实践在诱发国家身份选择时，主要是激活了行为体储存的记忆，即情感性记忆是构成国家身份的基础③。南加州大学国际关系教授雅克·海曼斯进一步分析，国家对外政策选择受身份的影响，主要是因为群体情感在时间维度与空间维度中建构国家身份④。

首先，即时情感建构着国家社会身份。国家的社会身份在"我者"与"他者"的互动关系中得到确认和发展变化⑤。在这个互动的过程中，双方往往会表现出偏爱群体内成员与歧视外部群体的现象⑥。具体表现在"他者"不断对"我者"身份进行判断，"我者"在持续对"他者"的判断进行回应并表明自我的身份⑦。同时，虽然国家社会身

① Alexander Wendt, *The Social Theory of International Politics*, Cambridge Press, 1999, p. 229.

② 景晓强：《身份、情感与对外政策——以本体安全研究为中心的讨论》，《外交评论》2011 年第 4 期。

③ Andrew R. G. Ross, "Affective States: Rethinking Passion in Global Politics", *The Johns Hopkins University*, 2005, pp. 160 – 170.

④ Jacques E. C. Hymans, *The Psychology of Nuclear Proliferation: Identity, Emotion and Foreign Policy*, Cambridge University Press, 2006, p. 28.

⑤ 赵洋：《社会身份、国家建构与国际冲突——一种来自国际政治心理学的解释》，《教学与研究》2019 年第 10 期。

⑥ ［波］亨利·泰菲尔、［澳］约翰·特纳：《群际行为的社会认同论》，方文、李康乐译，社会科学文献出版社 2007 年版。

⑦ 储新宇：《中国的地位身份分析——兼论中国国家利益诉求范围》，《吉林大学社会科学报》2006 年第 5 期。

份在空间维度的形成过程主要是通过双方比较，但其性质是指向内在自我，既希望寻求他者与自我融合的可能性，又希望得到对方的尊重与认可，或者至少平等的地位①。当真实自我与理想自我或他者判断产生冲突时，就会激发出强烈的即时情感，这也是为何说社会身份是关于欲望的认知②。一般来说，国家领导者会通过社会竞争、社会冲突与社会流动三种方式来引导和利用即时情感，进而改善或提升自我社会身份③。其中，社会竞争是领导者通过特殊事件激起蕴含在国民内心的基调情感（基调情感和即时情感具有相互转换性），强化原有身份的独特性，以此来提升本群体在国际社会中的地位，如东盟；社会创造是领导者通过利用即时情感引导国民愿意接受一种新身份，如苏联戈尔巴乔夫时期；社会流动是引导国民否定原有的某些不合时宜的身份特征，学习并采纳其他优势群体的特征，如日本的明治维新。因此，群体情感实践成为身份和主体性的构成动力④。

其次，即时情感在建构国家社会身份的同时，还与基调情感共同建构着国家的角色身份。国家角色身份是一个民族不断回顾历史、检视现在、憧憬未来，找寻专属于自我群体定位的过程⑤。因此，国家角色身份由群体内成员共享的历史情感记忆来维系，它不是个体情感的简单之和，而是行为体在多重实践中逐渐形成并加强的情感块。同时，国家角色身份之所以能够影响对外政策偏好，在于国家成员都有追求完整而稳定的本体安全感和归属感的需要，这两种基调情感限定着国家对外政策

---

① Henri Tajfel, *Social Identity and Intergroup Relations*, Cambridge University Press, 1982.

② Yea Wen Chen, Mary Jane Collier, "Intercultural Identity Positioning: Interview Discourses from Two Identity-Based Nonprofit Organizations", *Journal of International and Intercultural Communication*, Vol. 5, No. 1, 2012, pp. 43 – 63.

③ Heri Tajfel, "Sociology of Intergroup Relations", *Annual Review of Psychology*, Vol. 33, 1982, pp. 1 – 39; Miachael A. Hogg and Dominic Abrams, *Social Identifications: A Social Psychology of Intergroup Relations and Group Process*, London and New York: Routledge, 1988, pp. 43 – 47.

④ Emma Hutchison, Roland Bleiker, "Emotions, Discourse and Power in World Politics", *International Studies Review*, 2016, p. 103.

⑤ 王缅、范红：《国家身份建构：文化外交的基本理论命题》，《社会科学战线》2019年第9期。

偏好和行为的方向，如若其有所偏离，民众不仅会感到自身的本体安全感和归属感受到威胁，而且还会在特定情境下迸发出强烈的失序、焦虑、羞耻等即时情感，进而表达出抗议。同时，国家为避免民众普遍感受到这种消极的情感体验，则会使国家对外政策偏好尽量维持原有的角色身份。海曼斯还进一步提出，在复杂的国际环境中，由于对本体安全感的冲击而产生的消极情感对对外政策偏好影响最大，尤其是恐惧，而自信等积极情感则位于第二位[①]。即维护本体安全感是连接国家决策身份和对外政策偏好保持高度一致的心理驱动型机制[②]。

最后，国家身份是多元复合的，而身份凸显程度同互动承诺（Interactional Commitment）与情感承诺（Affective Commitment）呈正比[③]。国家身份既包含社会身份也包含着角色身份，特定的身份使国家的某些对外政策偏好选择方案成为不可能，那么哪种身份对国家对外政策偏好的显著性影响更加突出。身份的互动承诺与情感承诺，这两者分别涉及承诺的数量和质量两个方面。前者强调承诺的广度，即当某种身份与重要他者联系的数量越多，那么该身份就越显著，因为承诺是自我之前与他者大量互动的信誉基础，在其他条件不变的前提下，关于某种身份的互动承诺越多，其价值就越大，进而对决策偏好的影响也就越大[④]。后者强调承诺的深度，当行为体失去或是接受某种身份时感受到情感能量越厚，情感附着程度越强的身份，对国家决策偏好影响的显著性就越强[⑤]。同时，在影响身份显著性方面，互动承诺与情感承诺往往相辅相

---

① Jacques E. C. Hymans, *The Psychology of Nuclear Proliferation：Identity, Emotion and Foreign Policy*, Cambridge University Press, 2006, pp. 29 – 34.

② 季玲：《重新思考体系建构主义身份理论的概念与逻辑》，《世界经济与政治》2012年第6期。

③ 身份显著性是试图回答在具体情境中国家的何种身份会被激发并引发行为体的相关反应。

④ 季玲：《重新思考体系建构主义身份理论的概念与逻辑》，《世界经济与政治》2012年第6期；Sheldon Stryker, "Integrating Emotion into Identity Theory", in Jonathan H. Turner (ed.), *Theory and Research on Human Emotions*, Oxford, UK, Elsevier Ltd, 2004, p. 11.

⑤ Sheldon Stryker, Richard T. Serpe, "Identity Salience and Psychological Centrality：Equivalent, Overlapping, or Complementary Concepts?" *Social Psychology Quarterly*, Vol. 57, No. 1, 1994, pp. 16 – 35.

成，当国家的某一身份与他者关联的越多，国家在接受会失去该身份时的情感能量也就越大。当刺激到某种情感时，其身份会发生变化，相对应地，其行为偏好也会随之改变。具体来说，就是当国家在交往的过程中，如果他者对自我的身份表示出不支持，行为体对自我的意义与身份标准意义不匹配，会使其产生消极情感，相反则会产生自我增强的情感①。也正是国家身份的这种情感性激活与选择进程，决定了其在与他者互动中倾向于用何种身份来界定自己所应遵循的规范和偏好②。值得注意的是，不管何种情感都是指向国家行为体自身，究竟其会产生何种情感体验以及感受到多少情感强度，还是要取决于国家行为体的自省能力③。

三　即时情感影响国家对外政策偏好选择的途径

首先，即时情感引领国家对外政策偏好的注意偏向。一般来说，决策者在处理某一对外事项时，第一步是要收集相关资料，在信息纷繁复杂的时代下，即时情感就是一个信息过滤网。决策者在信息收集过程中会受情感一致性原则的影响，当调动起群体积极兴奋的即时情感，则会促使他们倾向于选择能够使自身兴奋的相关资料，调动起恐惧悲伤的即时情感，则会促使他们倾向于选择能够体现出自身恐惧悲伤的相关资料。简言之，即时情感会影响群体注意偏向的优先性。对于该特征，心理学界已经通过大量的实验进行证实：在信息收集时，若是控制其他变量不变，附带即时情感的选择要比不附带即时情感的选择，更加能引起群体注意力的调配，而且消极的即时情感要比积极的即时情感更容易占

---

① Peter J. Burke, "Jan E. Stets, Trust and Commitment through Self-Verification", *Social Psychology Quarterly*, Vol. 62, No. 4, 1999, pp. 349 – 351.

② Ronald L. Jepperson, Alexander Wendt, Peter J. Katzenstein, *Norms, Identity and Culture in National Security*, *The Culture of National Security: Norms and Identity in World Politics*, New York: Columbia University Press, 1996, p. 52.

③ Brent J. Steele, *Ontological Security in International Relations*, Routledge, 2008, p. 71.

有注意资源①。同样地，该结果亦适用于国家对外政策偏好的信息过滤，如各国在"9·11"事件所造成的恐惧情感下，美国和以色列的信息收集主要是围绕基地组织与伊斯兰世界展开的，关于印度对巴基斯坦、韩国对朝鲜的可能性袭击的信息收集呈指数级上升。也就是说，即时情感刺激了国家主动去收集与情感相一致信息的动机，进而引领着国家对外政策偏好的注意偏向。除了情感一致原则之外，即时情感还为选择谁的信息提供了具体的参照物。

其次，即时情感引导着行为体对国家对外政策偏好结果的概率判断。在认知心理学中，关于非理性因素对于某政治事件概率的判断，学界提出了贝叶斯法则。具体来说，就是先假设作为原因的某事件 A 在整个同属性关系实践中可能发生的相对概率，称其先验概率；然后衡量若是作为结果的某事件 B 已发生的前提下，事件 A 还会发生的相对概率，称其后验概率，先验概率是判断后验概率的重要条件②。即时情感的介入激发了行为体主观性夸大或减弱先验概率的动机，从而做出与自身情感思维相一致的判断。尤其是在国际关系的经验事实中，先验概率的主观性很强，呈现出模糊、不可靠或不稳定等特征，即时情感的这种刺激作用更加明显。如对于扑朔迷离的韩国天安舰沉没事件，多国专家跨境对其进行事实调查，根据现场的鱼雷弹头及炸药等证据，无法确定究竟是哪国所为。根据先验概率，无法判断朝鲜实施此次袭击的概率，在无法明确该概率的前提下，后验概率的准确性将大大降低。但是，韩美依据对朝鲜的憎恶情感，在无明确的证据情境下，将调查报告定性为此次事件需由朝鲜负责，并将该质疑报告提交至联合国安全理事会，合法化地在日本海、黄海举行一系列震慑朝鲜的军事演习。也就是说，韩美通过调动两国对朝鲜的即时憎恶恐惧情感，夸大了韩国可能袭击天安舰的先验概率，进而影响着政策偏好的概率判断。

---

① Hansen, C. H., Hansen, R. D., "Finding the Face in the Crowd: An Anger Superiority Effect", *Journal of Personality and Social Psychology*, Vol. 54, 1988, pp. 917 – 924.

② Nigel Harvey, "Studying Judgment: General Issues", *Thinking and Reasoning*, Vol. 7, 2001, p. 104.

最后，即时情感影响国家对外政策偏好选择。即时情感不仅介入政策概率判断，在最终的偏好选择阶段也影响其内部的价值衡量，使不同决策群体在相同的判断信息基础上，做出不同的偏好选择。关于偏好选择阶段的价值衡量，普林斯顿大学丹尼尔·卡尼曼和阿莫斯·特沃斯教授用价值函数将信息的表面价值转化为决策价值，来解释损失厌恶与对外政策偏好之间的关系。具体来说，决策者在不确定的条件下由财富的增量而不是总量决定，而且决策者对收益和损失的反应与效用不对称，呈非线性：在收益情势下，决策者偏爱现状，放弃一项财富的痛苦高于得到等量财富的满足感，故倾向于风险规避；在损失情势下，决策者会受"沉没成本"和"冲力效应"①影响而不愿轻易放弃，故倾向于风险寻求。同样地，国家行为体相较于增加国际地位、国际声誉与国内政治支持方面的收益，在避免该方面的损失上更愿意冒险；而且，行为体在此方面遭遇损失之后，决策者为了降低损失的痛苦心理，不是转变策略而是愿意承受更高的风险来弥补这些损失。因此，即时情感在框定收益和损失区间、风险评估和决策概率权重等各个决策选择环节上，基本起着"发酵剂"的作用。比如，在慕尼黑危机爆发之前，美国对欧洲战事的概率、结果和风险的评估，都认为与美国没有直接的联系，美国亦无须参与其中。但是，随着欧洲新闻报持续重复地对此次战争进行情感性播报，美国开始逐渐情感性地认为这次战事效用对其是一种损失，故转而倾向于参与二战。也就是说，决策者会对自己现实所处的状况与本可能所处的状况做比较，若决策者内省时发现其他备选方案可以获得更好收益时，就会感到失望后悔，反之则会感到满足。因此，决策者在面临新的选择时，会尽力地将可能产生负面情感的可能性降至最低。换言之，就是预期即时情绪改变和调整现有政策选择的价值函数值，这不仅会对政策偏好选择带来一系列附带的后果，甚至会关系到政权自身的生存问题，故即时情感因素对政策价值函数的评估不容忽视。

---

① 冲力效应指的是由于决策者已经拥有了信息，而导致对新信息不敏感，在调整决策上表现不足。

第五章 群体间情感比较进程是国家对外政策偏好形成的外部路径

　　群体情感虽发端于第一意象，但亦是第二意象的重要组成部分，构建着地区间安全结构以及国家间关系，同时也是实现第三意象的主要路径，确定着地区规范的存在并证明其影响。即群体情感在所有层面上，从面对面的人际交往到构成现代社会的大规模组织系统，都是推动社会现实的关键力量。

—— ［美］乔纳森·默瑟（Jonathan Mercer）

　　国家对外政策偏好在单位层次和体系层次的共同作用下形成，当群体内情感类别化进程塑造着国家对外政策偏好的方向与选择的同时，群际间的情感比较进程亦在体系层次充当着中介变量，建构着国家对外政策偏好的外部环境。就现代国家所处的国际环境而言，全球化与逆全球化思潮正在激烈交锋，新闻媒体中"愤怒""焦虑""恐惧"等关键词应接不暇①，各种"黑天鹅"事件层出不穷，如：英国脱欧、美国接连退出多项国际多边协定和条约、贸易保护主义盛行、控制移民、修建边境墙等，即诸多发达国家对现下全球化发展中的分配制度及治理模式表示不满。究其原因，主要在于全球化是把双刃剑，其在给人们带来前所未有的繁荣与希望的同时，也使人们进入全球性"风险社会"。全球化在促进全球物资、人员、金融流动的同时，也成为希望、自豪、骄傲等

---

① 郑永年：《世界为何如此愤怒》，《联合早报》2019 年 12 月 24 日。

积极情感与猜忌、焦虑、愤怒等消极情感发酵的容器。特别是随着国际格局的多极化发展，多元的价值观逐渐成为国际社会中的常态，国家之间不再局限于冷战时期简单的两大阵营的意识形态对立，而是更加重视自我的身份问题，国家对自我身份的自信或者不自信都通过恐惧、希望、焦虑或羞辱等情感表达了出来。故有学者提出：如果说 20 世纪是"美国的世纪"和"意识形态的世纪"，那么 21 世纪就是"亚洲的世纪"和"身份的世纪"①。再加之，先进信息网络技术的迅猛发展，其成为"情感生产者"或确立"感觉结构"的工具，促使情感政治在国际社会中逐渐兴起。比如，从格鲁吉亚的玫瑰革命、乌克兰的橙色革命，伊朗的绿色革命，再到突尼斯和埃及的解放广场起义，无不是在社交媒体的推动下爆发。社交媒体突出了群体间的差异，带来了群际间情感上的不平等，进而影响到国家的对外政策偏好形成的环境，甚至直接引起本国的革命。那么群体间情感比较进程是如何作用于国家对外政策偏好的外部环境？则需要从地区安全结构与地区规范两个自变量来解析。

第一节 地区安全结构以群体间情感碰撞
为媒限定国家对外政策偏好环境

冷战结束后，地区的主体性和自主性得以恢复，相比较于国际安全结构，地区安全结构更加影响行为体的政策偏好。因为国家往往会结合自身的战略行动和影响力，将国家的目标投射在周边领土，以此建构熟悉且符合其目标的环境②。在这个过程中，地区不再仅仅是能在地图上直接和准确描绘出的有形空间，更是各种情感、观念构成的认知结构的交汇地。地区国家内的广泛联系也不仅仅是权力结构和力量对比的产物，在一定程度上是地区国家间的情感尊重与认同制约着国家间

---

① 张海滨：《国际主流舆论场对"一带一路"倡议的情绪与预期——基于情感地缘政治学的视角》，《国际传播》2018 年第 6 期。

② Arnold Wolfers, *Discord and Collaboration*: *Essays on International Politics*, Baltimore: John Hopkins University Press, 1962, pp. 67 – 80.

的偏好和行为①。即地区安全结构的建构在以权力分配的结构性因素基础上，亦需基于地区内国家之间的情感亲疏关系进行直觉反应和互动②。比如，在博弈论的视角下，地区内各国的经济、军事博弈可以形成多种均衡状态，但是有了群体情感的加入，则可以起着焦点的作用，能把多种均衡状态限定为单一均衡，并使行为体相互趋向于某个重要结果和中心问题，以此减少因不完全契约而产生的交易成本及不确定③。

同时，法国国际关系学者多米尼克·莫伊西（Dominic Moisey）提出群体间希望、羞辱和焦虑三种具体情感的碰撞是构建不同类型地区安全结构的内在力量④。在国际政治层面，民众很难摆脱民族国家设置的"我族"与"他者"的界限，群体间情感在国际竞争中以一种民族性、地区性和国家性的社会心理、社会意识，内蕴在地域性文化群体之中。至于为什么是这三种情感呢？莫伊西亦指出：各国都是兼具希望、羞辱和焦虑的混合体，这三种情感就像人类血液中的红细胞、白细胞和血小板，缺一不可。正如18世纪诗人亚历山大·蒲柏（Alexander Pope）所说："天意所遣，希望、焦虑和羞辱这三种强烈的情感使人类得以保持幸福的平衡。"⑤ 而且，在长久的历史长河中，几乎每个国家经历了由希望到焦虑和羞辱，然后又在焦虑和羞辱的负重中重新找到希望的过程。同时，在这个过程中的每个阶段，各国对外群的情感总是只有一个主导情感，或是充满希望、或是充斥着焦虑、或是被恐惧包围着，地区安全结构就据此发生变化，这也造就地区安全共同体发展的空间，既可

---

① 徐秀军：《地区主义与地区秩序构建：一种分析框架》，《当代亚太》2010年第2期。

② ［英］赫德利·布尔：《无政府社会：世界政治中的秩序研究》，张小明译，北京大学出版社出版2007年版，第18页。

③ ［美］朱迪斯·戈尔茨坦、［美］罗伯特·基欧汗：《观念与外交政策：信念、制度与政治变迁》，刘东国、于军译，北京大学出版社2005年版，第13页。

④ 莫伊西最初提出希望、羞辱和恐惧是东亚、中东欧、欧美的主导性情感，本书则认为当今欧美国家以焦虑为主导性情感，原因在于恐惧与焦虑的区别在于威胁来源的确定性，恐惧是对确定性威胁的情感体验，焦虑是对不确定威胁的情感体验，当前欧美地区所建构的威胁多是不确定的。

⑤ Alexander Pope, *Epistle IV: Of the Nature and State of Man With Respect to Happiness*, Complete Poetical Works, 1804, p. 62.

以扩大也可以缩小，甚至出现重叠和交叉的情况。他们在群际间情感比较过程中或加剧利益冲突，也有以共同价值观念和共同利益促进合作。相对应地，地区间安全结构主要有：零和竞争结构、外源合作结构、内源合作结构以及套娃结构①。笔者以最受关注的三个地区为例。

一 零和竞争结构：欧美焦虑情感与东亚希望情感的碰撞

自20世纪80年代以来，人们普遍承认，欧美社会受到动机性挑战，进入了"焦虑时代"②。比如，传统道德权威中的爱国主义、忠诚、宗教、意识形态等，对年轻一代的世界观和行为逐渐失去影响力，而当前西方社会不仅尚未能出现驱使人们认同社会秩序的价值观，而且还在进一步撕裂。这就使其合法性面临着哈贝马斯所提出的"动机危机"③。再加之，当前西方社会中各种"黑天鹅""灰犀牛"事件频发，充斥着焦虑的情绪。这种"焦虑"不仅普遍且与未知危险有关，这意味着对未来处境的改变充满不确定性④。与此相反，"希望"被定义为一种对以后结果具有能动性和前进道路的情感，经常与"未来"挂钩⑤。即希望提供了从现状到改善未来的可能性，它能够激励人们在面对不断变化的环境时适应目标导向⑥。因而，在其他条件不变的前提下，当群体间焦虑情感与希望情感碰撞时，会加剧群体间零和竞争的结构。

---

① 曾向红：《欧亚秩序的套娃模式：地区分化及其影响》，《世界经济与政治》2019年第5期；徐秀军：《地区主义与地区秩序构建：一种分析框架》，《当代亚太》2010年第2期。

② Alex Williams, "How Anxiety Became Society's Prevailing Condition", (Jau 2017), http://www. independent. co. uk/news/long _ reads/anxiety-prozac-nation-depression-mental-healthdisorder-america-panic-usa-memoirs-self-help-book-a7785351. html.

③ ［德］尤尔根·哈贝马斯：《合法化危机》，刘北成、曹卫东译，上海世纪出版集团2009年版。

④ Emmy Eklundh, Andreja Zevnik, "Emmanuel-Pierre Guittet, Politics of Anxiety", *Research-gate*, 2017.

⑤ Snyder, C. R. , *Psychology of Hope*：*You Can Get Here from There*, New York：Free Press, 1994, p. 444.

⑥ 需要说明的是，希望与骄傲、热情等同效价的积极情感不同，骄傲一般是对过去的一种情感，热情一般是扎根当下现在的情感，其不会传递或转变不确定性，而希望则是与未来的结果评估和认知联系在一起的。Jerome E. Groopman, *The Anatomy of Hope*, Random House Trade Paperbacks, 2004.

（一）欧美地区主导性焦虑情感的来源及表现

德国政治学家弗兰兹·纽曼通过对当前经济异化、政治异化、社会异化和心理异化的语境，探寻当前欧美国家被群体性焦虑情绪笼罩的原因，主要在于知识性焦虑和被迫害性焦虑①。

其一，知识性焦虑主要在于知识的进步扩大了社会的不确定感。这种对知识发展后果的未知性焦虑可以说是全球性的，但是其在欧美国家最为显著。新加坡国立大学达里尔·贾维斯称："现代社会中危险的根源不再是无知而是知识。"② 剑桥大学安东尼·吉登斯教授亦道："当今我们所面临的许多不确定性因素，恰恰是知识的增长造成的。"③ 过去，人类的知识增长缓慢，相应的政治经济的变化也比较缓慢。如今知识以几何倍数的速度快速增长，虽然在理论上讲我们应该能更好地理解我们的世界，但事实上，我们越来越难了解现在或预测未来了④。因为知识促进了先进科技的发展，而这些创新的后果是无法预知的，人们来不及适应，甚至根本没有时间去理解现代技术可能产生的影响，在这种"浮士德式"与时间赛跑的过程中，理解总滞后于技术变革产生的成效。欧美国家近年来受民粹主义思潮裹挟，其最主要的一个特点就是反智主义盛行，该群体对科学的判断受其自身教育水平或宗教信仰影响，以及政治噱头及媒体炒作，往往以政治压倒科学，进而滋生出众多危及民众生命安全的群体性事件，加剧了对未来的不确定性，从而使得群体性焦虑成为欧美地区的主导性情感。

其二，被迫害性焦虑源于欧美国家自我社会管理理念，以及在与他者的比较过程中陷入了地缘政治的想象。根据通常的逻辑，国家应致力于消除外来安全威胁、加强对外交危机的预防和管理，或者设法化敌为

① Franz L. Neumann, "Anxiety and Politics", *triple C*, Vol. 15, No. 2, 2017, pp. 612 – 636.

② Darryl S. L. Jarvis, "Theorizing Risk: Ulrich Beck, Globalization and the Rise of the Risk Society Risk Society", *Lee Kuan Yew school of public policy*, 1992, p. 183.

③ Ulrich Beck, Anthony Giddens, Scott Lash, *Reflexive Modernization: Politics, Tradition and Aesthetics in the Modern Social Order*, Stanford University Press, 1994, p. 185.

④ ［以色列］尤瓦尔·赫拉利：《未来简史》，林俊宏译，中信出版社 2016 年版，第 58 页。

友。但是，西方欧美国家普遍秉持的社会治理理念是"社会威胁必要论"，认为没有敌人就没有国家存在的必要。如德国学者西美尔指出国家以及社会个人的活力来自国际社会冲突所带来的挑战①。卡尔·施米特亦认为敌人始终是必要的，没有敌人就没有政治，政治的本质乃是敌我之间的残酷争斗②。美国更是赤裸裸地将国家安全定义为一种协调国家间各部门利益关系的工具，模糊地界定着国家安全的边界，以便为其随意建构威胁的对象披上合法的外衣③。因此，欧洲近现代社会政治思想传统就是使社会内部处于适当的冲突，不彻底消除威胁、冲突和敌人，而是要维持他们适当的存在，如果它们消失，就需要重新寻找并重建敌人。而其所建构的诸多非传统安全威胁往往是不可识别的、不紧急的甚至是不存在的，这使得欧美民众不仅对当前政治感到强烈不确定性和不安全感，更对未来感到焦虑。再者，在国家组成的国际社会中，必然存在着地位和收益的上升和下降，当前虽然欧美国家在全球化的相对收益下降，其地位并没有发生实质性变化，但其却陷入了地缘政治想象的迷思之中。其中，中国成为其建构威胁的重点对象，原因除了地位赤字上的比较外，还在于中国对于美国民众而言距离远，且对该"威胁"无法提供任何保证，因此容易被其各竞选党派建构为巨大、未知且不可预测的迫害性焦虑。

其三，当前最能体现欧美地区国家对未来的不确定性感和群体性焦虑，当属特朗普政府所建构的中美贸易战④。特朗普之所以能够"出人意料"地当选，主要在于其策略是通过将他者建构为威胁，从而激起美国国内中产阶级及美籍"原住民"的被迫害性焦虑情感。特朗普政

① Georg Simmel, *Conflict and the Web of Group Affiliations*, trans. by Kurt H. Wolff and Reinhard Bendix, New York: Free Press, 1964, p. 15.

② Carl Schmitt, *The Concept of the Political*, translated and introduced by George Schwab with a new Forward by Tracy B. Strong, Chicago: University of Chicago Press, 1996, p. 27.

③ Bill McSweeney, *Security, Identity and Interests: A Sociology of International Relations*, Cambridge University Press, 1999, p. 20.

④ ［美］弗朗西斯·福山：《身份政治：对尊严与认同的渴求》，刘芳译，中译出版社2021年版，第25页。

府深知在政治中，最不稳定的群体往往不是最为绝望的穷人，而是自认为正在失去其相对地位的中产阶级。穷人群体在政治中没有严格系统的组织，只是忙于生存；而中产阶级群体，不仅接受过良好的教育、有时间从事政治活动，也更易组织起来，他们自觉努力工作，经济地位虽不处于经济总量的顶端，但却为不依赖于政府帮助而自豪，积极履行社会责任为国家纳税，应当得到社会的尊重。所以，中产阶级一般不会觉得自己应该处于社会的边缘，反而会认为是他们这个群体构成了国家认同的核心①。因此，特朗普所在的共和党为获取该群体的选票支持，着重关注东北部"铁锈带"（钢铁制造业）聚集的中产阶级。特朗普团队将矛头指向中美贸易，指出是中国相对低价钢铁的持续涌入使这里繁荣的钢铁产业只剩下铁锈斑斑，其荒谬的逻辑是在 2017 年中国的钢铁产能占了近全球的二分之一，虽然美国从中国进口的数量只占其总额的2.4%，但其认为从第三国进口的钢铁也可能出自中国，由此得出中国钢铁生产是美国钢铁业衰退的"罪魁祸首"②，并据此做出限制中国等国家的煤炭和钢铁进口以恢复该地区繁荣的竞选承诺。事实证明，特朗普政府的经济政策并没有为美国人民带来任何经济好处，但是这种莫须有建构出的焦虑使得中产阶级将注意力固定在了中美结构性矛盾上，忽视其内部制度原有的弊端，促使特朗普将原属于民主党基本盘的劳工利益集团选票争取了过来。同样地，在移民问题上，其大肆声称：美国唯一重要的是美国人民的统一，其他人民没有任何意义。特朗普以"真正的人民"驱逐或强行将"其他人"排除在公民生活之外。一些学者统计了特朗普团队利用群际间比较在选民中建构出的激情（Enthusiasm）情绪仅占 9.1%，恐惧（Fear）情绪占了 22.7%，而焦虑（An-

---

① ［法］托克维尔：《旧制度与大革命》，傅国强译，江西人民出版社 2013 年版。

② The Effect of Imports of Steel on the National Security, "An Investigation Conducted Under Section 232 of the Trade Expansion Act of 1962", U. S. Department of Commerce Bureau of Industry and Security Office of Technology Evaluation, （January2018）, https：//www. commerce. gov/sites/default/files/the_ effect_ of_ imports_ of_ steel_ on_ the_ national_ security_ -_ with_ redactions_ -_ 20180111. pdf.

ger）情绪则高达 77.3%[①]，显示出群体间焦虑是影响特朗普团队成功竞选的主要中间变量，也侧面反映出美国民众对有希望的未来的渴求。但他们认为基于政治正确的建制派所提供的未来，如同以往的政策一样不会带来实质性的改变，而特朗普的政策不一定好，但也许会给未来的变化提供可能性[②]。当然除了美国，根据欧洲国家选举数据编制的"威权化民粹主义指数"显示，英、德等七国的"发达世界民粹主义指数"在 2019 年达到了近 40 年来的最高值[③]，知识性焦虑和被迫害性焦虑充斥着西方世界。

（二）欧美焦虑情感观照下的东亚主导性希望情感

东亚地区的希望情感建立在近年来取得的成就基础之上，但是其主导性是在与欧美地区的群际比较下形成的。虽然东亚地区各国在政治体制、经济制度和意识形态等方面存在诸多差异，但由于受西方价值观念冲击和历史进程的塑造，该地区国家基本达成了三方面的理念共识：一是各国平等；二是基于被帝国主义殖民侵略的共同痛苦历史记忆，多数具有自强独立的愿望；三是以追求现代化为目标[④]。再加之，多元共生文化的认同，东亚各国之间得以建构出一种"群我意识"，进而出现相互"迅速信任"（Swift Trust）的状况[⑤]。尤其是 21 世纪以降，东盟十国与中日韩三国的努力更加增加了东亚地区的自信和希望的物质支撑[⑥]。在经济方面，这十三国基于各自的比较优势在区域经济链中合理分工，实施外向型的经济发展战略，不仅使得东亚整体区域内贸易一体

---

① Kathleen Searles, Travis N. Ridout, "The Use and Consequences of Emotions in Politics", (February 2017), http://emotionresearcher.com/the-use-and-consequences-of-emotions-in-politics/.

② Stephan, Ybarra, Bachman, "Physiological Arousal and Political Beliefs", *politic psychology*, 2006, pp. 569 – 586.

③ Anders Meisner, "Authoritarian Populism Index Report 2019", Timbro, (February 2019), https://populismindex.com/report/.

④ 俞新天：《东亚认同的发展与培育》，《当代亚太》2007 年第 4 期；韩爱勇：《东亚新秩序建构的认同视角——基于文明转型与地区主义的考察》，《国际论坛》2012 年第 1 期。

⑤ ［美］亚历山大·温特：《国际政治的社会理论》，秦亚青译，上海人民出版社 2000 年版，第 434 页。

⑥ 张维为：《"亚洲世纪"加速到来》，《底线思维》，https://mp.weixin.qq.com/s/1Uwlo6nd2iOvjxjEooL8gA，2020 年 12 月 13 日。

化发展程度趋于稳定，也使区域内经济体之间的相互依赖关系逐步牢固①。除此外，更是在没有美欧参与的前提下成立了全球体量最大的自贸区。对此，李克强评论《区域全面经济伙伴关系协定》（RCEP）的签署，是"多边主义和自由贸易的胜利，让人们在阴霾中看到了光明和希望"②。"胜利""光明""希望"三个分量极重的词展示出了东亚地区的自信。而西方媒体则评论，"当美国疲于应付大选、疫情、经济衰退等问题，RCEP 的成功建立表明世界已然不会再等待美国了"③。在政治方面，东亚地区的新兴国家在全球化中不断学习、应用、内化科学技术，创新能力大幅度提高，进而促成群体性崛起，在国际事务中的影响力越来越重。在地区规范方面，已经形成的"东盟方式""东亚方式""亚洲方式"和"APEC 方式"，不断被域外国家所称赞，"东亚景气""东方复兴""亚洲纪元""亚太时代""太平洋文明"等呼声亦不绝于耳，这不仅增强了东亚地区民众的自信与群我意识，还能减轻对地区外大国的盲目崇拜④。

　　这种希望情感具体表现在全球新冠疫情的治理，相对于欧美深陷"疫中"，东亚国家有效遏制域内疫情蔓延。比如，韩国面对境内左翼势力"新天地教会"顽强抵抗防疫工作，文在寅政府果断采取了强硬的处置措施，有效遏制了疫情在其国内的快速蔓延。日本虽然前期囿于奥运会的筹备而耽误了抗疫时机，但后期民众自发隔离、自觉戴口罩，使社会运行逐渐恢复稳定。中国更是与东亚其他国家山川异域、风月同天、相互扶持、共渡难关。相较于欧洲国家不断地滑向疫

　　①　欧定余、彭思倩：《逆全球化背景下东亚区域经济共生发展研究》，《东北亚论坛》2019 年第 4 期。

　　②　中华人民共和国中央人民政府：《历时 8 年谈判，RCEP 签了！李克强：让人们在阴霾中看到光明和希望》，《21 世纪经济》，http：//www. gov. cn/xinwen/2020 – 11/16/content_5561844. htm，2020 年 11 月 16 日。

　　③　New York Times，"America Looks Hopelessly"，（July 2020），https：//www. nytimes. com/2020/07/22/opinion/economy-spending-modern-monetary-theory. html.

　　④　耿协峰：《重塑亚洲观念：新地区主义研究的中国视角》，《外交评论》2018 年第 2 期；［英］埃里克·琼斯：《欧洲奇迹：欧亚史中的环境、经济和地缘政治》，陈小白译，华夏出版社 2015 年版，第 285 页。

情的震中，凸显出资本至上以及金钱选举制度严重掣肘其治理能力，这也使得一些专家预言，"亚洲自身的亚洲化"可能是21世纪最重大的大趋势，世界文明的重心和世界发展的重心已经由大西洋转移到了太平洋、从西欧转移到了东亚，而此次疫情的"世界大战"更是成为这种转移的催化剂①。总之，持续的经济发展和社会繁荣与欧美地区经济下行焦虑的比较，更加凸显了东亚整体所表现出一种主导性的希望群体情感。

（三）焦虑与希望情感作用于零和竞争地区安全结构的逻辑

焦虑和希望情感，虽是不同效价情感，但都与未来的不确定有关，且形成于群体间比较。而群体间在进行比较时，群体自我都会倾向于进行利我比较，当群体自我的共识受到削弱或创伤，为了维护自身积极的群体认同，一般会采取两种群体行为：一种是选择一个不如自己的群体进行"向下比较"；另一种是对群体自我的特定积极情感进行"道德优化"，对其他群体的特定消极情感进行"道德污化"。那么，在相互对立的焦虑与希望情感比较之间更易产生零和竞争的安全结构。具体而言：

群体间焦虑情感容易产生与他者加强竞争的认知倾向。首先，群体间焦虑会影响民众对安全感的感知。如果威胁来源或安全的目标是预先明确的，那么政府只需针对性凭借适当技术手段或社会资本来监视、控制或阻止威胁，此时民众的安全感亦可以具化，对威胁的感知是恐惧而不是焦虑。当前欧洲国家所建构的安全威胁来源却是未知的，引起民众普遍抽象的焦虑，将安全暂时性地从保障未来转向仅仅关注不安全的当下，从有形的威胁转向可能的不安全结果。此时，猜疑就成一种降低风险的工具，政府也得以将这种焦虑引导到特定的威胁中，如移民、激进主义、反恐战争、经济紧缩和气候变化等议题上。在这种政治情景下，各政党对于风险和收益的理性量化逻辑将不再适用，群体间焦虑会滋生

---

① Parag Khanna, "The Future is Asian: Commerce, Conflict, and Culture in the 21st Century, Simon & Schuster", *Epilogue*, 2019.

出新的常识和真理。因为传统的安全管理主要是致力于减少不必要的风险承担，这种方法在给民众带来安全延续感和未来感的同时，也使未来失去了改变的可能性。在群体间焦虑情感所支配的社会里，技术官僚政治和所谓的政治正确，不再能够吸引寻求改变的选民和公众，反而更易被某种性格、情感、归属感以及某个未经证实的不同世界、更好的承诺所吸引。其次，群体间焦虑会影响安全和威胁之间联系性。美国学者乔安娜·伯克教授指出，焦虑是一种麻醉剂，它渗透到社会和政治生活的所有毛孔中，取代时间的线性概念，它能够将民众对生存的关注点固定在当下，同时摧毁任何进行有序协商未来的梦想或幻想①。当民众对时间和空间的感知被焦虑运作的模式所取代，这就改变了社会政治格局。政治精英经常利用焦虑来源的不确定性来刺激经济和政治上的不安感，即使本质上两者并不存在必然联系。最后，群体焦虑能够打破世界性文化，使种族、宗教、民族和民族之间的分歧更加突出和激化。因为焦虑政治对内会促使民众自愿接受政府对其个人隐私信息进行采集，并接受监督社会政治生活的每一个角落来创造一种安全感②，对外焦虑的主体会倾向于将他者幻想为假想敌或政治替罪羊，进而实施排他性民族主义政策。

与此相反，群体间希望情感意味着未来的可变化性，至少意味着不必像现在这样。正如斯奈德所言，希望是心灵中的彩虹棱镜，将色彩斑斓的光碎片向各个方向发射，鼓舞着我们的精神，让我们思考什么是可能的。③ 莫伊西亦指出，没有比较就没有好坏之分，这种比较既是与自身的过往相比，也是与他者的对比，在对比中好的（希望）就意味着自信④。如今亚洲地区出现群体性崛起，世界的希望中心正回到它在东

---

① Joanna Bourke, *Fear: A Cultural History*, Emeryville, CA: Shoemaker&Hoard, 2006.

② Jonathan McDonald Ladd, Gabriel S. Lenz, "Does Anxiety Improve Voters' Decision Making?", *Political Psychology*, Vol. 32, No. 2, 2011, pp. 347 – 361.

③ C. R. Snyder, "Hope Theory: Rainbows in the Mind", *Psychological Inquiry*, Vol. 13, 2002, p. 269.

④ Bernard P. Dauenhauer, "Hope and Its Ramifications for Politics", *Man and World*, Vol. 17, 1984, pp. 453 – 476.

方的故乡，他们不仅在经济上努力地追赶西方，并且非常自信自己能够赶上。因为亚洲在百年的历史屈辱中，将愤怒、怨恨转化为了对现实的思考，最终成功将屈辱转化为了自信。即使这片土地上仍存在诸多历史遗留问题，但是希望情感使他们具有了以和平的方式来解决的基础。因此，目前国际政治经济体系中心的转变不仅仅表现在物质层面，当地区内的国家处于希望情感的氛围中，就具备了形成"我们"（we-ness）与群体认同的基础，彼此之间的关系不仅会更易产生自尊与尊重，即相互尊重，而且其实践更具不断扩大政治力量的主观能动性。如亚洲作为希望文化的典型代表，多元化包容性和高效竞争力的"中国模式"成为其他国家纷纷争相效仿的对象①。而西方则是通过在构建恐惧、焦虑来维持安全治理，这两种不确定性情感必然将两者的安全情境置于零和竞争的博弈结构之中。

二 外源合作结构：欧洲焦虑情感与中东欧羞辱情感的碰撞

社会自卑的群体认同基于羞耻感，羞耻意味着道德上的侵犯和自责的存在，是对自己在他人眼中印象的不满，是一种确认较低社会地位的情绪类别。在情境依存型自我认知环境中，群体以他者的视角对自我进行负面的认知评价。其中，适当的羞辱压力有助于行为体自我认知的"自下而上"并与他者保持外源合作，过度的羞辱施压要么压垮主体使其陷入崩溃，要么使其转向反抗。

具体来说，羞辱是一种社会化的高级情感，是行为体把消极的行为结果归因于自身能力不足时产生的指向自我的痛苦体验，是一个破坏或剥夺客体骄傲、尊严和荣誉的征服过程②。群体间羞辱情感在国际关系中，主要体现在主导性大国对违反社会规范或者游离于国际体系的边缘者施加压力，使该边缘者感受到了来自体系内其他成员的谴责，并在内

---

① 任然：《国家的情感——以情感和历史融合的视角看全球化》，《商场现代化》2012年第7期。

② 施承孙、钱铭怡：《羞耻和内疚的差异》，《心理学动态》1999年第7期。

心深处形成深深的羞辱感①。行为体对外在压力产生的羞辱感以及引发的自我认知可以改变其对情境的适应能力和对他者的交往能力。也就是说，虽然羞辱感是一种负面情感，其对行为体自我认知的影响会随着施加羞辱压力方式或强度而变化。根据价值判断，极端的羞辱会使行为体产生心灰意懒、万念俱灭等负向效应，迷失在"自上而下"的自卑认知中，采取防御型策略，将责任归咎于他人，或者通过否认来进行掩饰，抗拒与施加压力的他者合作；而有效的羞辱则可作为一种激励因素，促进行为体倾向于采取修复型策略，重新计划或尝试进行积极的自我改变，渴望与施加压力的他者进行合作来提升自我②。需要说明的是，有效的羞辱施压应当是施压者需要具备先进性和代表性，该角色一般由全球或地区性大国或者国际组织担任，他们要么是实力权威要么是道德权威，这些优势可以使其他国际社会行为体追随，并分享着大致相同的价值准则，对彼此之间的道德观和行为偏好保持着相似的预期③。同时，要达到羞辱施压的有效性，还需保证被羞辱者在主动或被动加入施压群体时，能够有渠道来获得或重新获得体系内其他行为体的信任和尊重，这样行为体才能在羞辱情感的作用下有意识影响自我认知度发生"自下而上"的进化调节④。同时值得注意的是，羞辱压力的强度除了取决于施压者之外，还受客体自我感知的影响，一般而言，当涉及与本国基调情感偏差较大时，其受辱感较强，反之则较弱。

欧美是战后国际秩序的主要创建者，不管是经济金融、科学技术还

①　Dan M. Kahan, Eric A. Posner, "Shaming White-Collar Criminals: A Proposal for Reform of the Federal Sentencing Guidelines", *J. L. & Econ*, 1999, pp. 365 – 368.

②　Evelin Gerda Lindner, "Humiliation-Trauma That Has Been Overlooked: An Analysis Based on Fieldwork in Germany", *Rwanda/Burundi, and Somalia, Traumatology*, Vol. 7, No. 1, 2001, p. 44.

③　K. E. Grant, B. E. Compas, "Stressors and Child and Adolescent Psychology: Moving from Markers to Mechanisms of Risk", *Psychological Bulletin*, Vol. 129, No. 3, 2003, pp. 447 – 466.

④　Toni M. Massaro, "Shame, Culture, and American Criminal Law", *89 MICH. L. REV.*, 1991, pp. 1880 – 1883.

是国际组织、国际观念、国际理论、国际制度、国际规则等多是由他们主导。欧盟和美国分别作为当前经济一体化及国际组织的代表者，更是具有羞辱施压的道德优势。中东欧国家[①]则处于被动地位，长期以来欧美国家在促使该地区国家进行民主转型的过程中，情感羞辱一直是其主要的战略手段之一。尤其近年来欧美由于相对地位下降逐渐焦虑，更加迫切让中东欧在地缘政治上融入西方，采取胡萝卜加大棒的政策，一方面进行经济吸引，另一方面通过羞辱施压来敦促其制度规范转型（如表5-1所示）。

表5-1　　　　　　　　欧盟对中东欧国家的羞辱施压

欧洲议会决议案	相关事项
第 06/1987 号决议	明确亚美尼亚种族灭绝
第 10/1987 号决议	明确勒庞和大屠杀
第 02/1993 号决议	将纳粹集中营作为历史遗迹
第 07/1995 号决议	确定大屠杀纪念日
第 12/1995 号决议	将被掠夺的财产归还犹太人社区
第 04/1996 号决议	纪念奥斯威辛集中营
第 07/1998 号决议	归还大屠杀受害者财产
第 03/2000 号决议	打击种族主义、仇外心理和反犹太主义
第 06/2000 号决议	纪念大屠杀宣言
第 12/2001 号决议	再次明确亚美尼亚种族灭绝
第 01/2005 号决议	再次纪念大屠杀、再次明确打击反犹太主义和种族主义
第 05/2005 号决议	强调第二次世界大战的伤害及探讨 60 年后欧洲的未来
第 06/2005 号决议	斯雷布雷尼察宣言
第 01/2009 号决议	斯雷布雷尼察宣言

---

①　中东欧地区主要包括 16 国，分别是波兰、捷克、斯洛伐克、匈牙利、斯洛文尼亚、克罗地亚、罗马尼亚、保加利亚、塞尔维亚、黑山、马其顿、波黑、阿尔巴尼亚、爱沙尼亚、立陶宛和拉脱维亚，其中除了阿尔巴尼亚、波黑、马其顿、黑山、塞尔维亚外，其余 11 国为欧盟成员国。

续表

欧洲议会决议案	相关事项
第 03/2013 号决议	加强打击种族主义、仇外心理和极权政权
第 11/2014 号决议	塞尔维亚被控为战争罪犯
第 07/2015 号决议	纪念斯雷布雷尼察活动

作者自制，资料来源：Ana Milošević，Heleen Touquet，"Unintended Consequences：the EU Memory Framework and the Politics of Memory in Serbia and Croatia"，*Southeast European and Black Sea Studies*，2018，p. 2.

根据该表可知，欧盟对中东欧国家的羞辱压力与羞辱强度主要以纪念大屠杀活动的方式进行，试图以此方式敦促中东欧国家尽快地加入欧洲大家庭。柳博米尔斯基和特卡奇提醒，羞辱性地去逼迫他人不断反省错误，不仅无助于错误的改正，而且往往适得其反，要么激化对方国产生维持错误的逆反情感，要么使整个社会陷入从过去找回额外的负面记忆中，削弱他们解决问题的能力[1]。事实证明，中东欧国家虽然在二战之后的归宿大致相同，但是他们在二战期间的参与方式却有巨大差异，因此在面对欧盟的谴责时，他们所感知到的羞辱强度是不一样的。如被法西斯直接占领的捷克斯洛伐克、波兰等国不认为欧盟的诸多议程设置是羞辱性质的，欧盟不仅是在陈述事实而且也符合其国内谴责纳粹的政治基调情感；作为法西斯帮凶的匈牙利、保加利亚、罗马尼亚等国亦对这种谴责持接受态度，毕竟欧盟的核心国德国都已经接受这种羞辱。只有先与法西斯为伍后被法西斯占领的"塞尔维亚—克罗地亚—斯洛文尼亚的南斯拉夫王国"认为其自身不仅是二战的受害者，而且为二战做出了巨大贡献，尤其是塞尔维亚受到欧盟多次针对性的谴责。因此，中东欧 16 国之中，2/3 的国家在经济利益以及规范羞辱的驱使下，倾向于采取使自我"自下而上"的修复型策略，而塞尔维亚等国则在经

---

[1] Lyubomirsky, S., Tkach, C., "The Consequences of Dysphoric Rumination. In：Rumination：Nature, Theory, and Treatment of Negative Thinking in Depression", *John Wiley & Sons*, *Chichester*, 2003, p. 21.

济利益与规范羞辱之间左右摇摆。

但是，欧美国家与中东欧国家的合作关系，本质上是外源性的、脆弱的，主要原因则在于缺乏积极的尊重情感。中东欧国家与欧美的合作源于经济基础，而非民主化进程。也就是说，中东欧所感受到的羞辱感主要在于经济的落后，渴望搭乘欧美经济一体化的顺风车与援助，从经济上来实现自我认知"自下而上"的调节，而非通过转变身份、推行民主政治改革的方式来缓解羞辱感。随着保护主义思潮在西方世界蔓延，欧美国家无视世界经济复苏长周期现象和发达国家内部的结构性矛盾，先是在难民危机问题中，要求用名额摊派的方法来解决自中东欧进入欧盟高达数百万的难民，这让该地区沿线国家不堪重负，比如由波兰、匈牙利、斯洛伐克等中东欧国家组成的"维谢格拉德集团"对这种名额摊派的方法表示强烈抗议，认为此举甚为不公。然后，欧盟所提出的"多速欧洲"① 等倡议，又导致其内部出现"先进"（西欧）与"落后"（中东欧）的区别，大大增加了中东欧国家的羞辱感，导致新老欧洲之间的分歧与裂痕越来越大。继而，欧盟还谴责匈牙利、波兰等国的内政和司法没有与欧盟价值观保持一致，这引起中东欧国家集体反对欧盟内政干涉的霸道行径②。最后，民粹势力在中东欧兴起，再加之匈牙利总理欧尔班、波兰总统杜达和捷克总理巴比什等中东欧国家领导者皆是有名的疑欧派，当他们利用反欧盟的民粹立场来获得民众支持并巩固执政地位时，欧洲更加身陷"我们是谁"的焦虑之中。尤其是在英国脱欧后，欧盟内的中东欧成员逐渐呈现取代英国成为新的捍卫主权代表的趋势。因为欧盟内新的中东欧成员国甚至比英国这种创始国更不愿意接受文化上不同的新成员国。这些国家虽然在 1945 年年后被苏联所占领，并冻结了他们的社会和政治发展，但苏联并没有被迫他们与自己过去的民族主义搏斗，也没有强迫他们和俄罗斯同质化。1989 年年

---

① European Commission, White paper on the Future of Europe, https：//ec. europa. eu/com-mission/publications/white-paper-future-europe_ en, 2017－3－1.

② 高歌：《离心与向心——2017 年中东欧国家与欧盟的关系》，《当代世界》2018 年第 1 期。

后，虽然中东欧国家抛弃共产主义冲进欧盟，但他们的许多公民没有接受移民和文化多元性的经验，明显无法接受新欧洲所体现的积极自由价值观。对此，法国总统马克龙批评"中东欧国家只把欧盟当大型超市"[①]。再加之，现阶段欧美国家对内对外都处于主导性焦虑情感之中，除了惯性压缩俄罗斯的传统地缘经济空间之外，近年来还转而指责中国在中东欧的高铁业务建设是在"分裂欧洲"，更是认为中国与中东欧国家的"16＋1"合作机制是在削弱西欧国家对这些国家的影响力，表示要时刻提防中国。但是，欧美在指责中东欧国家的同时仍会继续对其进行经济援助，故该地区安全结构是外源合作型的。

三　内源合作结构：东亚希望情感与中东欧羞辱情感的碰撞

内源合作最早在联合国教科文组织于1977年出版的《内源发展战略》的报告中提出，该报告提出内源合作的第一要义就是尊重世界文化的多样性客观规律，正视各国与各地区人民都享有自己文化的权利，坚持以人为中心的基本要求，实现为人民服务的最终目的[②]。也就是说，内源合作结构最重要就是基于行为体之间的和而不同、相互尊重与自愿选择。根据理性选择理论，这种合作应多出现于两个经济一体化程度较高的地区间，但事实上并没有产生强强联合，反而易产生贸易保护主义和政治上的猜忌。而真正开展内源合作更多的是在经济一体化程度较高与经济程度相对较弱的地区之间，即经济繁荣所带来的希望对自我意味着自信，对羞辱的他者意味着改变的可能性，尤其当其羞辱感是由第三方导致时，更有助于凸显并推动希望地区与羞辱地区两方的合作。因为能够产生希望情感必然是该地区既经济发展、政治稳定，又顺应国际社会多边主义、重视文化多样性的发展潮流，地区间的深层次合作不是基于权力压迫而是以共同利益为纽带、

---

① 莫业林：《欧洲一体化或迎重大机遇，中东欧国家或成阻力》，http://international. caixin. com/2017－06－24/101105254. html，2017年6月24日。

② 联合国教科文组织：《内源发展战略》，社会科学文献出版社1988年版，第2页。

互惠互利与自发合作①。

当前推动与中东欧合作的途径主要有三种，分别是欧洲所提出的欧盟一体化方式、俄罗斯所提出的欧亚经济联盟以及中国的"一带一路"倡议，这三者究竟是彼此交流、走向合作，还是各自为政、相互对抗呢？欧洲改革研究中心作为西方颇具政治和学术影响力的知名智库，一直在焦虑前者的发生。但该担忧明显秉持着国际市场中零和竞争思维，惯性地以"大国争霸""中心—边缘""强弱制衡"等国家分类思维来思考地区间互动关系，对他者在中东欧地区的任何行为都表示极为敏感和猜忌。比如，中国鉴于中东欧处在亚洲通往欧洲的必经之路，中国在推进"一带一路"倡议时以"16＋1"的合作机制加强与该地区十六国的深度合作。但是，这却引起欧盟的焦虑，焦虑中国的合作模式与欧盟希望对外能够以一个声音说话的理念相悖，并上升到质疑中国只与欧洲部分国家合作，以非集中的方式与28个成员国间接接触是"醉翁之意不在酒"。如其在2017年发布的《中国，16＋1合作形式与欧盟》报告中明确表示担忧，中国此举不仅可能于此处同其进行地缘政治的争夺，更可能意欲进一步侵蚀欧盟的价值观和一致性，加剧其分裂。与此同时，欧盟为减轻其焦虑还做出了实质性安排。其在2018年2月颁布《可靠的放大视角，加强欧盟与西巴尔干地区的接触》的报告，反复强调中东欧地区六个尚未加入欧盟的候选国对欧洲未来的地缘政治极具重要性，计划以10.7亿欧元的投入来加大对六国的入盟前经济投入，推动他们的改革并促使他们尽快于2025年达到入盟标准②。对此，中国诚意表示减轻欧盟的焦虑，尝试对中东欧及欧洲实施新标准，努力地与欧盟的规则与规范相接轨。但事实证明，自2016年英国"脱欧"、2017年奥地利中右翼人民党胜选、2018年意大利民粹主义政党上台等事件的发生，欧盟不仅对其内部可能出现的裂痕极为敏感，而且欧盟内部成员在一些国际事务

---

① 夏建平：《认同与国际合作》，世界知识出版社2006年版。

② 王灏晨：《欧盟对中国—中东欧合作的态度、原因分析及我国的应对措施》，《发展研究》2018年第7期。

中自身就达不成一致，这不是他们之间经济发展速度不一引起的，而是身份认同导致的，中国不管采取何种接触模式都无法缓解欧盟自身的焦虑。对于这一点，法国欧洲研究所的乔治·佐戈普鲁斯（George Zogoprus）已经认识到症结在于自身，而中国的"16＋1 合作"机制既不想取代中欧之间的合作计划，也不会阻碍六国的入欧进程，更不会破坏欧盟的凝聚力。与其说该机制是在分裂欧洲，不如说是对其当前裂痕的有益弥合，不应将中国视为威胁而应看作最有价值的合作伙伴。他还建议欧盟不应焦虑中国融入欧亚大陆，反而应当坚持多边主义，借助中国之势为其民众，尤其是年青一代注入新的视野①。

再者，反观欧亚经济联盟与"一带一路"倡议之间，是在开放、透明和考虑彼此利益的基础上平等合作，不需要彼此或者其他第三方加入时改变自我身份，这也促使双方达成欧亚经济伙伴关系，成为继亚太经合组织（APEC）、跨太平洋伙伴关系协议（TPP）、跨大西洋贸易与投资伙伴协定（TTIP）之后第四个洲际性区域经济一体化联合体②。也就是说，欧洲一直在焦虑他者与自身的不同，试图通过将所有与其合作的他者转化为统一属性，且保持自我身份优越性向对方施加羞辱压力，但却忽视了其自身正深陷这种强制一致性的旋涡，既出现老成员国的脱离，又需解决新旧成员之间的歧视链。东亚国家则强调多元化的重要性，认为强制要求各国家贴上统一标签的设想不仅没有必要，同时也是不可能的，多元化才更符合当前多极世界的现实状况③。而且，对于寻求外部支持的中东欧等中小国家而言，本身对来自他者和情境的压力变化就要比大国更为敏感，因为其连国家主权都被分为"事实的主权"

---

①　[法]乔治·佐戈普鲁斯：《欧盟应看到中国与中东欧合作的积极意义》，《中国网》，http：//www. chinanews. com/gn/2016/06－21/7912426. shtml，2016 年 6 月 21 日。

②　李新：《深入推进"一带一路"同欧亚经济联盟对接合作》，《光明网》，https：//theory. gmw. cn/2019－04/24/content_ 32775596. htm，2019 年 4 月 25 日。

③　Война и мир XXI века，"Международная стабильность и баланс нового типа"，（2016－1－21），http：//ru. valdaiclub. com/ a/reports/voyna-i-mir-xxi-veka-mezhdunarodnaya-stabil nost-i-/.

与"承认的主权"①，在形式上拥有被他国承认的主权，但在决定自己对内对外政策的事实主权上，却往往需要全球性强国或某些地区大国的首肯。所以，其在两种差异明显的情境下自然更愿与充满希望情感的东亚地区合作，这不仅可以满足中东欧国家的经济理性选择，同时也能兼顾其身份和情感等更高层次的诉求。

值得注意的是，地区安全结构并非一成不变，而是动态发展的，除该部分论述的三种典型结构外，还有套叠结构，如高加索地区；还有直接对抗结构，如中东地区。同时，除了希望、焦虑、羞辱情感外，还有愤怒、恐惧等情感，这是滋生局部冲突的来源，再加之西方国家凭借其强权不断在局部地区制造"恐惧"，不对称实力之下的中小国家只能产生"羞辱"和"愤怒"情感，为缓和这种消极情感多数采取极端主义报复，这反过来作用于西方国家，使其同样感受到"恐惧"与"焦虑"，这不仅使得双方陷入了情感的恶性循环，也加剧了局部的动荡。

第二节　地区规范内化以群体间情感评价为介推进国家对外政策偏好转变

地区规范本身既无经济制裁的能力，也无军事惩罚的威力，是什么促使地区内各类行为体遵守规范，并推进国家对外政策偏好转变的呢？目前学界普遍认为在影响规范内化的自我认知活动中，群际间情感评价以及在此过程中的自我认知度是行为体政策转变的关键②。

一　地区规范内化通过群体间情感评价增强国家的内省能力

一方面，地区规范内化通过群体间情感评价增强国家的自我反思能

---

① S. Folkman, R. S. Lazarus, "If it Changes it Must be a Process Study of Emotion and Coping during Three Stage of a College Examination", *Journal of Personality and Social Psychology*, Vol. 48, No. 1, 1985, pp. 23 – 25.

② 曲丹：《跨国倡议网络的转化式干预：羞辱施压与国际规范内化》，博士学位论文，外交学院，2010 年。

力，进而影响国家对外政策偏好的转变。国家对外政策偏好的主要任务之一就是在变化的地区环境中尽量地维护国家的社会身份，以保持本体安全感。地区规范是域内行为体共有信仰的集合，它规定或禁止哪些行为可以做、哪些行为不可以做。当某行为体遵守地区规范时会得到其他成员的认可，并获得信誉、赞赏等积极情感体验，当违反地区规范时不仅会引起自身感到难堪、内疚或羞耻，还会激发其他遵守地区规范的成员感到愤怒或愤慨。也就是说，行为体在能够对其他成员的行为做出情感反应之前，必然是对地区规范的权利和义务规定已经非常熟知，即地区规范的存在是群体间情感评价的前提①。与此同时，国家对地区规范的接受度可以分为服从阶段和认同阶段。其中，在地区规范服从阶段，国家或许只是因其所设置的奖励诱惑或惩罚刺激而接受；而在地区规范认同阶段，则是国家将地区规范转化为内在道德品质的过程，国家从内心认可和崇敬该地区规范的价值和意义，与行为体的心理要素密切相关，是比服从阶段更高水平的接受。这反映出群体间情感评价作为中介变量会反过来加剧国家对地区规范内化的自我反思能力，国家对外政策偏好为维护自我社会身份在地区内的可接受性，必然在这两者的共同作用下转变。

另一方面，国家对外政策偏好与地区规范的规定并不总是对称，在群体间情感评价的过程中，国家往往会提升自省能力来谨慎思考如何处理自我、他者和情境三个维度的关系，并会产生四种政策偏好，适时发生转变。它们分别是：理智应对、指责、讨好、讨价还价。其中，理智应对处于自尊谱系中的最高位置，该偏好是在面对地区规范外在压力下，不仅能根据当下的紧急情境对自身的社会规范进行适当调整，还能同时兼顾自我与他者，以此从规范的边缘逐渐地向中心靠近，典型如中国。讨价还价的方式在自尊图的谱系中处在中间的位置，其特点是在面对外在规范压力时坚持利己主义，不顾他国利益，直至情境濒临破坏不得不为之时，方才做出些许的让步，但稍微有机

---

① ［美］杰罗姆·弗兰克：《法律与现代精神》，施特劳奇出版社1931年版。

可趁便仍会不择手段地把自身的利益最大化，典型如美国。指责和讨好的应对方式同时处于自尊图谱系中最低的位置。两者的不同之处在于，前者是面对情境破坏，即使本国也有义务修复但仍将责任完全推卸给他国，既不顾他国利益，更是忽视本国利益，典型如朝鲜和伊朗；而后者则是为了短期的情境稳定，宁可牺牲自身的长期利益也要妥协讨好他者的援助，典型如日美关系中的日本。在现实中，行为体可能处于更为复杂的情境和关系中，但不管行为体采取理智应对还是讨好政策偏好，都是由行为体由内而外的渴望来驱动的，目标是试图体验到更高的内在自我价值。

二 地区规范内化通过群体间情感评价增强国家的外辱压力

地区规范的载体一般是政府间或非政府间组织所组成的跨国倡议网络，随着国际组织数量的增多，地区内存在的规范往往不止一种，国家行为体亦面临着规范多样化的困境，只能充分发挥其主观能动性和选择性，将自我秉持的道德标准与地区规范进行比较。在比较的过程中，若某地区规范与国家行为体自身的利益相符合，将会主动通过自我认知结构的整理、分析、组合和转换，把新的道德规范纳入自我道德体系之中。如果不符合，但地区内多数成员已加入并认同，地区规范一般会通过群体间情感评价来羞辱施压，以此来达到自身规范的扩散。羞辱施压之所以能够影响国家对外政策偏好，在于其外在说服、交往和施压的能力。一是其具备象征政治的优势，这些组织非常善于利用媒体舆论的力量对一些重大事件进行重新解读，以此获取并凝聚普通大众的关注与支持，并向政府施压；二是其具备道德杠杆政治的优势，国家行为体除了物质利益之外，也注意信誉利益，当一个国家的言辞不再为其他国家信任时，就会发现进行合作困难重重，而其安全也难以为继，非政府组织得以利用这点使目标国接受其理念；三是其具备责任政治的优势，国家在承诺遵守规范之后，组织仍会监督其后续的执行情况以保持其政策连续性，披露目标国的前期承诺与后期履约的差异，以迫使目标国重新回到地区规范所规定轨道中来。

地区规范凭借这些得以通过群体间羞辱评价来改变目标国的行为偏好。具体来说，群体间羞辱评价有三个主体，分别是羞辱者、被羞辱者及旁观者。其中，羞辱者多是通过将目标国与地区主流规范相背离的负面事件曝光公开化，向目标国施加羞辱；被羞辱者体验到自身的无能与不道德而自我否定；旁观者是统一地区规范情境中的主要他者，见证羞辱者对被羞辱者的指责，此三者构成了群体间羞辱评价的图谱①。虽然群体间羞辱评价是破坏或剥夺客体骄傲、尊严和荣誉的征服过程，但羞辱本身并无好坏的价值判断，当行为体体验到羞辱情感时，他既可能会情绪低落、产生敌对情绪，也许会通过暴力行为来赢得羞辱者的尊重，或许也会自觉接受并培养向善品质。因为每个行为体是否能感受到以及感受到的程度与自我认知结果与具体的社会情境有关。一般而言，对自我肯定价值颇高的行为体，其感受羞辱情感和风险认知的能力就越高，相应就会采用一些有效的方式促进自我认知度正向提升的行为反应。由群体间羞辱评价而引发战争的例证，如第一次世界大战后协约国所达成的《凡尔赛条约》引起了德国深深的羞辱感，这为其发动第二次世界大战埋下了复仇的种子。正如伊夫林·格尔达·林德纳曾言，在一定程度上讲，第二次世界大战是德国对曾经羞辱的理性回应②。

因此需要注意，有效羞辱施压的条件是，羞辱者应当给被羞辱者提供能够融入地区规范的渠道，并获得旁观者的认可与尊重③，没有出路的一味羞辱和谴责最终只会使被羞辱者走向暴力极端。同时，每个国家的自我认知度并非固定单一，而是一个循环往复的进化过程，尽管这个过程可能不会一帆风顺，但它会一直向前。正如系统理论所证明，改变

---

① Dan M. Kahan, Eric A. Posner, *Shaming White-Collar Criminals: A Proposal for Reform of the Federal Sentencing Guidelines*, J. L. & Econ, 1999, pp. 365 – 368.

② Evelin Gerda Lindner, *The Role of Humiliation in North Korea, Rwanda, Somalia, Germany, and the Global Village*, Humiliation and Rationality in International Relations, University of Oslo, 2000, p. 3.

③ Toni M. Massaro, *Shame, Culture, and American Criminal Law*, MICH. L. REV., 1991, pp. 1880 – 1883.

是分层次分阶段的，一次干预不可能导致行为的长期变化。概而言之，行为体是通过"内省"与"外辱"打破其自我认知结构的静止状态，在动态中形成新的结构，进而影响到国家行为体的应对姿态倾向（对外政策偏好）。

第六章 群体情感与国家对外政策偏好：
塞俄与塞欧之间的比较

> 塞尔维亚，一个"心在俄罗斯，口袋在欧盟的国家"。
>
> ——［塞］斯雷科·米海洛维（Sreko Mihailovi）
>
> 欧盟是塞尔维亚的"伙伴"，而俄罗斯是塞尔维亚的"朋友"。
>
> ——［塞］安娜·布尔纳比奇（Ana Brnabić）

　　本书之所以选择塞尔维亚为例，主要原因在于五点：首先，国家对外政策偏好与对外行为或对外结果之间的关系是概率性的，而不是决定性的。群体情感在所有国家的对外政策偏好形成与转变过程中，皆不同程度地发挥着中介作用。但群体情感在塞尔维亚的对外政策偏好中概率比较大，甚至是起着决定性作用，具有典型的代表性意义。其次，关于国家对外政策偏好的分析不同于纯理性学术分析，其更加重视具体的单个案例，以往学者有以猪湾事件为例来探讨情感在对外政策制定中的作用①，以以色列对外政策为例探讨国家情感理论②，以希腊对外政策为例探讨情感是政治操作的本质③，以伊朗和阿拉伯之间

---

　　① Assia Alexieva，"*The Role of Emotions in Foreign Policy Decision Making Embarrassment from the Bay of Pigs*"，University of Florida，2017，pp. 221－233.

　　② Uri Resnick，"Emotional State Theory：Friendship and Fear in Israeli Foreign Policy"，*Israel Journal of Foreign Affairs*，2016.

　　③ Nikolaos Zahariadis，*Essence of Political Manipulation：Emotion，Institutions，and Greek Foreign Policy*，New York，Peter Lang Publishing，2005.

的持续紧张局势为例来揭示情感在国际冲突中的作用①，以 1899—1902
年的南非战争为例来分析情感在行为体与旁观者评估国家威望中的作
用②等，可见以小见大的案例分析法是学界常用的方式。再次，本书
的论证方式采取的是"合理性探索"（Plausibility Probe）。具体来说，
就是并不对文章内提出的核心假设或分假设进行决定性检验，而是通
过评估理论假设与现实经验之间存在合理性的关系。这种方法主要适
用于尝试确定新理论假设的潜在有效性，不适用于进行严格意义上因
果假设检验。因为这是两个步骤，确定新理论假设的潜在有效性先于
因果关系的检验，后者只有在前者证明了相关假设值得进一步验证时
才需要展开。当前，相对于主流国际关系理论所持的理性主义假定，
对群体情感等心理因素的重视程度相对处于弱势地位，这种情况更适
合进行合理性探索。群体情感在塞尔维亚对外政策偏好中的显性特征
尤为适合为这种合理性探索作注脚，也为后续的因果假设检验步骤提
供了可能的方向。复次，塞尔维亚对俄欧的政策差异分析不应当被视
为一个偏僻的议题，其本质还是欧洲化研究下的子议题，以往学者都
是侧重于自上而下地探讨俄欧对中东欧国家政策偏好的外部影响，塞
尔维亚作为长期摇摆于俄欧之间的主体国，以自下而上的视角更能挖
掘出欧洲化进程中被忽视的内在原因。最后，自南斯拉夫解体之后，
塞尔维亚就成为中国在中东欧地区最受关注的外交伙伴之一，有必要
对其政策偏好进行深入的研究。在政治领域，中东欧国家均对"一个
中国"的原则表示支持，选择不与台湾地区保持外交关系，也不向台
湾地区提供任何形式的政治支持，但是，在中国新疆、香港及南海等
问题上，中东欧地区却只有塞尔维亚给予中国坚定的支持，同时，塞
尔维亚也是习近平同志以国家主席身份到访的唯一一个中东欧国家；

---

① Mohammad Soltaninejad, "Iran and Saudi Arabia: Emotionally Constructed Identities and the
Question of Persistent Tensions", *Asian Politics Policy*, Vol. 11, 2019, pp. 104 – 122.

② Jonathan Mercer, "The Illusion of International Prestige", *International Security*, Vol. 41,
No. 4, 2017, pp. 133 – 168.

在经济领域，中欧陆海快线①作为"一带一路"倡议构想的重要一环，其必经之地就是塞尔维亚，即塞尔维亚是中国通往巴尔干半岛和欧洲市场的大门；在安全领域，塞尔维亚是与中国合作最为广泛的中东欧国家，其不仅是该地区唯一一个从中国购买无人机，并与中国通信技术公司华为保持长期合作的国家，两国的安全合作还包括联合军演、警务合作、军备采购和通信业务合作等。综上，不管是理论范畴还是现实层面，塞尔维亚的对外政策偏好研究都是中国国际关系学界值得也是必须要关注的一个议题。

第一节　塞尔维亚对俄欧政策偏好差异的特点

塞尔维亚对俄欧政策偏好超越了传统理性选择模式与个人认知心理模式的解释范畴，其对经济主要来源国的欧盟政策偏好超越了经济务实主义，这种现象无法用经济成本与收益原则来解释；对俄罗斯长时期的政策偏好超越了个人精英偏好，因为塞尔维亚的独立以及对外政策偏好虽是由政治精英们所做出的，但它的形式则是人民主权，是全民公决的结果。随着群体情感投入的惯例化和模式化，塞尔维亚对俄欧固有利益认知差异的扩大和新时期利益分歧的萌生，很可能被塞尔维亚自我忽视。

一　塞尔维亚对欧政策偏好超越经济务实主义

关于塞尔维亚与欧盟政策偏好背离的探讨，主要体现在 2013 年的乌克兰危机、2014 年衍生的克里米亚危机②以及 2022 年的乌克兰

---

①　李克强总理于 2014 年 12 月 16 日在塞尔维亚首都贝尔格莱德出席第三次中国—中东欧国家领导人会晤中集体会见塞尔维亚、匈牙利和马其顿三国总理，经协商一致同意共同打造中欧贸易陆海快线。中欧贸易陆海快线是匈塞铁路的延长线和升级版，快线南起希腊比雷埃夫斯港，北至匈牙利布达佩斯，中途经过马其顿斯科普里和塞尔维亚贝尔格莱德，直接辐射人口 3200 多万人，建成后将为中国对欧洲出口和欧洲商品输华开辟一条新的便捷航线。

②　克里米亚事件指 2014 年 3 月乌克兰克里米亚自治共和国被并入俄罗斯联邦。自 2014 年 3 月 18 日实施吞并后，俄罗斯事实上接管了该领土，建立了克里米亚联邦管区。

战争，许多学者习惯性从传统理性选择理论视角来分析，认为塞尔维亚之所以违背欧盟的政策要求，拒绝在乌克兰危机中与俄罗斯为敌并加入对其制裁的行列，是出于对国家利益的理性追求，主要原因在于三点：一是塞尔维亚需要依靠俄罗斯在联合国安理会中的一票否决权来维护领土完整；二是塞尔维亚需要俄罗斯的能源支持；三是塞尔维亚不愿轻易放弃与俄的贸易合作①。笔者认为这三点解释背后的逻辑皆存在漏洞。

首先，塞尔维亚在科索沃领土问题上更需要欧盟的支持，并非俄罗斯。传统理性选择视角认为如果塞尔维亚加入欧盟领导的对俄制裁行列，就可能会在科索沃问题上失去俄罗斯在联合国安理会的支持。事实上，俄欧都不是尊重他国主权的坚定支持者。如2014年，俄罗斯支持并怂恿克里米亚脱离乌克兰，北约前秘书长安德斯·拉斯穆森称为"欧洲的911"，欧盟亦谴责俄罗斯的吞并行为违反国际法，并要求其成员国、候选国及潜在国加入该行列来谴责俄罗斯②。而且，如果塞尔维亚希望通过拒绝与欧盟合体制裁，以此获得俄罗斯在科索沃问题上的支持，这也高估了自身在俄罗斯战略中的位置。因为俄罗斯最初反对科索沃独立的主要动机，是担心西方可能会试图为俄罗斯其他众多自治共和国争取类似的地位。但在大多数西方国家于2008年2月承认科索沃独立之后，俄罗斯并没有像塞尔维亚所认为的那样支持其维护领土完整，比如俄罗斯以科索沃为先例，证明其在2008年8月承认格鲁吉亚的两个分离省份阿布哈兹和南奥塞梯是合理的③。普京在试图说服俄罗斯联邦议会批准克里米亚共和国加入俄罗斯条约时，直接援引科索沃问题，指出："在与克里米亚局势完全相同的情况下，我们的西方伙伴亲手开创了科索沃先例，既然科索沃脱离塞尔维亚

---

① Ivan Knezevic, Mihailo Gajic, Kristina Ivanovic, "Serbia, European Union, Russia-an Analysis of Economic Relations", *Economy*, 2012, pp. 1 – 26.

② 卡辛：《欧盟希望塞尔维亚对乌克兰采取同样的立场》，http://inserbia.info/today/2014/03/kacin-eu-expects-serbia-to-take-same-stand-regarding-ukraine，2014年3月21日。

③ Vesti.ru, "Russia Recognizes Independence of South Ossetia and Abkhazia, Full Text of Dmitry Medvedev's Speech", (August 2008), http://www.vesti.ru/doc.html? id = 204043&cid = 1.

是合法的，那么单方面宣布克里米亚独立亦不需要得到乌克兰当局的许可。"① 也就是说，俄罗斯实际上根本不希望科索沃冲突得到有效的解决。同时，塞尔维亚此举也错过了向欧盟和联合国安理会表明自己坚守国家领土完整决心的机会。因为早在 2010 年 9 月联合国大会就已经同意将科索沃地位的未来谈判主持权从联合国转向了欧盟，如果塞尔维亚同意加入对俄罗斯制裁，也许还可以期待欧盟能在科索沃问题上给予他一些偏向。这也是为何美国驻贝尔格莱德大使建议塞尔维亚重新思考对领土完整的看法，质疑其："你始终如一吗？你认为俄罗斯援引科索沃的例子来证明克里米亚分离是一个合适的类比吗？你必须对此有一个明确的决定。"② 乌克兰驻贝尔格莱德临时代办更是不加掩饰地对塞尔维亚的犹豫不决表示失望："作为一个一贯支持塞尔维亚在科索沃问题上维护其领土完整的国家，我们期望有一个明确的态度。"③ 所以，塞尔维亚拒绝与欧盟保持政策一致，对俄罗斯进行制裁不仅不会有助于其维护领土完整，甚至可能会削弱其作为领土完整原则性捍卫者的信誉。

其次，塞尔维亚虽在能源问题上与俄罗斯合作密切，但塞尔维亚在其中获益不多，甚至利益受损。传统理性选择视角认为如果塞尔维亚与欧盟一起制裁俄罗斯，将失去俄罗斯的天然气供应。事实上，塞尔维亚对俄罗斯的天然气依赖源于 2007 年 6 月俄罗斯凭借从苏联时期继承下来的以及解体后分离出来的国家天然气供应合同④。其中，最大的项目是建设"南溪管道"的石油管道，该项目计划自黑海进入保加利亚、

---

① Putin, "Crimea Similar to Kosovo, West is Rewriting Its Own Rule Book", (Mar 2014), Russia Today, http：//rt. com/news/putin-address-parliament-crimea-562/; Official Internet Resources of the President of Russia, "Direct Line With Vladimir Putin", (Apr 2014), http：// en. kremlin. ru/events/president/news/20796.

② Nenad Radičević, "Neka Srbija odluči gde želi da pripada", (Mar 2014), http：// www. politika. rs/rubrike/Svet/Neka-Srbija-odluci-gde-pripada. lt. html.

③ Olexandr Kirichenko, "Serbian Silence Over Crimea Disappoints Ukraine", (Mar 2014), http：//www. balkaninsight. com/en/article/serbia-s-shrugging-over-crimea-dissapoints-ukraine.

④ Stanislav Secrieru, "Russia in the Western Balkans：Tactical Wins, Strategic Setbacks", *European Union Institute for Secuirty Studies*, 2019, p. 7.

塞尔维亚、匈牙利和斯洛文尼亚。然而，2008 年塞尔维亚未经招标便将其 51% 的石油工业（NIS）以 4 亿欧元的价格出售给俄罗斯天然气工业股份公司（Gazprom Neft），还同意修建一段 422 千米长的南溪管道穿越塞尔维亚。由于该交易明显对莫斯科非常有利且伤害了塞尔维亚的国家利益。所以，当时学界普遍评论塞尔维亚之所以接受该羞辱合同，是基于政治权衡做出的决定。但是，该项目是否能够成功完成的关键并不取决于塞尔维亚的加入及其在俄欧之间的政治权衡。该宏大项目使欧洲国家担忧巴尔干半岛各国将依赖俄罗斯石油，故西方在乌克兰危机的紧张局势下，以缺乏透明度和对不遵守欧洲的法律为由对俄罗斯进行制裁，保加利亚等国暂停了管道建设，只有塞尔维亚在 2013 年 11 月仍非常隆重地着手建设南溪分公司，这对欧盟和俄罗斯之间的谈判可能产生的影响微乎其微，而且俄罗斯最终亦没有抗住压力，于 2014 年 12 月 1 日宣布取消该项目。这对塞尔维亚来说是经济与能源上的双重致命打击。但是，塞在经历此次教训之后，当俄罗斯宣布将继续通过乌克兰向欧洲供应石油，修建另一条通过土耳其的管道时，塞尔维亚仍表示愿意积极加入该项目。以上说明，俄塞之间的能源合作很大程度上受欧盟的影响，且不管塞尔维亚在其中获益大小甚至不获益，他亦愿意支持俄罗斯的能源规划，这在某种程度上削弱了塞对俄的能源依赖论观点。

最后，塞尔维亚若加入欧洲对俄罗斯的制裁行列，确实会损害其经济利益，但这夸大了经济损失的程度。因为欧盟才是塞尔维亚最大的贸易合作伙伴，况且欧盟承诺会补偿塞尔维亚对俄罗斯限制性制裁过程中，由于反制裁影响而造成的水果、蔬菜及乳制品等方面的损失。另外，当政治和安全利益与经济利益发生冲突时，国家政策偏好会优先考虑前者，欧盟正是基于此才冒着经济损失的风险来保护成员国的安全利益。对此，几乎所有的欧盟成员国及候选国都纷纷效仿，即使是与俄经济联系最为密切的黑山也加入了其中，这些明显违背经济成本与收益原则成正比的对外政策偏好。至于为何塞尔维亚对于如此缺乏理性，其屡屡损害国家利益的政策偏好行为与选择却在塞尔维亚国内获得了普遍支持，这就需要更加全面了解影响塞尔维亚对外政策偏好更深的要素。

二　塞尔维亚对欧政策超越个人精英偏好

塞尔维亚最具代表性的个人精英当属掌握国家武装力量的历任总统，以及各在野党的党首，其中对欧盟态度鲜明的政治精英以佐兰·金吉奇和托米斯拉夫·尼科利奇最为知名。

佐兰·金吉奇是典型的亲欧派，具有鲜明的叛逆性格特点，于2000—2003年任塞尔维亚总理，不仅是当时塞尔维亚规模最大、组织最严密的民主党党首，还是塞尔维亚十八个反对党派所组成的反对党联盟的主要领导人之一，是当时实权的掌握者。金吉奇自知其亲欧偏好与政策会引起民愤，便推选名气不大的科什图尼察当选为总统，自己则退居总理。金吉奇执政时期首先以一己之力推动了塞尔维亚先是获得了欧盟观察员的身份；然后与欧盟签署《稳定与联系协议》，推动塞尔维亚的欧洲化进程跨出了第一步；继而将坚定的反欧派、被视为民族英雄的前总统米洛舍维奇移交至海牙法庭；最后在其党纲中增加条款明确表示："本党肯定欧洲的价值观，并为加入欧盟做好了真诚的准备，不仅同意与前南国际刑事法庭合作，且尽力使塞尔维亚的社会结构符合入盟标准，从而成为欧盟中平等的一员。"[①]事实证明，金吉奇一系列亲欧举动确实引起了国内民众的普遍不满，不仅其所在的民主党在该时期所获得的民众支持率跌入低谷，而且也连带科什图尼察失去了总统宝座。尤其是一些激进的民族主义者为抵制金吉奇的亲欧政策，甚至于2003年组成了"红色贝雷帽"组织，发起"终止海牙"行动，将塞尔维亚外交部长、总理、副总理、国家通讯社领导等列入刺杀名单，并最终成功暗杀了金吉奇。金吉奇的死亡不仅使塞尔维亚与欧盟进一步合作的政策就此搁浅，还直接使民主党对欧盟态度转向了有限入盟。

托米斯拉夫·尼科利奇于2012—2015年任塞尔维亚共和国的总

---

① Marko Stojic, "The Changing Nature of Serbian Political Parties' Attitudes Towards Serbian EU membership", *EPERN Working Paper*, No. 24, 2011, p. 22.

统，掌握实权，但其对欧盟政策偏好经历了坚决反欧向有限反欧的转变，其偏好的改变从侧面反映出尼科利奇在国家对外政策偏好制定中不是基于个人情感而是基于其所代表的国内群体。尼科利奇最初是人民激进党的副主席，经常在公开场合大肆发表反欧盟言论，指责欧洲曾经给塞族带来深重的苦难。但是，为竞选总统于 2008 年辞去在激进党的职务，转而投向进步党，一方面该政党秉持自由主义，另一方面面对欧盟巨额的入盟前援助，国内普遍转向有限支持入盟的诉求。尼科利奇顺应所在政党及国内诉求采取大国平衡战略，主张与欧盟、俄罗斯、中国、印度都保持良好的合作关系。自此，尼科利奇极少公开发表反欧盟的言辞，并主动向欧盟示好。但是，尼科利奇仍然顺应国内政治基调情感，坚持不承认科索沃独立的底线。科索沃是中世纪塞尔维亚国家的摇篮和东正教发祥地，是塞族人的精神归宿所在，欧盟以科索沃问题为入盟前提条件，触动整体塞族人的敏感神经，故而尼科利奇在金吉奇的基础上虽然推动塞尔维亚的入盟谈判，但始终没有进入关键性章节。

需要注意的是，在金吉奇时期，当时塞尔维亚与黑山合并统称为南联盟，彼时南联盟的政体相较于独立之后的塞尔维亚更为专制。在专制独裁的体制中，国家对外政策偏好在很大程度上会受个人精英偏好影响，但事实证明，若是与国内基调情感相悖，这种影响是暂时性的。而在尼科利奇时期的共和制下，个人精英偏好对国家对外政策的影响则受限很多，当前国际社会中，共和制国家占据多数，选民与媒体舆论的干预使国家对外政策偏好更加重视群体政治基调情感。

三　塞尔维亚对俄欧政策差异的原因比较

影响塞尔维亚对外政策偏好的自变量因素有很多，选择群体情感作为他们共同的中介变量，一方面在于群体情感具有内驱力的作用，另一方面在于根据英国心理学家、经济学家、逻辑学家穆勒所提出的求同法，群体情感是影响塞尔维亚对俄欧政策偏好差异中最必不可少且最具影响力的因素。

穆勒认为要探讨现实经验的困惑，需要溯因推理寻求自变量，对现有事实和解释性假设之间的类似关系进行推论①。溯因推理是整个科学推理过程中预备性的阶段，是科学推理的第一步，所选择的自变量要服务于研究目的和研究问题的解决。对此，本书的第二章已经完成了溯因推理的部分。在提出研究假设以后，需要收集相应的适切资料来论证，但是很多论证无法通过直接的观察来检验，需要归纳推理来揭清现象与事实之间的因果律，何为因何为果以及彼此之间的对应关系。关于如何归纳推理，穆勒提出了著名的"穆勒五法"，分别是求同法、求异法、求同求异并用法、共变法和剩余法②。其中，求同法是本书将要借鉴的方法，该方法是对研究对象所处的错综复杂的场合进行观察、比较和排除，当从中找出那个唯一是这些场合中共同具有的情况时，基本可以确定该唯一的共同的情况就是被研究现象产生的原因或结果③。求同意味着在两者之间进行比较，尤其适合在单个案例的两个对象间进行相符性程序验证与过程追踪，这恰恰符合塞尔维亚对俄欧政策偏好比较的案例模型。具体来说，求同法则，也称最大相异研究，就是在个案间考察两个或两个以上的事件如果皆指向同一要素，那么该要素要么是该现象的原因，要么是该现象的结果。换句话说，X 是要研究的对象，ABCDEFG…等表示不同场合中的先行相关因素，若（1）ABC→X；（2）ADG→X；（3）AFFG→X…依次类推，在各个场合中，A 都是 X 唯一共同的因素，那么 A 就是 X 的原因。尤其是当除 A 以外的变量之间差异性越大，则能证明 A 与 X 之间因果关系的准确性越大。同时，也反向证明 BCDEFG 与 X 之间的非必要相关性，也就是说，求同法可以排除即使某些因素不出现，X 依然出现的非

---

① Arthur W. Burks, *Collected Papers of Charles Sanders Peirce*, Harvard University Press, 1958, p. 137.

② 何向东：《逻辑学教程》，高等教育出版社 2004 年版，第 169 页。

③ 张大松、孙国江：《论穆勒五法的方法论特征与价值》，《华中师范大学学报》（人文社会科学版）2001 年第 6 期；刘玉兰、周继祥：《浅谈逻辑方法在情报分析中的运用》，《情报杂志》2004 年第 1 期；陈晓平：《求因果方法的逻辑机理》，《思维与智慧》1995 年第 3 期。

先相关因素①。

表6－1　　　　　塞尔维亚对俄欧政策差异变量的求同法则

A：俄罗斯对塞尔维亚输出积极的群体情感 B：塞尔维亚与俄罗斯经贸关系紧密度连年下降 C：俄罗斯视塞尔维亚为战略边缘国家 D：俄罗斯不支持塞尔维亚政治体制西方民主改革 E：塞尔维亚在与俄罗斯的能源合作中获益不大 F：俄罗斯与塞尔维亚具有共同的敌人（美国）	X：塞尔维亚对俄罗斯天然的亲近
－A：欧盟对塞尔维亚输出消极的群体情感 －B：塞尔维亚与欧盟经贸关系紧密度连年下降 －C：欧盟视塞尔维亚为战略桥头堡 －D：欧盟支持塞尔维亚政治体制西方民主改革 －E：塞尔维亚在与欧盟的能源合作中获益 －F：欧盟与美国关系亲密	－X：塞尔维亚对欧盟"若即若离"
PS：－代表相反	

图表为作者自制。

本书据此将该方法应用至塞对俄欧的政策差异中，目的是寻求影响塞尔维亚政策偏好的充分必要因素（如表6－1所示）。笔者之所以在此列举经济利益、地缘政治战略、西方民主式转型、能源支持、美国第三方介入以及群体情感等因素，在于要穷尽两者之间所有的变量是不现实的，而这些因素最大的共同点是他们都是传统理性选择最为重视的因素，更能凸显出本书假设的合理性。据求同法则结果显示，塞对俄欧政策偏好与俄欧对塞政策偏好呈现出反比关系，只有群体情感在其中是正比关系，由此可知 BCDE 等条件皆是影响塞尔维亚政策偏好的充分非必要因素，只有群体情感因素是其充要因素。也就是说，充分非必要因素指的是某现象出现时可能是也可能不是该因素导致，充要因素指的是某现象的出现必然有该因素的加入。也有学者指出用这种简单的排除法来

---

① John Stuart Mill, *System of Logic: Ratiocinative and Inductive*, London: Ballantyne Press, 1886, pp. 255－256.

论证其中一个因素与现象之间的因果关系似乎论证力不足，对此，穆勒回应求同法所指导的案例研究是一种较为总括和初始的方式来确认潜在的相关变量，并提出要弥补该不足可以通过案例内的过程追踪来弥补，故下文将着重从塞对俄欧的政策偏好的过程中来论证群体情感对其偏好的影响。

第二节　群体情感在塞对俄欧政策偏好中的中介作用

影响塞尔维亚对俄欧政策偏好的因素有很多，根据穆勒求同原则可知，群体情感在其中起着重要的中介作用，并通过国内情感类别化与群际间情感比较实现。

一　塞尔维亚国内群体情感的类别化

塞尔维亚国内群体情感的类别化进程主要体现在共同历史记忆对基调情感的塑造，以及国内决策者对即时情感的引导，这两者一方面框定着塞尔维亚民众看待本国与外部世界的观念；另一方面影响着塞尔维亚的决策者处理本国与外部世界关系的方式与偏好的选择。

（一）塞尔维亚国内所建构出的共同历史记忆

首先，塞尔维亚的鼎盛时期。塞尔维亚人的祖先是"塞尔博伊人"（Serboi），属于古斯拉夫人部族，最初的宗教信仰是简单的自然崇拜。该族群部落众多，各自分散居住，擅长游击作战。巴尔干半岛地区一直由外来移民所组成，公元7世纪塞尔维亚人越过喀尔巴阡山迁移至此。但是，这一地区正处在保加利亚第一帝国与拜占庭帝国的硝烟中，当保加利亚帝国战胜后，其军队开始迅速扩张，这促使善战的塞尔维亚各部落开始集中起来形成塞尔维亚大公国，并联合拜占庭帝国，转而战胜了保加利亚帝国，从而使巴尔干地区取得了短暂的和平。公元9世纪末，两位斯拉夫传教士圣西里尔与圣美多德至此，改编希腊字母，创建斯拉夫字母，后改进为西里尔字母，这种语言至今仍被俄罗斯联邦、塞尔维

亚共和国、保加利亚等多国使用①。拜占庭帝国借助这两位传教士在巴
尔干地区传播东正教，以此来打压异教徒在此地区的势力。塞尔维亚大
公国一方面作为拜占庭帝国的属国，另一方面也为避免保加利亚的疯狂
复仇②，选择信仰东正教。塞尔维亚人信仰的改变虽然是迫于政治原
因，但自此后开始逐渐从野蛮走向相对文明阶段。公元 10 世纪末期，
塞尔维亚大公国伴随着拜占庭帝国的扩张被分裂为东西两部分，东部以
拉什卡为中心，虽然依赖于拜占庭帝国建立起塞尔维亚王国，但其统治
者也仅仅只是部落的大如藩（župan）③，并最终被保加利亚所摧毁；西
部以泽塔为中心，在斯特凡·沃伊斯拉夫的领导下建立起国王领导的独
立的泽塔公国④。1169 年斯特凡·尼曼雅继位后，在其父取得的成就基
础上制定了三大目标：确保国内稳定统一、通过教会教化国家、制定积
极的外交政策扩大势力。所以，他先是鼓励发展商业和矿业，得以重金
雇用身经百战的职业军队，以此收复东部的拉什卡地区，将其与泽塔公
国合并形成塞尔维亚人真正完整的家园，并不断向东西南方向扩张，一
度占领巴尔干半岛三分之二的领地；虽然施行政教合一体制，但是通过
镇压罗马天主教以及从事国家分裂活动的波格米勒异教，建立起独立的
东正教教会（坐落于伊佩克），其主教由国王任命，使得塞尔维亚人从

---

① ［英］丽贝卡·韦斯特：《黑羊与灰鹰：巴尔干六百年，一次苦难与希望的探索之
旅》，向洪全、奉霞、陈丹杰译，中信出版社 2019 年版；阎京生：《塞尔维亚的轮回：近世的
南斯拉夫与战争》，中国华侨出版社 2011 年版，第 6 页；章永勇：《列国志：塞尔维亚和黑
山》，社会科学文献出版社 2005 年版，第 37 页。

［美］海斯、穆恩、韦兰：《全球通史》，冰心等译，红旗出版社 2015 年版，第 183—194
页。

② 当时的塞尔维亚大公国内部是无政府状态的，由各个部落组成。保加利亚的西美昂
大帝将大批的塞尔维亚人赶至荒芜之地，将有的塞尔维亚统治者带着镀金镣铐囚禁在保加利
亚宫廷中，有的统治者被羞辱或被谋杀。［英］哈罗德·坦铂利：《塞尔维亚史：困扰巴尔干
半岛一千五百年的火药桶》，张浩译，华文出版社 2020 年版，第二章。

③ 大如藩是塞尔维亚人各部落的首领称呼，相当于地方霸权，后来塞尔维亚将分封的
领主称拉雅。

④ 泽塔公国之所以能够独立一方面在于拜占庭帝国巴西尔二世驾崩后帝国内部混乱、
再加之十字军东征严重削弱帝国实力，使其不得不放松对泽塔公国的管制，一方面在于泽塔
公国的斯特凡·沃伊斯拉夫将载有一千两黄金的拜占庭船只据为私有，得以武装军队，利用
策略、欺诈及运气成功对抗拜占庭帝国。

过去被迫信仰东正教变为正式信仰东正教，更使塞尔维亚内部的宗教纷争与巴尔干半岛其他国家相比少之又少；同时，由于塞尔维亚与匈牙利王国及克罗地亚等欧洲国家宗教信仰不同，存在使其陷入宗教同化的风险中，尼曼雅遂将外交政策偏好开始向东方国家倾斜。可以说，尼曼雅是塞尔维亚历史中首次出现的建立起统一集中政权，并能够教育、管理和规范塞尔维亚人的统治者，他使塞尔维亚的民族独立从狂想变成了现实。在其基础上，尼曼雅王朝得以延续 200 年之久。到斯蒂芬·杜尚在位时更是试图建立一个拜占庭式的世界性帝国，杜尚趁拜占庭帝国内乱之际同保加利亚、阿尔巴尼亚、土耳其等国联手攻陷拜占庭，并在此过程中打压了这几个联盟国，终于在 1346 年 4 月 16 日，保加利亚第二帝国族长为杜尚加冕称帝，并宣布塞尔维亚——罗马帝国成立。与此同时，塞族人把宗教首府迁至科索沃梅托希亚地区的佩奇，并在周围地区修建了大量的教堂和修道院。这意味着塞尔维亚人从一个松散的民族变成了一个政治上独立的塞尔维亚帝国，这不仅为塞尔维亚人在经济、制度、文化等方面得到极大的提升，而且所辖领土达到其历史鼎盛时期，面积约占巴尔干半岛的三分之二，杜尚亦被尊称为塞尔维亚人、希腊人、保加利亚人和阿尔巴尼亚人之帝。所以，这一辉煌阶段成为塞尔维亚人历史上最值得骄傲、最引以为豪的黄金时期。对此，英国历史社会科学家安东尼·史密斯教授称，"鼎盛时期"（Golden Age）成为塞尔维亚人产生民族主义和国家认同的核心所在，塞尔维亚通过世世代代相传一些鼎盛时期的英雄神话、圣人以及伟大领导者的传奇事迹，无限神往着中世纪所取得的成就，以此塑造出一种民族主义来激励塞尔维亚人想象出辉煌的命运共同体[①]。同时，鼎盛时期的塞尔维亚人多集居在以科索沃为中心的南部地区，这也使得科索沃一直被塞尔维亚人视为他们的原点和圣地，称"科索沃关乎塞尔维亚人民的精神、文化和历史认同，

---

① Anthony D. Smith, *The Ethnic Revival*, Cambridge University Press, 1981, p. 13. 转引自贺刚《自传体叙述与身份进化的动力：克罗地亚与塞尔维亚的欧洲化进程比较研究》，博士学位论文，外交学院，2015 年。

是我们的记忆所在，是我们温暖的灵魂故乡，是我们存在的基点"①。该鼎盛时期奠定了塞尔维亚民族群体内自豪、骄傲的情感归属，成为烙印在该民族血液里向往和追求的目标，即历史与希望是构成塞尔维亚民族性的两大主要因素。但光荣历史并不令人安心，它也是挫折感的深刻根源②。

其次，地位逆转、暴力冲突以及与俄罗斯的亲密开端。尼曼雅王朝在奠定塞尔维亚民族主义基础的同时，该鼎盛时期的辉煌也使其滋生了大塞尔维亚民族主义，这也使得塞尔维亚人虽然在商业敏感度上不及希腊王国，在吃苦耐劳精神上比不上保加利亚人，但其却是本地区最具极端扩张主义精神的国家。然而，实力与目标之间存在着巨大的差异，使其地位逆转并开始了救国图存之路，并在此过程中开启了与俄罗斯友好关系的起点。具体来说，塞尔维亚帝国在杜尚之后便开始走向没落，这一方面在于其分封的大量郡王和如藩之间钩心斗角、不断内耗战斗力，另一方面在于来自小亚细亚的奥斯曼土耳其于 1354 年正式进入欧洲，以雷霆之势霸占了整个巴尔干半岛，塞尔维亚帝国的政治辉煌不复存在，于公元 1459 年成为了奥斯曼帝国的附庸国。塞尔维亚人民自此开始了长达 500 年反抗土耳其占领者、寻求独立的时期。在此期间，虽然各地相继不断发生局部起义，但南斯拉夫统一大业始终受限于不同地方的方言，以及民族意识的局部传播而无法团结起来。直至印刷资本主义的兴起，给巴尔干地区受压迫的人民未来的独立政治带来了希望：先是黑山③于 1493 年建立了印刷厂，斯拉夫语印刷的书籍得以传播，这在很大程度上保留了塞尔维亚的民族语言与思想④；1826 年塞尔维亚建立

---

① Tamara Pavasovic Trost, Dealing with the Past: History and Identity in Serbia and Croatia, Doctoral Dissertation of Department of Sociology in Harvard University, 2012, p. 149.

② ［法］多米尼克·莫伊西：《情感地缘政治学——恐惧、羞辱与希望的文化如何重塑我们的世界》，姚芸竹译，新华出版社 2010 年版，第 83 页。

③ 1360 年，塞尔维亚帝国巴尔士奇王朝的统治者巴尔沙三兄弟，他们的后代分支创建了黑山王国，所以，塞尔维亚和黑山一定意义上是同气连枝的。

④ ［美］本尼迪克特·安德森：《想象的民族共同体：民族主义的起源和散布》，吴叡人译，时报文化出版社 1999 年版。

起第一个文学协会，成立塞尔维亚出版社，给全体塞尔维亚人带来了文学觉醒；1840 年，纯塞尔维亚血统的武科·卡拉季奇作为一位伟大的语言大师，更是通过简化拼写语音系统等方式重新创制了塞尔维亚的民族语言，将文学语言与通俗语言紧密联系起来，去除外来语元素，形成一套标准而纯粹的塞语体系。在文学和道德观念的影响下，南斯拉夫各国人民意识到他们在未来将会形成一个更加庞大而崭新的统一体，塞尔维亚的贝尔格莱德一度成为南斯拉夫的东方文化中心。印刷资本主义使深受奥斯曼土耳其残酷压迫的南斯拉夫人产生稳定的民族生活与强烈的地方热情，并团结起来开展起真正的农民起义。在农民起义中，除了印刷资本主义助力之外，宗教信仰的领土化、古典王朝家族的衰微以及1807 年俄罗斯帝国直接对塞尔维亚军队援助等因素相互作用，塞尔维亚的反抗方取得成效。同时，这是塞尔维亚首次在俄罗斯帝国的援助下保住了军队乃至整个国家，促使两国自此建立起亲密的友谊。尤其是俄罗斯帝国在第八次俄土战争①后签署《阿德里安堡和平协议》，要求奥斯曼土耳其遵守以往所有关于塞尔维亚自治问题所缔结的一切条约，并用特别敕令把这种自治法定下来。在第十次俄土战争后签署《圣斯泰法诺条约》和《柏林条约》，塞尔维亚王国收回土耳其统治下的最后 6个行政区域，并夺回尼什及其他大片领土，正式成为独立国家，塞尔维亚人的新历史就此展开。自此，塞俄建立起真正的亲密朋友关系。

再次，大塞尔维亚主义复兴的扩张时期。爱国主义是塞尔维亚在朴素的地域认同之下形成民族认同的一根主线，但随着抵御外来入侵的自豪感以及对外扩张的优越感，这种情感逐渐演化为大塞尔维亚主义。塞尔维亚在尼维亚鼎盛时期所兴起的大塞尔维亚主义，虽然在 19 世纪被奥斯曼土耳其统治时期压制，但在独立之后该主义又甚器尘上，大肆实施扩张政策，最高目标是只要有塞尔维亚人居住的地区，就应该纳入国土，希望将领土扩大到周边地区，建立一个以自身为中心的巴尔干大

---

① 自 1676 年至 1923 年，俄罗斯与土耳其先后发生了 12 次战争，巴尔干地区是主战场。第八次俄土战争发生于 1828—1829 年，第十次俄土战争发生于 1877 年。

国；最低目标是恢复历史上杜尚王朝的版图，不断与其他民族发生冲突，成为塞尔维亚民族与其他民族矛盾与仇恨的意识根源①。主要体现在：进入20世纪初，各列强在世界范围内争夺新市场，巴尔干内部势力动摇，1912年，塞尔维亚联合黑山、保加利亚和希腊组成巴尔干同盟，并发起第一次巴尔干战争，重挫奥斯曼帝国。战败后的奥斯曼帝国不仅将在巴尔干地区占领的土地全部割让给同盟四国，也不得不同意阿尔巴尼亚独立。然而，塞尔维亚和保加利亚却为争夺马其顿导致同盟决裂，为避免保加利亚独自坐大，塞尔维亚转而联合罗马尼亚、希腊及奥斯曼帝国来对抗保加利亚，发动了第二次巴尔干战争。此役之后，塞尔维亚收复科索沃地区，但昔日主要由塞尔维亚居住的科索沃，其人口结构已经转变为阿尔巴尼亚人占多数，由于阿尔巴尼亚人不属于斯拉夫民族，是古代伊利里亚人的后代，遂塞族对阿族实施极端惨烈的屠杀，自此之后，阿塞两族围绕科索沃问题的冲突延续至今。同时，经过两次巴尔干战争，均为胜利方的塞尔维亚迅速崛起，这对奥匈帝国构成了挑战。奥匈帝国将塞尔维亚视为扎进帝国体内的一根刺，担心其引起周边国家的革命浪潮。而塞尔维亚也因奥匈帝国吞并了波斯尼亚而感到生存威胁，视其为破坏巴尔干半岛政治和平的罪魁祸首。双方的矛盾最终在"猪战"②中达到白热化。塞奥之间的冲突愈演愈烈，最终将英俄卷入其中，拉开了第一次世界大战序幕。第一次世界大战后，塞尔维亚基于共同安全的考量，于1917年发表了《科孚宣言》，成立"塞尔维亚—南斯拉夫—斯洛文尼亚"王国，组建了第一个统一的国家，1929年改称南斯拉夫王国。但是，塞尔维亚在南斯拉夫王国内仍然推崇"大塞尔维亚主义"，凭借着国王亚历山大（塞族人）执掌军权，试图推行君主独裁，重要官员也

---

① 李俊：《"大塞尔维亚主义"的兴衰及其影响》，《国际资料信息》2000年第11期。

② 塞尔维亚是一个农副业国家，其90%牲畜的对外出口都依赖于奥匈帝国，且奥匈帝国掌握着塞唯一通往海外的出海口，而奥匈帝国为了制约塞的发展，对所有塞过境的猪肉等牲畜产品征收抑制性关税，这引起塞族的极大仇恨，遂于1906—1911年转而加强与俄罗斯和保加利亚的合作来抵抗奥匈帝国。

只限塞尔维亚人担任，要求南斯拉夫实行单一民族制，这导致王国内部民族间要求自治的呼声高涨，与其他民族的矛盾激增，常年战争造成该地区数百万无辜人民死亡。

最后，塞尔维亚与欧洲历史怨恨的缘起。塞尔维亚虽在奥斯曼土耳其下被殖民 500 年，但是对于近代塞族人民而言，对欧洲的历史怨恨主要来自第二次世界大战中所受的苦难。第二次世界大战伊始，轴心国突袭南斯拉夫，德国占领塞尔维亚，并把塞族列入大屠杀名单，修建了当时最大的"亚塞诺瓦茨集中营"，试图对其进行灭族，许多塞尔维亚人在此丧生。据不完全统计，有 60 万—80 万塞族人惨遭杀害，仅战后发现的"千人坑""万人坑"就有 300 多个，其中一个坑里挖出尸骨重达 50 吨。这段历史对塞尔维亚人来说是无法抹去的悲痛记忆，同时也自认为本族人民为抗击法西斯军队的胜利做出了巨大贡献。对于塞族人在第二次世界大战中的重大贡献，铁托曾予以极高的评价，称："南斯拉夫青年，尤其是塞尔维亚青年，为实现我国各族人民的独立和自由的目标而做出的伟大贡献，是再怎么夸赞也不为过。"[①] 在如此惨痛的经历下，南斯拉夫各族人民在苏联与本地共产党的领导下，开始进行反法西斯与民族解放运动，成立南斯拉夫全国解放委员会，其中斯洛文尼亚、克罗地亚和马其顿三个共和国在联邦制的原则上组建了南联邦。对于这个新的政权，西方国家拒绝对其进行法律上的承认，而苏联则第一个与南联邦签订了协定，承认其在国际社会中的主权地位。随着铁托的去世，该联邦逐渐分崩离析走向解体，联合国安全理事会也承认了这三个国家是独立的（安理会第 753/1992 号、第 754/1992 号和第 817/1993 号决议）。1992 年，塞尔维亚与黑山组成南联盟，欧美国家仍然对其进行孤立、压制、经济制裁，甚至是武装干预，谴责塞尔维亚是"欧洲最后的共产主义堡垒"，是南斯拉夫地区战争频发的"罪魁祸首"，否认南联盟对原南联邦拥有自然继承权。为改变这种状况，塞尔维亚共和国于 1995 年代表南联盟与美国签署《代顿协议》，以巨大的牺牲解除

① 葛宁：《塞尔维亚民族：命运多舛》，《世界知识》1999 年第 12 期。

了西方对南联盟的制裁。此后，外患虽然得到缓解，但是内部一直被压抑的科索沃问题开始逐渐爆发。科索沃的阿族人对塞尔维亚认同度不高，一直希望独立，塞族和阿族冲突不断升级。这引起北约的关注，1999 年北约对南联盟进行军事轰炸，重创南联盟，这加深了塞族人对欧美的不信任和怨恨感。进入 21 世纪，米洛舍维奇所在的社会党由于国外势力的干预而下台，扶持民主党主席科什尼察上台，再加之米洛舍维奇到海牙受审的讯息传出，引起国内轩然大波，随即紧跟黑山独立的步伐，2006 年 6 月 5 日，塞尔维亚亦宣布独立。

（二）塞尔维亚共同历史记忆向政治基调情感的构建

当代塞尔维亚的政治基调情感主要通过以民族和宗教为分界线、充满历史修正主义色彩的历史教育体制，来塑造没有直接经历战争的年轻一代对过往历史的记忆和对未来愿景的规划，导致塞尔维亚国民对欧洲和俄罗斯产生了截然不同的群体情感。其中，欧洲学者称塞尔维亚历史教科书对欧美国家历史怨恨的传输已经不再是描述和分析过去的现实，而是成为一种实验性的精神科学，其编织出极强的排他性族群民族主义情感，忽视其他少数民族，属于典型的历史研究性健忘症，导致塞尔维亚社会显示出神经质的，甚至是精神病社会的所有迹象①。这主要体现在塞尔维亚民众主要于五年级到八年级这一时期根据年代顺序，全面而细致地接受历史教育，以此来形成对本国的认知历史以及相应的世界观。具体来说，五年级接受的是史前史到古代后期的历史教育，六年级接受的是中世纪时期和近代时期的历史教育，七年级接受的是现代历史教育，八年级则接受的是当代历史教育②。而且，每个年级的历史教科书侧重点不同，其中在五年级的历史教科书中大篇幅地渲染塞尔维亚帝国（尼曼雅王朝）的辉煌，培养塞尔

---

① Nenad Stojanovic, "When Is a Country Multinational? Problems with Statistical and Subjective Approaches", *Ratio Juris*, Vol. 24, 2011, p. 222.

② Anamaria Dutceac Segesten, *Europe at the Margins: How Europe Appears in History Textbooks from Serbia and Romania*, in United in Visual Diversity: Images and Counter-Images of Europe, Edited by Benjamin Drechsel, Claus Leggewie, Studien Verlag, 2010, p. 134.

维亚民众对本民族骄傲和自豪的群体内情感；在六年级的历史教科书中阐述塞尔维亚民族在奥斯曼土耳其人的封建王朝体系统治下严重制约了其经济发展，而欧洲国家此时在进行经济崛起及海外扩张，认为塞尔维亚不具有欧洲属性；在七八年级的历史教科书中以自我悲剧式的反面角色描述塞尔维亚民族是如何被欧洲不公平对待及被压迫的，塞族人从未主动发起过任何吞并战争，且在整个历史中不断成为邻国和大国的牺牲品。尤其是科斯塔·尼科利奇、尼古拉·祖蒂奇和蒙奇洛·帕夫洛维奇撰写的历史教科书被引进，认为塞尔维亚民众始终是各场战争中的受害者：第二次世界大战中，纳粹是塞族的压迫者，指出塞族在第二次世界大战反法西斯斗争中死于德国纳粹集中营的人数仅次于犹太人与吉普赛人；20 世纪 90 年代，塞族遭到紧邻的克罗地亚、波斯尼亚和科索沃的阿族人的直接压迫，西方大国是间接压迫者，认为正是西方大国对波斯尼亚等侵略国的偏袒，才得以使他们打着维护新世界秩序的旗号对塞尔维亚的不屈进行报复和打击，塞尔维亚的暴力行动完全是出于自卫，西方指责的战犯在历史书中应该被颂扬为民族英雄①。除此外，这些作者还特别指出欧洲大国不仅人为地制造出一个科索沃自治省，更是南斯拉夫解体的始作俑者。因为南斯拉夫作为联合国的一员，坚持以和平的方式加强与他国的合作，与亚非国家一样秉持不结盟精神，但欧盟内所有国家都支持南斯拉夫解体所产生的分裂战争②，导致五六个独立国家中成千上万的民众被逼离开深爱的家园。教科书中对这一段历史的描述多是被字句结构，将英雄和受害者这两个关键词联在一起，选择以悲剧式的形式将这一历史记忆传承下去。对此，全球第三大市场研究集团益普索（IPSOS）公司调研塞尔维亚历史教科书对其本国国民历史认知和基调情感的影响，如表 6 - 2 和表 6 - 3 所示：

---

① Lukic', R., Lynch, A., *Europe from the Balkans to the Urals: The Disintegration of Yugoslavia and the Soviet Union*, SIPRI and Oxford University Press, 1996.

② Nikola Gacesa, Ljiljana Mladenovic-Maksimovic, *Dusan Zivkovic: Istorija za 8. Razred Osnovne Skole. III. Izd*, Zavod za Udzbenike Inastavna Sredstva, 1995, p. 152.

表 6－2　　　　　你认为在塞尔维亚历史教科书中最重要的

主题应该是什么？　　　　　（单位:%）

历史教科书中的主题 调查对象	区域			就业情况				居住地区		
	贝尔格莱德	中央塞尔维亚	伏伊伏丁那	就业者	未就业者	学生	退休者和家庭主妇	城市	其他	总的平均数
塞尔维亚民族历史	25	27	21	25	25	30	24	22	28	25
塞尔维亚国家历史	36	40	28	36	32	41	37	35	37	36
塞尔维亚所有族群的历史	16	17	26	18	25	7	20	20	18	19
世界历史	23	13	21	19	17	23	15	20	14	18
不清楚	1	3	3	3	1	—	4	3	3	2
总计										100

表 6－3　　　　你对下面所列历史地理概念持什么样的认同态度？　　　（单位:%）

认同对象 认同程度	根本不认同	少许认同	适度认同	非常认同	极端认同	不清楚	总的平均数
欧洲	20.4	26.2	34.6	10.2	6.2	2.4	
东南欧	22.1	28.3	32.6	9.1	4.1	3.7	
巴尔干	6.4	13.4	33.7	26	18.1	2.4	100
塞尔维亚	0.7	3.5	15.6	26.2	52.3	1.7	
你的国籍	5.2	6.1	20	23.3	42	3.4	
你的城市/农村	1.6	3.8	12.5	22.2	55.3	4.7	

资料来源: IPSOS Strategic Marketing, "Pål Kolstø, Strategies of Symbolic Nation-building in West Balkan States: Intents and Results", (Oct 2011), p. 73, http://www.hf. uio. no/ilos/forskning/prosjekter/nation-w-balkan/dokumenter/nb_ serbia. pdf.

　　塞尔维亚历史教科书建构的政治基调情感直接反映在现实政策中，如 2003 年 10 月，前南国际刑事法庭以危害人类罪（种族灭绝、谋杀、非法驱逐出境)、战争罪（制造和传播恐怖、非法袭击公民、劫持人质）等罪行控告了塞尔维亚的四位将军，分别是前警察总监卢基奇将军（Sreten Lukić），前南军队将军帕夫科维奇（Nebojša Pavković），前南军队将军拉扎雷维奇（Vladimir Lazarević）和乔尔杰维奇（Vlastimir Đorđević），这些罪行主要是涉及科索沃战争期间塞尔维亚军队对科索沃地区阿尔巴尼亚平民的伤害。塞尔维亚民众对他们多是持崇拜的心态，波斯尼亚的塞族人更是称他们是上帝，是最受欢迎的人。在一些诗歌和歌曲中歌颂：我会跟着他们到任何地方，穿过树林或河流，他们是我们的救世主和世界上最伟大的人，是"塞尔维亚英雄"（不是为了所有的南斯拉夫，也不是为了社会正义）。他们在《代顿协议》之后的十年里处于逃亡状态，但是在 2001 年之后，他们得以经常出现在公共场合中。塞尔维亚的网站公开发布他们的荣誉，并以他们的名字为自己的孩子命名为荣。到 2005 年，他们不仅得以继续享受养老金，更是直接获得军队、塞尔维亚东正教教会和塞尔维亚特勤局各部门的保护。同年，对于即将要押解至海牙的拉扎雷维奇将军，仍获得塞尔维亚总理科斯·图尼察和塞尔维亚东正教主教帕维尔的会见，并由两位政府部长护送上飞机。贝尔格莱德人道主义法中心主任纳塔斯·阿坎迪奇指出，"对政府而言，拉扎雷维奇将军和法庭要求引渡的其他三名将军，不应被判为具有严重罪行的个人，他们是为塞尔维亚人民的权利而战的英雄们"①。同时，塞尔维亚国内积淀的政治基调情感，也使得俄罗斯往往不需要付出太多努力，仅仅发表公开声明就可以对塞尔维亚与西方之间的关系产生巨大的影响。比如，当科索沃试图抢回塞尔维亚控制的北部边境时，俄罗斯大使亚历山大·科努津在贝尔格莱德安全论坛上发表了激动人心的演讲，他对参加这次活动的其他与会者没有提到科索沃的野心表示愤慨，仗义执言为什么没有一个与会者提出这样一个问题："这

---

① Sabrina P. Ramet, "The Denial Syndrome and its Consequences: Serbian Political Culture Since 2000", *Communist and Post-Communist Studies*, 2007, pp. 41–58.

个房间里有塞尔维亚人吗?"① 此举为他赢得了塞尔维亚民族主义者的赞扬,并在塞尔维亚人民心中占有特殊的地位。但彼时的塞尔维亚总统鲍里斯·塔迪奇(Boris Tadić)批评科努津干涉塞尔维亚内政②。仅仅几个月后,塔迪奇就失去了竞选连任的机会。根据以赛亚·伯林对民族主义的分析,极端民族主义可以被划分为两类,一类是以种族主义和沙文主义为特征的进攻型民族主义,即将本民族的认同强加于所占领的其他民族之上;另一类是以乡土、语言和共同历史记忆为标准的防御型民族主义,尽力防止本民族的传统历史认同被外来力量破坏③。在历史与传统的观照下,这两种民族主义在塞尔维亚兼而有之。

(三)塞尔维亚决策者对国内即时情感的引导

塞尔维亚对俄欧的情感并非一成不变,在入盟的进程中不断地通过群体内决策者对即时情感的适当引导,来改变处理本国与外部世界关系的政策偏好。塞尔维亚的政治体制是议会共和制,议会是最高权力机构,代表着塞尔维亚民众的集体意志。自 2000 年在塞尔维亚获得最高比例的选票,并在不同时期统治着这个国家,在议会中具有国家影响力的政党主要有:塞尔维亚社会党(Socijalistiškapartija Srbije,SPS)、民主党(Demokratska stranka,DS)、塞尔维亚民主党(Demokratska stranka Srbije,DSS)、塞尔维亚进步党(SNS)。这几个政党对欧盟的政策偏好在不同时期都有所变化:如 SNS 和 SPS 从硬疑欧主义到软疑欧主义;DSS 从软疑欧主义到硬疑欧主义;以及 DS 对亲欧主义的淡化④。正是这些政党对欧态度不同程度的变化才促进塞尔维亚欧洲化进程的启动及推进。但是,塞尔维亚的政治精英也由于国内根深蒂固的族群民族

① Primepc, "Russian Ambassador Alexander Konuzin: Are There Serbs In This Room?", You-Tube video, (Sep 2011), https: //www. youtube. com/watch? v = FRrxYVXI3EI.

② Radio Free Europe/ Radio Liberty, "Russian Diplomat Criticized For Speech At Serbian Opposition Rally", (Nov 2011), https: //www. rferl. org/a/russian_ diplomat_ criticized_ for_ speech_ at _ serbian_ opposition_ rally/24379085. html.

③ 陆建德:《思想背后的利益》,广西师范大学出版社 2005 年版,第 196—211 页。

④ Herbert C. Kelman, "Compliance, Identification, and Internalization: Three Processes of Attitude Change", *Journal of Conflict Resolution*, Vol. 2, No. 1, 1958, p. 53.

主义、科索沃神话，"光荣的"战争历史，东正教与天主教之间的隔阂、对俄罗斯天然的情感依赖等基调情感而形成对欧保守主义的政策偏好，造成各党派一边在国际上试图积极入盟，另一边作为本国群体情感的高级识别者，又严格遵循本国基调情感，造成其欧洲化进程一波三折。下文将以过程追踪法来分析 2000 年以来塞尔维亚四大政党对国内即时情感的引导下对俄欧政策偏好的变化：

塞尔维亚社会党（SPS）建于 1990 年 7 月，在斯洛博丹·米洛舍维奇为主席时期是一个典型的左翼政党，米洛舍维奇当时为顺应国内的普遍情感诉求，以战争为宣传工具制造紧张气氛，几乎没有考虑要与欧盟建立合作关系作为其外交议程。进入 21 世纪，米洛舍维奇被迫离开权力中心，面对西方的制裁与孤立，塞尔维亚社会党试图改变对欧立场，遂支持塞尔维亚民主党主席伊斯拉夫·科斯图尼察（Vojislav Koštunica），但面对国内及党内强烈的反对与前南国际刑事法庭合作的愤怒，塞尔维亚社会党虽然表现出了与欧盟合作的信号，依然顺应本国的情感诉求，在其党纲中明确表示："每个民族都应当有根据自身的传统和需要来自由发展的权利，坚决拒绝他者以武力强迫本国接受外来生活方式的行为，以及由此对本民族文化和民族精神带来的冲击，支持将培育和传承塞尔维亚母语和斯拉夫字母列为国家制度建设中最为重要的任务之一。"① 可以说，塞尔维亚社会党对欧政策的偏好是从硬疑欧转向软疑欧。塞尔维亚社会的基调情感框定了当时政治精英们进行决策偏好的角度和范围。

民主党（DS）是提倡入盟呼声最高的政党，秉持自由主义思想，在其推动下一步步地向欧盟趋近，不仅为了达到入盟标准，修改党章宣示要改变本国社会结构使其满足欧盟规范，还表示愿意与前南国际刑事法庭合作，同意审判塞族人民心中的民族英雄。该党的一系列举措不断地冲击着国内民众的底线，最终激起国内强大族群民族主义反对，致使

---

① Socialist Party of Serbia, "Party programme", (Nov 2014), http：//www. sps. org. rs/sr/dokumenta/program. html.

民主党在这一时期的民众支持率跌入低谷。同时，为阻碍前南国际刑事法庭的审判进程，一些激进的民族主义者还将民主党派的主要领导者列入刺杀黑名单，且最终成功暗杀了其党首。暗杀事件使民主党进一步推动与欧盟合作的政策就此搁浅，同时也反映出塞尔维亚社会族群民族主义的强大力量和对前南斯拉夫国际刑事法庭和欧盟的立场及态度。之后，该党的亲欧政策偏好也有所淡化，转向有限制支持的态度。

塞尔维亚民主党（DSS）是典型的亲俄派，且相对于其他政党的思想更加保守。该政党秉持传统道德价值，重视捍卫本民族的文化认同，提倡广泛对青少年开展爱国主义教育，保护斯拉夫文字，信仰东正教，长期与俄罗斯第一大党（统一俄罗斯党）保持着密切关系。最重要的是，该党将维护领土完整和主权作为其立党的基础和根本原则。需要说明的是，虽然该党是保守右翼政党，但最初对于欧洲化进程并不是完全抵制，承认塞尔维亚是欧洲国家，国家政策偏好应当以加入欧盟为主要导向，但前提是保障塞尔维亚国家领土的完整。然而，2007 年欧盟国家承认科索沃独立，这严重侵犯到该党的底线，自此塞尔维亚民主党对欧态度强硬，不仅中断了塞尔维亚的欧洲化进程，拒绝与前南国际刑事法庭合作，而且将所有凡是与入盟相关的行动都列为国家政策中的次要或不重要议程，并在公开场合向民众强调若是塞尔维亚加入欧盟将会对其可能带来的一系列负外部效应。

塞尔维亚进步党（SNS）成立于 2008 年 9 月，是由原来激进党中的温和派重组而成，其政策偏好温和，对欧态度从硬疑欧转向软疑欧。比如，尼科利奇和武契奇最初都是狂热的激进党，经常发表反欧盟言论，在重组中右翼进步党之后，在国内推进塞尔维亚军事中立、社会工作公平化，在国际采取大国平衡战略及务实主义原则，主张与欧盟、俄罗斯、中国、印度都保持良好的合作关系，极少在公开场合再发表反欧盟的言辞，并积极向欧盟示好，但依然坚持以不承认科索沃独立为前提，所以该党对进一步推动塞入欧进程并没有实质性的推动。同时，塞尔维亚进步党的这种温和政策，也导致其对各国政策偏好模糊不清，经常使自身陷入选举困境。

综上，塞尔维亚国内对欧盟的群体情感是较为单一。原因是欧盟要求塞尔维亚入盟必须要完成的两个条件，不管是承认科索沃的独立地位，还是与海牙国际刑事法庭合作引渡战争罪犯①，都是对整个塞族的污名化和公开处刑，这直接激起塞尔维亚普通民众和政治精英的受害者心理及对欧盟这个外部群体的历史怨恨感。所以，各政党对俄欧的政策偏好往往秉持一个原则，那就是维持现状，最好不要改变已经主导了二十年维持现状的政策偏好。正如贝尔格莱德政治学学院的杜桑·斯帕索耶维奇助理教授所指出的那样，塞尔维亚的对外政策偏好自 2000 年以来几乎没有发生实质性变化，因为有一种"主流"情感充斥并束缚着所有的政治决策者②。

值得注意的是，相较于精英们所引领的政治即时情感，国内积淀的政治基调情感在塞尔维亚国家对外政策偏好的影响更为显著。经调查，塞尔维亚民众对俄罗斯和普京几乎达到准宗教崇拜，截至 2019 年年初，约有 57% 的受访者信任普京，这与塞尔维亚现任总统武契奇的支持率相当③。武契奇虽然在 1990 年前后发迹于激进民族主义圈子，在 2010 年前后通过谴责前任自由派是非爱国的西方傀儡而上台执政。但令武契奇及其政府担心的是，俄罗斯和普京在塞尔维亚精英和广大民众中的巨大声望，使得塞尔维亚民族主义者的忠诚在普京和武契奇之间分裂，任何脱离俄罗斯的企图都有可能疏远其核心民族主义选民，迫使政府不敢尝试做出任何试图摆脱依赖俄罗斯的政治决定。同时，塞领导也担心俄罗斯可能取代塞尔维亚政府来引领和控制其国内的爱国主义者。比如，2019 年 1 月，反武契奇的德韦里领导人博什科·奥布拉多维奇（Boško

① 前南问题国际法庭是 1993 年由联合国设立的一个特设法庭，负责调查南斯拉夫解体期间犯下的战争罪行。欧盟将合作和遵守前南问题国际法庭作为西巴尔干国家加入谈判的先决条件。具体来说，它要求将嫌疑人逮捕并引渡到海牙。

② Vincent L. Morelli, Sarah E. Garding, "Serbia: Background and U. S. Relations", *Congressional Research Service*, 2018, pp. 1 – 17.

③ Novosti, "Research: Vučić Is the Most Popular Politician, Putin Has a Higher Trust Rating than Other World Leaders", (Jan 2019), http://www. novosti. rs/vesti/naslovna/politika/aktuelno. 289. html: 769462-Istrazivanje-Vucic-ubedljivo-najpopularniji-politicar-Putinu-najvise-poverenja-medju-svetskim-liderima.

Obradović）向普京政府发送了一封广为流传的公开信。奥布拉多维奇敦促普京撤回对现任塞尔维亚政府的支持，理由是指责武契奇政府准备通过让步科索沃独立来背叛塞尔维亚①。塞尔维亚议会的另一名成员，科索沃塞族社区的领导人物斯拉维沙·里斯蒂奇（Slaviša Ristić）发表了一封类似的信，警告普京要重视塞尔维亚领导人的险恶意图②。另一个反武契奇政府的亲俄组织是塞尔维亚军事联盟，该联盟由退伍军人和塞尔维亚武装部队的现役成员组成③。它的主要重点是争取更好的薪水，退休福利和军队的就业条件，但军事联盟具有政治性，它的领导层和许多普通成员都怀有激进的民族主义观点和强烈的亲俄情绪。据调查，德韦里和塞尔维亚军事联盟都与俄罗斯有直接联系。他们的代表经常在莫斯科受到国家杜马和外交部的接待。德韦里与执政党统一俄罗斯有正式的合作协议④，而军事工会则与俄罗斯退伍军人组织合作⑤。

二 塞对俄欧的群体间情感比较

塞尔维亚对俄欧的群际间情感对比既受其国内基调情感建构的影响，也受其所处的地区间安全结构与地区规范的影响。而且，民族国家间的情感比较，要么以受害心理视角，要么是以情感信任视角。其中，受害心理视角的主体可能是一方，也可能双方，且都强调自我价值，倾向于通过自下而上的努力实现自我提升或者要求加害者道歉以实现民族

---

① Obradović，"Obradović Warned Putin in a Letter：The Authorities Want to Exploit the Visit"，（Jan 2019），http：//rs. n1info. com/Vesti/a451582/Obradovic-u-pismu-upozorio-Putina. html.

② Vesti，"SNS：Ristić Threatens Vučić That He Will End Up Like Đinđić"，（Jun 2018），http：//rs. n1info. com/Vesti/a399761/Ristic-u-pismu-Putinu-Vucic-bi-mogao-da-zavrsi-kao-Djindjic. html.

③ Center for Euro-Atlantic Studies，"From Moscow Without Love"，（Mar 2019），https：// www. ceas-serbia. org/images/publikacije/CEAS_ From _ Moscow _ Without _ Love _ EN _ A4 _ WEB. pdf.

④ Russia Beyond，"Dveri-DSS：Our Policy Is Completely In Line With Putin's Policy"，（Apr 2016），https：//rs. rbth. com/politics/2016/04/22/nasa-politika-se-potpuno-podudara-sa-politikom-putina_ 587147.

⑤ Association of War Veterans，"State Duma Hosts Round Table for Russian and Serbian Veterans"，（Jan 2019），http：//mvdmos. ru/content/v-gosdume-proshyol-kruglyy-stol-s-uchastiem-russkih-i-serbskih-veteranov.

情感上的和解。但是，施害者的道歉必然是以可以获得回报为前提，且两者之间怀疑程度若较高，即使达成和解也可能会产生负面作用①。

(一) 塞尔维亚对俄罗斯亲密兄弟般情感

塞尔维亚与俄罗斯关系并不是一直处于稳定的友好关系，如 20 世纪 40 年代，苏联与南斯拉夫在意识形态上决裂，双方关系一度达到冰点。但是，自 2007 年之后，欧美国家纷纷承认科索沃独立②，这使得塞尔维亚急于恢复并加强与俄罗斯的亲密关系。塞尔维亚的官方叙述及历史教科书有意识地跳过铁托时期与斯大林之间的决裂，忽视 20 世纪 90 年代俄罗斯没有反对联合国制裁塞尔维亚（南斯拉夫）的不义之举，甚至连 1999 年北约轰炸南斯拉夫的原因也从未向塞尔维亚公众真正解释过。这种情感战略使得塞尔维亚对俄罗斯的依赖从过去的神话叙述变成了社会普遍接受的现实，使多数塞尔维亚民众错误地以为加强与俄罗斯亲密关系的原因在于双方的经济和能源关系。至于为何塞尔维亚如此重视科索沃，埃德蒙·伯克（Edmund Burke）称依恋故土乃是人类的动物性本能，这种对故土的情感认同，不仅仅是因为这片土地曾经为他们提供了衣食住行的物质来源，还主要在于它是维系塞族共同体的一个天然桥梁，是塞族精神文化的来源，如果这片土地独立出塞尔维亚共和国，那么塞尔维亚民族人民就失去了"道德之根"③。

塞尔维亚和俄罗斯之间外交活动主要集中在情感维系层面，很少在经济、军事等务实层面展开。塞俄之间主要通过四种情感战略使过去双方的神话变成社会普遍接受的事实，以此来推进塞俄关系，这四种战略有所重叠但各有侧重④：

---

① 陈丽颖：《情感性信任：国家间互信关系中的深度形式》，《学海》2017 年第 6 期。

② 对于塞族人视为民族和东正教摇篮的科索沃，在 2008 年 2 月 17 日科索沃发布独立宣言的次日，英法等欧洲国家就率先承认科索沃独立，严重伤害了塞尔维亚民众的自尊和骄傲。而截止到 2015 年 5 月，193 个联合国成员国中有 108 个已经承认科索沃的独立，其中只有俄罗斯以及其传统盟友印度、委内瑞拉、古巴、朝鲜等对其表示支持。

③ ［美］约瑟夫·拉彼德：《文化和认同：国际关系回归理论》，金烨译，浙江人民出版社 2003 年版，第 183 页。

④ Eleonora Tafuro Ambrosetti, "Russian Soft Power in the Balkans: A True Love Story", *ISPI*, 2019, p. 2.

一是通过自上而下的外交途径，2014 年 10 月，普京是塞尔维亚在贝尔格莱德纪念脱离纳粹 70 周年阅兵式上的主贵宾；2015 年 5 月 9 日尼科利奇亦是应邀参加莫斯科胜利阅兵式上欧盟成员国/候选国中唯一的领导人；俄罗斯任命的驻塞尔维亚大使科努津在公开言发言中的语气、表达方式和内容，多传递着强烈的保守主义和反西方色彩，经常被西方诟病其言行很难与外交官的角色相适应，抨击他"作为一名外交官，却从不隐瞒对他所在政府的批评，好像他认为自己比塞尔维亚大部分官员更了解塞尔维亚"①。除此之外，俄罗斯政府更是以前南法庭对塞族有偏见为理由，提出将其解散的意见，虽然这只是言语支持，但却让塞族人民深为感激。2018 年，谢尔盖与塔什维奇在两国外交关系 100周年日中联合发表声明表示："尊重彼此的选择和利益仍然是我们合作的显著特点，但俄塞皆反对'你要么支持我们，要么反对我们'的恶行，这已经导致欧洲大陆越来越不信任和不稳定。今天，我们面临着进一步探索俄塞伙伴关系真正无限潜力的任务。我们深信，我们具备解决这些任务所需的一切条件，其中最主要的就是双方百年来的友谊和信任"。②

二是通过宗教团结和民族完整等自下而上的历史叙述，来保持文化移情和两国间的持续信任。比如，俄罗斯的东正教会情绪化地将科索沃描绘成"塞尔维亚的摇篮""塞尔维亚的耶路撒冷"，俄罗斯有义务维护圣地③。俄罗斯自称是塞尔维亚的保护者，以此来保持两国之间的信任感。卡内基智库的学者保罗·斯特龙斯基和安妮·希姆斯说，"俄罗斯在整个巴尔干地区最大的成功是利用当地对西方挥之不去的不满，通

---

① Artem Patalakh, "Emotions and Identity as Foreign Policy Determinants: Serbian Approach to Relations with Russia", *Chinese Political Science Review*, Vol. 3, No. 4, 2018, pp. 495 – 528.

② Marko Kovačević, "Understanding the Marginality Constellations of Small States: Serbia, Croatia, and the Crisis of EU-Russia Relations", *Journal of Contemporary European Studies*, 2019.

③ Stefano Bianchini, *The EU in the Values and Expectations of Serbia: Challenges, Opportunities, and Confrontations, in: Civic and Uncivic Values. Serbia in the post-Milošević Era*, BUDAPEST-NEW YORK, CEU Press, 2011, p. 94.

过培养保守的东正教选区，并与极右翼民族主义团体找到共同点①。俄罗斯东正教（ROC）与塞尔维亚东正教之间亲密的日常关系通过种种迹象表明是相关的。如 2018 年 11 月，塞尔维亚教会的主教大会重申坚决反对在科索沃地位上做出任何让步，对该地区塞尔维亚圣地的安全表示特别关注②。随之，俄罗斯呼吁对科索沃的东正教遗产进行更好的国际保护，并拨款 200 万美元只为用于修复科索沃受损的东正教修道院，以此巩固俄罗斯和塞尔维亚东正教之间的亲和力。俄罗斯还帮助塞尔维亚最大的东正教大教堂圣萨瓦教堂完成了建设，且俄罗斯主教经常在塞尔维亚政治领导人访问俄罗斯期间接待他们，西里尔主教也定期访问塞尔维亚并会见塞尔维亚官员③。这使得俄罗斯东正教在塞尔维亚享有特殊权威。

三是俄罗斯通过人道主义援助来表达对塞尔维亚的重视。俄罗斯所谓的人道主义援助范围仅局限于塞尔维亚受到洪水或野火等自然灾害威胁，因为普通民众在灾区可以直观感受到诸多印有俄罗斯国旗、装满衣物、食品、能源发电机等设备，看到俄罗斯的直升机、吉普车和士兵帮助受害者转移至安全地区。即使 2012 年在尼斯镇建立的俄罗斯—塞尔维亚相互人道主义中心，也是为了满足塞尔维亚内政部和俄罗斯紧急情况部试图在那里驻军的需要。也就是说，俄罗斯除了提供形式上的支持外，并没有向塞尔维亚提供任何具体的经济支持。

四是塞尔维亚允许俄罗斯媒体对其境内进行极右观点传输。俄罗斯在对外情报局高级官员列奥尼德·雷舍特尼科夫（Leonid Reshetnikov）的领导，于 2013 年在贝尔格莱德设立了俄罗斯战略研究所和俄罗斯对

---

① Paul Stronski and Annie Himes, "Russia's Game in the Balkans", Carnegie Endowment for International Peace, (Feb 2019), https: //carnegieendowment. org/2019/02/06/russia-s-game-in-balkans-pub-78235.

② Serbian Orthodox Church, "Communique of the Holy Assembly of Bishops of the Serbian Orthodox Church on Kosovo and Metohija", (Nov 2019), http: //www. spc. rs/eng/communique_ holy _ assembly_ bishops_ serbian_ orthodox_ church_ kosovo_ and_ metohija.

③ Russian Orthodox Church, "Predsedatel' OVTSS Vstretilsyas Ministrom Inostrannykh Del Serbii I. Dachichem", [DECR chairman meets with minister of foreign affairs of Serbia I. Dačić], Mar 2016, http: //www. patriarchia. ru/db/text/4418558. html.

外合作署的分支机构，组建巴尔干问题专家协会，影响塞尔维亚决策者的偏好，并广泛使用俄罗斯或当地目标国家的信息设施不断传播"虚假叙述"，潜移默化影响相关政治团体和公民的舆论，以此达到对俄罗斯国内局势有利的特定效果。俄罗斯著名的卫星通讯社作为一个为俄罗斯而生的"纯俄罗斯血统"平台，于 2015 年 2 月为塞尔维亚推出了专门的门户网站（www. sputnik. rs），俄罗斯的各大新闻门户网站也纷纷创建塞族语言版本[①]。自此之后，越来越多的俄罗斯"文化"机构，在塞尔维亚设立了办事处，如"俄罗斯世界基金会"（Russkiy Mir）、戈尔恰科夫公共外交基金（Gorchakov Public Diplomacy Fund）、战略文化基金会（Strategic Culture Foundation）、国家荣耀中心（Centre of National Glory）、圣安德鲁基金会（Foundation of St. Andrew）和专门为塞尔维亚人设立的贝尔格莱德俄罗斯墓地基金（Fund for the Russian Necropolis in Belgrade）。除此外，一些非政府组织，如"扎维特尼基"（Zavetnici）和"奥布拉兹"（Obraz）也都与俄罗斯保持密切联系，这些基金会和非政府组织都具有极强的右翼偏见[②]。同时，据贝尔格莱德欧洲大西洋研究中心在 2016 年进行的一项研究显示，塞尔维亚有 110 多家注册的非政府组织、协会和媒体与俄罗斯有联系[③]。俄罗斯能建立这么多机构主要是塞尔维亚政府的默许，这种情感战略对塞尔维亚民众的影响非常明显。

经相关学者调研证明（如图 6 - 4 所示）：塞尔维亚民众认为对本国影响力分为积极的和消极的。其中，半数以上民众认为中俄对塞尔维亚的影响是积极的，欧美对其影响是消极的。也就是说，对于加入欧盟的前景，悲观者多于乐观者，绝大多数受访者支持塞尔维亚永远不会加入欧盟，只有十分之一的受访者认为塞尔维亚将在 3—5 年内加入欧盟。

---

① Marta Szpala, "Russia in Serbia-soft Power and Hard Interests", *Centre for Eastern Studies*, 2014, pp. 1 - 8.

② Eduard Abrahamyan, "Pax Russica in the Balkans: SerbiaBetween Myth and Reality", *E-International Relations*, 2015, pp. 1 - 14.

③ Center for Euro-Atlantic Studies, "Eyes Wide Shut", May 2016, https://www.ceas-serbia. org/en/ceas-publications/study-eyes-wide-shut.

值得注意的是，最不乐观的恰恰还是代表着未来的年轻人（18—29岁）、男性和受过高等教育的人。这也引起德国《明镜》杂志刊登了德国外交部对俄塞关系分析的摘要，严厉地谴责塞俄之间利用泛斯拉夫言论和国内群体情感来"实现"扩张主义政策①。

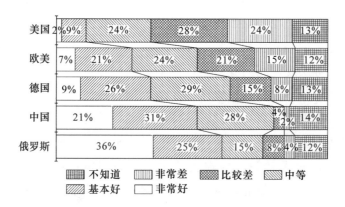

图6-4　塞尔维亚民众对发展与俄、中、德、欧盟、美国关系的态度

资料来源：Milos Popovic，"Serbia and Major Powers：Public Opinion on EU and Russian Influence"，*Belgrade Centre for Security Policy*，2017，pp. 1 - 24.

（二）塞尔维亚对欧美历史怨恨的建构

塞尔维亚对欧盟的历史怨恨情感，一方面来源于塞尔维亚政府选择性地强调欧盟与北约对塞尔维亚民众的排斥和打击，忽视塞族人自身曾经的暴行；另一方面源于欧盟虽然同样与俄罗斯一样关注群体情感战略，但却是采取谴责、侮辱的形式来试图维护欧盟内部对战争负面影响的厌恶，以此来维护其内部的团结。地位的逆转、遭受的苦难以及欧盟作为第三方经常谴责其为战争源头和发起者，导致塞尔维亚民族背负着深深的羞辱与历史怨恨感。

首先，塞尔维亚经常把欧盟描绘成一个"提款机"，而不是一个有助于给国家带来和平与繁荣的组织，并总是强调北约轰炸南联

---

① 　Putin，"Merkel Concerned about Russian Influence in the Balkans"，Srpski front，2014.

盟的具体细节及之后所受的羞辱。塞尔维亚强调北约共向南联盟的990多项基础设施发射了2300枚导弹和14000枚炸弹，摧毁了300多所学校和20家医院，40000多所民房被摧，90座历史建筑纪念碑被毁，直接导致88名儿童在内的2000多名平民丧生，数千人受伤，20多万塞族人被迫离开他们在科索沃的家园①。袭击发生后，米洛舍维奇总统在绝对的军事力量悬殊之下被迫于1999年6月9日通过签订《库马诺沃协定》（The Kumanovo Agreement）来结束这场战争。该协议规定北约驻科索沃部队停止对南联盟敌对行动；要求南联盟部队分阶段撤出科索沃，并清除通信线路上设置的地雷及诱杀装置；科索沃解放军解散，其成员重新组建为民族解放军、阿尔巴尼亚共和国国民军和科索沃警察部队。同时，联合国安理会于次日通过第1244号决议，并在决议中第1条规定：将科索沃置于联合国管理之下、授权北约维和部队在科索沃的存在、难民返回家园以及继续努力为科索沃建立自治，把人民的意愿作为谈判进程中的主要工具。但是，塞尔维亚却从未向国内民众解释过在1997年的科索沃战争中，塞尔维亚总统米洛舍维奇在成功竞选南联盟主席后，直接控制了军队来对付科索沃的分离主义者，塞族人大规模驱逐科索沃的阿尔巴尼亚人，造成1500—2000名科索沃解放军战士和平民死亡。

其次，欧盟对塞尔维亚的情感策略是通过谴责其战争罪行、文明程度等羞辱方式，敦促其进行西方民主化进程。欧盟谴责20世纪90年代发生在中东欧的一系列战争，塞族人是主要的发起者，尤其是塞尔维亚人和波斯尼亚人于1992年爆发了第二次世界大战以来欧洲最具破坏性的冲突，塞族为脱离波黑独立，在卡拉季奇的领导下对波斯尼亚穆斯林进行大规模屠杀。据欧盟统计，这次冲突造成死亡总人数约为11万人，难民人数超过220万人，截止到1995年7月12日，仅在斯雷布雷尼察

———————————————

① Amnesty International, "Serbia: Human Rights Defenders at Risk", (Sep 2009), https://www.amnesty.org/en/documents/EUR70/014/2009/en/.

一个城市，就有 8000 多名波斯尼亚人丧生[①]，几十万移民和难民通过巴尔干路线进入欧盟。许多欧洲国家和国际组织称这场悲剧为种族灭绝：2007 年 1 月，国际法庭将塞尔维亚人的行为定为"种族灭绝罪"，欧洲议会亦在 2009 年 1 月宣布 7 月 11 日为"斯雷布雷尼察种族灭绝纪念日"[②]，指出这样大规模的屠杀发生在欧盟的候选国中，不仅会损害欧洲的声誉，也会损害世界主要大国和国际组织的声誉。2015 年 7 月 8 日，联合国安理会审议了英国起草的关于斯雷布雷尼察的决议草案，商讨将此次大屠杀确定为种族灭绝行为[③]。同时，欧盟还一直大肆宣传并谴责塞尔维亚在 2008 年 2 月科索沃独立之前，阿尔巴尼亚族和塞尔维亚族之间发生了多年的谋杀、威胁、纵火焚烧农作物等暴力活动。据联合国难民署统计，仅 1998—1999 年，塞尔维亚政府的种族清洗政策导致大约 12000 名阿尔巴尼亚人死亡，80 多万人流离失所。其中，战争罪犯拉特科·姆拉迪奇等人更是用铁链将 300 多名联合国维和人员拴在桥梁和公共建筑上，欧盟要求将这些种族清洗活动中的罪犯押解到前南问题国际法庭接受战争审判，并将此作为塞尔维亚入盟的先决条件之一。同时，塞尔维亚民众被西方媒体、期刊和政府尖锐地描绘成国际阴谋的策划者、国内经济持续不景气的贫困者、无法接受"大塞尔维亚"项目的失败的落魄者，希望他们能与国际接轨，实现经济自由。但是，这反而刺痛塞族的骄傲感，激起了他们的羞耻感，更是加深了对欧洲国家的愤怒和怨恨感。安东尼·史密斯进一步指出，在西方的政治传统中，国家是"公民"民族模式，是"利维坦"式的存在，公民一直在试图将国家的权力限制在社会力量的监督之下。因此，西方一直将塞尔

---

① UNSCR, "International Criminal Tribunal for the Former Yugoslavia, Security Council Resolution 1966", (Dec 2010), https：//www. globalpolicy. org/images/pdfs/sc_ res1966_ residual-mechanism_ en. pdf.

② European Parliament, "20 Years After the Srebrenica Genocide：Parliament Says Never Again", (Jul 2015), http：//www. europarl. europa. eu/news/en/news-room/20150708IPR78763/20-years-after-the-srebrenica-genocide-parliament-says-never-again.

③ Ana Milošević, Heleen Touquet, "Unintended Consequences：the EU Memory Framework and the Politics of Memory in Serbia and Croatia", *South East European and Black Sea Studies*, 2018, pp. 1 - 12.

维亚视为发展不充分、落后的专制国家。但是，在塞尔维亚的政治传统中，国家是由外力催生的"族群"民族模式，是文化发展的有机形式，国家和社会不存在对立，国家反映着整个社会的意志①。前者强调政治认同，后者强调文化认同，而欧盟忽视这种差别，在塞尔维亚转型的过程中，忽视其历史传统和文化特点，一味进行羞辱谴责，最终将其推向俄罗斯的怀抱②。

最后，塞尔维亚和欧盟都是以受害者心理看待对方。一方面塞尔维亚自认为对欧洲价值观的贡献远远超过克罗地亚、德国、意大利、奥地利等国，而这些真正犯下罪行的人，在第二次世界大战后却立即建立起一个新的欧洲。对此，伊维卡·达契奇称："塞尔维亚有权获得一个新的机会，我们不仅不应忘记，而且我们必须不断强调我们所作的牺牲，因为我们的受害者身份被忘记了，因为历史被歪曲了。"③ 为改善此种情况，塞尔维亚于2011年申请加入国际大屠杀纪念联盟，塞尔维亚代表团参加奥地利毛瑟乌森集中营解放纪念活动，指出那里也有许多南斯拉夫人被监禁和杀害。同年，塞尔维亚将4月22日定为第二次世界大战大屠杀、种族灭绝和其他法西斯罪行受害者的纪念日，因为这一天标志着囚犯们从尤斯塔沙集中营（Donja Gradina）中越狱。塞尔维亚亦参加地方级的活动，如参加犹太社区组织将前集中营"Staro Sajmište"改建为纪念大屠杀公园的活动。塞尔维亚政府与犹太市政委员会（Savez jevrejskih opština、Yad Vashem）、世界大屠杀中心（Simon Wiesenthal）都保持密切合作。自2014年开始与欧盟开展入盟谈判后，历届政府更是频繁强调其对反法西斯斗争的贡献，以此证明其欧洲身份以及反法西斯和自由亦是塞尔维亚的基本精神价值观。2016年10月，塞尔维亚在

---

① ［英］安东尼·D. 史密斯：《全球化时代的民族与民族主义》，龚维斌译，中央编译出版社2002年版，第65页；Smith D. Anthony, *National Identity*, University of Nevada Press, 1991.

② ［俄］弗兰克：《社会的精神基础》，王永译，生活·读书·新知三联书店2003年版，第178页。

③ Ana Milošević, "Remembering the Present: Dealing With the Memories of Terrorism in Europe", *Journal of Terrorism Research*, Vol. 8, No. 2, 2017, pp. 44–61.

首都贝尔格莱德市组织解放周年庆祝活动。对于这次活动，市议会官员明确指出，为了防止历史修正主义，有必要举行这样的庆祝活动，我们不允许他国擅自修改历史，否则一些法西斯思想现在正以另一种形式存在，对我们社会稳定构成永久威胁。2017 年，塞尔维亚总理阿列克桑达尔·武契奇和斯普斯卡共和国总统米洛拉德·多迪克都参加了在多尼亚格拉迪纳举行的纪念活动。武契奇依旧强调纪念塞族人在第二次世界大战中的牺牲和受害者身份在塞尔维亚集体记忆中的重要性。塞尔维亚民众否认知道暴行、否认对暴行负责、否认事件被解释为暴行、否认暴力事件发生、更是努力为自己争取受害者的地位。所以，一个社会中大量的人将自己集体视为"受害者"，那么那些批评他们犯罪的人就是假原告、伪君子、真正的恶棍。这反过来又助长了集体民族团结的情感，一种强烈的防御性民族主义。这也是为何塞欧在签署《稳定与结盟协定》支持率时，不仅没有提升反而降低的主要原因之一，其间也只有当欧盟给予其签证自由化时，支持率才暂时性有所上升，随后便大幅度下降。据调查，当前塞尔维亚民众普遍认为入盟的好处主要在于可以增加就业机会和改善生活质量，可塞尔维亚民众更担忧入盟会丧失塞尔维亚的民族和文化特性，塞语也很可能逐渐被英语所取代，目前更有部分人认为欧盟没有未来，何时解散只是时间问题，尤其是欧元危机与英国脱欧加深了这种看法。这也直接体现在塞尔维亚欧洲一体化办公室自2006 年便对于塞尔维亚民众对于入欧举行的民意调查中，该调查每六个月收集一次数据，每年定期发布报告，为欧盟对塞的评估提供了重要的参考和指导。根据这些报告可知，一体化进程中取得的进展对获得塞尔维亚民众的支持几乎没有任何助益，只有获得切身实质的利益时方有所提升。这可以说是塞尔维亚是将口袋伸向欧盟，心在俄罗斯的真实写照。

另一方面，欧盟也认为自己在两次世界大战中处于受害者地位，指出战争的根源与施害者是各地掀起反帝国主义的民族主义运动，将谴责共产主义、纳粹主义和法西斯主义定为国际社会的"道德义务"，这是欧洲人民党、自由党和社会民主党达成的共识①。欧洲议会还提出，欧洲只有"对上个世纪的所有极权主义罪行领导进行一场诚实和彻底的辩论，并对其遗留问题采取明确立场，才能使欧洲各国人民之间的和解之路得以实现"②。也就是说，两次世界大战的惨痛经历和大屠杀记忆是战后欧洲最初合作的基石，因此欧盟的创建目标有二：一是通过经济一体化来弥合被战争撕裂的欧洲地区，防止德国纳粹主义重新武装再次掀起世界大战，该目标显然已经实现；二是试图在成员国层面削弱国家认同感，培养"后国家"的欧洲意识，以此作为 20 世纪上半叶"侵略性民族主义"的解毒剂③。然而，事实上，欧盟并没有投入太多精力去建立一种单一的欧洲公民身份，欧盟公民身份的规则仍然是各成员国的职责范围。即使是欧盟内部最强大的机构——欧盟委员会，也只是一个未经选举产生的技术官僚机构，只能通过代表各成员国的部长会议间接地对人民负责。直接选举产生的欧洲议会的权力相当有限，未能产生显著的选民投票率或热情。因为欧洲公民深知他们所投的重要选票仍然是成员国一级的，他们的主要精力和情感依恋应该集中在那里。尤其是在缺乏优秀领导人和共同敌人的当代，成员国经常将欧盟作为实现其利益的工具，在各种领域的问题不断地转换身份，唯独对欧盟身份缺乏固定性④。简言之，欧盟以受害者心理羞辱谴责塞尔维亚等中东欧国家，站在道德的制高点试图来促进他们进行西方民主化转型，却忽视了塞尔维亚也处于受害者心理，面对这种羞辱谴责以及身份转化的要求，必然降低其入盟的热情，再加之当前欧盟深陷自我身份危机之中，塞尔维亚的欧洲化进程必然一波三折。

值得注意的是，中东欧成为第二次世界大战后局部冲突与战争的高

---

① Denis de Rougemont, "Ever Closer Union?", *Britannica*, 2001, p. 56.

② Ana Milošević, Heleen Touquet, "Unintended Consequences: the EU Memory Framework and the Politics of Memory in Serbia and Croatia", *Southeast European and Black Sea Studies*, 2018, pp. 1–12.

③ Ana Milošević, Heleen Touquet, "Unintended Consequences: the EU Memory Framework and the Politics of Memory in Serbia and Croatia", *Southeast European and Black Sea Studies*, 2018, pp. 1–12.

④ Montserrat Guibernau, "The Birth of a United Europe: on Why the EU Has Generated a 'Non-emotional' Identity", *Nations and Nationalism*, Vol. 17, No. 2, 2011, pp. 302–315.

频爆发点，为何塞尔维亚每次在其中都是参与国及主要发起国，进而被欧盟羞辱谴责呢？关于该问题，一般有四种解释：一是经济发展论。詹姆斯·费伦（James D. Fearon）与大卫·莱廷（David D. Laitin）通过数据统计得出贫穷的国家发生冲突的频率要远远高于发达国家①。唐纳德·霍洛维茨（Donald L. Horowitz）亦提出该地区局部战争可能是族群间经济的相对剥夺感所导致的②。但是，该结论缺乏明确的因果关系，因为中东欧很多国家都不属于欠发达国家，且经济发展水平差异不大，何况塞尔维亚还是该地区的巴尔干之虎，经济水平并不是很低，也没有把经济歧视作为发起战争的理由，根据该观点无法解释其为何频繁挑起和参与战争。二是资源争夺论。该观点认为可掠夺的资源及丰富的储存资源是国家间冲突的诱发原因。但是，中东欧地区自然矿产资源并不丰富，塞尔维亚是一个以农副产品为主的国家，所以，资源争夺亦是国家间冲突的充分非必要条件。三是民主和平论。非民主的政体要比民主政体的国家更易发生冲突。事实证明，民主政体的发达国家之间发生冲突的频率亦不低。四是历史冲突和群体情感论。该观点认为如果一个国家在历史上曾与几个国家都发生过激烈的军事冲突，那么该国家的政治精英及普通民众必会对其产生根深蒂固的不信任感与恐惧感，这不仅会对该国的策略选择与行动偏好产生推动作用，也会引发或加剧国家间的冲突的。纵观波黑战争、波斯尼亚战争、科索沃战争几场战争，皆不是基于要改变现状的需要，而是来源于国家间的不信任与民众的不安全感③。比较这些原因，进一步凸显出群体情感在国家对外政策偏好中所发挥中介作用的重要性。

---

① James D. Fearon, David D. Laitin, "Ethnicity, Insurgency, and Civil War", *American Political Science Review*, Vol. 97, No. 1, 2003, pp. 75 – 90.

② Donald L. Horowitz, *Ethnic Groups in Conflict*, Berkeley：University of California Press, 1985, p. 19.

③ 纪云良、张敦伟：《国家转型背景下的地区秩序重塑：以高加索地区中的战争为例》，《国外社会科学前沿》2019 年第 9 期。

第七章　结论与反思

子曰："学而不思则罔，思而不学则殆。"

——《论语·为政》

该章节主要分为三个部分，一是再次回应一些质疑研究群体情感的言论，以此为本书的立意做出总结；二是补充说明本书的研究能够为中国的情感外交提供的学术意义和实践价值；三是对本书未来研究的空间提出进一步的思考。

第一节　对群体情感研究质疑的回应

本书在构建新的理论框架中融入了传统国际关系理论不太重视的群体情感因子，目前学界有些许学者质疑群体情感研究由于无法被量化而缺乏科学性。对此，本书在第二章的正文中已经论证了国家作为一个群体，兼具情感和理性，既追求客观利益也重视主观利益，群体情感在国家对外政策偏好形成和转变的每一个阶段皆不同程度的发挥着中介作用。在此，笔者借助知名学者白鲁询的观点再次回应，社会科学对"科学"的概念认知不应当持守旧态度，应当勇于以多维的视角去分析和探讨。科学本就来源于人类的想象力，从伽利略到达尔文、从爱因斯坦到亚当·斯密、从马克思到韦伯，莫不如此，学者们要做的是如何以真正相关的事实来检验真正具有想象力的理论①。如无政府状态、利益、权力、意识形态、政治文化……等诸多国际关系专业术语最初皆是无法被测量的要素，但最终经过国际关系史的检验成为国家关系理论的核心内核。也就是说，测量群体情感固然困难，但不应该就此将其放弃。否则就如麦金德所言，"科学知识本就是一体的，过往我们将其分成不同的学科或者舍弃某些要件，只是屈从了人类的软弱而已"。②另外，通过整理近年来国家社会科学基金立项项目，可以发现，公共情感（新闻传播学）、情感传译（语言学）、情感文学（文学）、情感素质/教育（教育学）、情感人类（社会学）、情感伦理/思想（哲学）、城市情感（管理学）、情感体验（图书馆学）等主题词在不同学科皆受到重视，但关注政治情感的课题仍然是凤毛麟角。也就是说，同是作为社会科学，政治学及其二级学科国际政治学在与心理学的交叉上略显滞后。本书可以说是抛砖引玉，不仅顺应当前中国自然/社会科学提出鼓励跨学科发展的倡议，而且也契合追求科学整体性的诉求。

具体来说，自然界的各种现象之间本来就是一个相互联系的有机整体，人类社会也是自然界的一部分，人类对于自然界的认识所形成的科学知识体系也应该具有整体化的特征，即每个学科的知识都有其本质逻辑，表象虽然不同，但本质都是相通的。在近代科学时期，人类利用先进的技术得以对自然界进行系统的观察、精密的实验，并初步建立起严密的逻辑体系，自此科学开始分化，形成了相当精细的专门学科。学科分类将科学研究者根据专业进行分类，这虽然有助于学者更为术业有专攻地深入钻研某一具体领域，但是，这种分化一方面脱离了自然界综合的抽象，不足以真正认识自然现象的全部内在联系，自然界现象复杂、多样，仅从一种视角研究事物，必然具有很大的局限性，不可能揭示其本质，也不可能深刻地认识其全部规律。另一方面把人的思维限定在较

---

① Lucian W. Pye, *The Mandarin and the Cadre：China's Political Cultures*, Ann Arbor：University of Michigan Press, 1988, p. 12.

② ［美］戴维·迈尔斯：《社会心理学》，侯玉波等译，人民邮电出版社2012年版，第7页。

小的一个领域范围中，让跨界思考显得较为难以实现甚至有些高深，即俗话所说的，隔行如隔山。同时，某一学科一旦故步自封，必将陷入无问题可研究的领域，难以创新前进。伟大的数学家希尔伯特就指出："只要一门科学分支能够提出大量问题，它就充满着生命力，而问题缺乏则预示着独立发展的衰亡或中止。"因此，唯有从多视角，采取交叉思维的方式，进行跨学科研究，才可能形成正确完整的认识。在现代科学时期，科学的发展把分化与综合紧密地联系起来，把人为分解的各个环节重新整合起来。跨学科研究成为科学新的生长点、新的科学前沿，如边缘科学、横断科学、综合科学和软科学等，消除了各学科之间的脱节现象，填补了各门学科之间边缘地带的空白，综合运用多种学科的理论和方法研究复杂的客体，有利于解决人类面临的重大复杂科学问题、社会问题和全球性问题。著名物理学家海森伯认为："在人类思想史上，重大成果的发现常常发生在两条不同的思维路线的交叉点上。"量子论的创始人曼克斯·普朗克（Max Planck）也深刻地认识道："科学是内在的整体，被分解为单独的部门不是取决于事物的本质，而是取决于人类认识能力的局限性。实际上存在着由物理学到化学、通过生物学和人类学到社会科学的链条，这是一个任何一处都不能被打断的链条。"① 诺贝尔基金会主席在颁奖致词中同样说："从近几年诺贝尔奖获得者的人选可明显看到，物理学和化学之间，旧的学术界限已在不同的方面被突破。它们不仅相互交叉，而且形成了没有鲜明界限的连续区，甚至在生物学和医学等其他学科，也发生了同样的关系。"

　　在社会科学发展中，人类需要面对诸如人口、食物、能源、生态、环境、健康等复杂问题，这仅靠任何单一门学科或一大门类科学都不能有效地解决，而唯有跨学科研究最有可能解决。一个国家的发展战略、总方针、总政策的制定，有关政治、军事和经济等重大决策，都需要综合性的知识，甚至要遍及所有学科的系统性知识。若只靠经验性的和局

---

① ［美］美国科学院研究理事会：《知识、技术和社会的会聚：超越纳米、生物、信息和认识技术的会聚》，王小理、熊燕、于建荣译，科学出版社2013年版。

部的知识，就断定是理性的边界，那只能是一种随机理性或盲目理性，由此而来的政策后果往往与预期相反。尤其是中国近代自然和社会科学主要从西方输入，虽然经历二三百年的发展已进入现代科学时期，但仍比较落后。要加速中国科学的发展，必然要从社会环境和文化背景上进行反思，以改变学科分隔的陈旧观念、思维方式和价值观念，积极鼓励学科间交叉和交叉科学的发展。所以，善于和勇于提出科学问题，用科学批判和理性质疑的科学精神去审视旧的科学问题，充分发挥创新性的想象力去提出新的科学问题，尤其是提出大跨度、综合而复杂的重大交叉科学难题就显得更有意义了。

第二节　塞尔维亚的俄欧政策偏好差异
对中塞情感外交的启示

　　欧盟长期以来吸纳中东欧国家入盟的政策非常明晰，即"胡萝卜加大棒"，唯一的变化可能就是调整胡萝卜和大棒各自所占的比重，即该政策不过是反复的囚徒困境博弈。事实上，塞尔维亚可能比欧盟更加了解这一简单明晰的政策，并为之制定了更为复杂的战略，即将群体情感纳入了博弈之中并加以控制。简言之，塞尔维亚固然被入盟的经济利益所吸引，但是在不对称权力之下为谋取更多的收益，利用情感来改变角色的设置，重塑偏好，改变规则。所以，罗杰·彼得森警示欧盟，其政策重点不应放在校准胡萝卜和大棒的比例上，而应放在如何平衡其自身的理性博弈与对方的情感挑衅上①。

　　这对中国与塞尔维亚的合作具有很好的借鉴意义。中国与塞尔维亚在 20 世纪末基于西方对两国的批评指责和制裁施压走在一起，旨在共同对抗西方支持香港、台湾和科索沃的独立。在科索沃危机期间，中国毫不犹豫地声援塞尔维亚政权，在外交上反对北约 1999 年轰炸科索沃，

---

① Roger D. Petersen, *Western Intervention in the Balkans: The Strategic Use of Emotion in Conflict*, Cambridge University Press, 2012, p. 3.

表示轰炸塞尔维亚军事目标没有法律依据。2000 年，面对西方对塞尔维亚的孤立和制裁，中国站在塞尔维亚一边，为其提供资金防止其国家金融崩溃。尤其是 2008 年全球金融危机爆发之后，欧美转移对巴尔干地区的注意力，塞尔维亚趁此加快了国际关系多元化进程，进一步加强与中国的合作关系。两国在 2009 年宣布建立战略伙伴关系，签署经济技术合作和基础设施建设协议，2016 年 6 月与塞尔维亚共同签署《中塞关于建立全面战略伙伴关系的联合声明》，以此巩固两国全天候友谊，全面深化各领域互利合作。

在经贸方面，中塞两国贸易额正逐年快速增长。数据显示，2005—2019 年中国在塞尔维亚投资约 100 亿美元。2020 年，两国克服新冠疫情影响，贸易额逆势上涨，据中国海关统计，双边贸易额达 21.2 亿美元，较上年增长 52.3%，创历史新高，中国成为塞尔维亚第三大贸易伙伴，第二大进口来源国。到 2021 年年底，中国投资超过 20 亿欧元，而中国基础设施贷款超过 80 亿欧元。在基础设施方面，2021 年 3 月，匈塞铁路贝尔格莱德—旧帕佐瓦段左线已顺利完工通车，作为中欧陆海快线的重要一环，项目全部建成后将成为东南欧互联互通的交通动脉，也将为中欧货物往来提供新通道。2022 年 7 月，塞尔维亚成为本地区首个同中国开通直航的国家。中国对塞尔维亚的经济意义，以至于对塞尔维亚领导人来说，与中国的合作是选举宣传的理想工具，他们将中国的项目和投资作为支持遭受高失业率和落后的基础设施和工业化困扰的经济手段。在疫情防控方面，全球性新冠肺炎疫情在塞尔维亚暴发后，首批外国援助医疗物资就是来自中国。中国派出的抗疫医疗专家组在塞停留近 3 个月，为塞抗疫工作带来了中国经验，坚定了塞方战胜疫情的信心，取得了良好的效果。驻塞中资企业也承担起了社会责任，自发组织捐款捐物，中国国家铁路集团组织中欧班列将防疫物资从武汉运抵贝尔格莱德，紫金铜业公司出资帮助建立塞南部区域最先进的医学实验室——"火眼实验室"。在政治方面，塞尔维亚一直专注于与中国的军事和安全合作，签订了诸多购买和组装多架中国无人机的合同，中国还在贝尔格莱德建设了许多监控基础设施，助其打造一座"安全城市"，在 800 个地点部署了 1000 个用于面部识别的摄像头。

　　但是，中国要重视警惕西方国家和塞尔维亚反对派的无端谴责。美国驻塞尔维亚大使克里斯托弗·希尔称中塞的合作项目，是"非常复杂的，涉及中国如何签订协议，如何实施建设，东道国所得是否与其付出相称，此前在非洲亦存在上述问题，塞尔维亚应该注意这一点"①。他还指责中国和塞尔维亚之间的许多建筑交易缺乏透明度。即中国与塞尔维亚的经济在数量和质量上存在巨大差距，西方国家习惯性地以他们的殖民思路来质疑中塞两国双边伙伴关系的有效性。反对派政治人物马里尼卡·特皮克声亦称，"根据两国政府之间的双边协议，中国企业像北极熊一样受到保护，同时塞尔维亚法律因为不断为中国企业投资创造例外条款而不断增加漏洞，削弱了有关竞争、信息获取和环境保护的法规"。塞尔维亚还有声音表示，中国在其境内建造高铁站，中方委托项目中的大部分任务交给了中国工人，这将加剧塞尔维亚的失业率。更危险的是，他们称中国的一些经济项目对环境非常有害，是在以牺牲环境安全和公共健康来促进经济增长，这有可能使塞尔维亚成为欧洲地区由于污染而死亡率最高的国家。塞尔维亚生态科学家曾警告，中国公司在塞尔维亚经营的燃煤电厂不符合温室气体排放的国际标准。这引起塞尔维亚反对者爆发了抗议，反对中国在其城市中建设钢铁厂②。

　　更重要的是，在这些谴责声中中国并不是获得绝对收益最多的那一方，甚至还会损害与周边国家的关系。如在中塞经贸往来结构上，截至2021 年年底，塞尔维亚对中国的出口在过去五年中增长了 15 倍，达到3.77 亿美元，但中国仅占塞尔维亚出口收入的不到 2%，而占整个塞尔维亚国家逆差的 43%。在军事安全上，塞尔维亚为尽可能小的降低欧美国对其制裁的可能性，于 2019 年 12 月增加从中国采购武器的合同。塞尔维亚国防部 2019 年发表的一份军事报告显示，2008—2018 年，美

---

　　① 田一澍：《美国驻塞尔维亚大使妄议中塞合作，中国外交官驳斥》，http：//www. guancha. cn/internation/2022－06－13_ 644296. shtml，2022 年 6 月 13 日。

　　② 明日科学：《塞尔维亚人抗议理矿开采和其它生态问题》，http：//www. fjwfyy. com/news/show－14041. html，2021 年 9 月 13 日。

国是对塞尔维亚最大的军事援助国，其次是中国、挪威、丹麦和英国。尽管中俄关系密切，但从长远来看，塞尔维亚与中国的经济和军事合作有可能会削弱俄罗斯在塞尔维亚的影响力，进而影响中俄关系①。

所以，中国要谨慎处理与塞尔维亚的合作关系，明晰自身的战略定位，对塞尔维亚政策亦很明晰，即将其作为推行一带一路的重要节点，目的在于各自发挥自身的优势和资源禀赋，共同发展。不可与俄罗斯和欧盟在巴尔干地区上进行无谓竞赛，否则会使塞尔维亚等中东欧国家表面处于被动无奈的选择，实际上却打着与中俄的情感策略，获得多方的经济收益，如此将不仅掣肘中国一带一路的推进，还会使中国真正陷入修昔底德陷阱的旋涡。再者，国家之间的情感亲疏关系往往被视为双方政治互信水平的代表，这就很容易被第三方对此产生错误的感知，尤其是中国与周边国家以及中东欧等国之间存在着综合实力的非对称性差距，中国的情感投入往往会被他国所夸大，以此被部分国家强行利用来对中国施加国际责任压力，透支中国的战略成本。

第三节　对外政策偏好中群体情感的发展趋势

加强群体间积极情感的研究是未来国际关系学界的应有之义。当前学界对群体情感的研究较多地侧重于消极情感的作用，本书虽兼顾讨论了塞俄之间的积极情感，但其更多是群际间比较出的结果。正如理查德·桑内特曾经过大量调查实现发现，不管在国内政治还是国际政治中，真正能够引起国家和民众兴趣的其实是差异，人们往往会去强调并夸大那些细微的差异，并构成他们之间产生冷淡和敌对的情感基础②。换句话说，人们往往不明确自己喜欢什么，但很明确自己不喜欢什么。但是必须明晰的是，差异是群体之间的常态，差异本身并不必然会造成

---

① 梅尔瓦特·乌夫：《中国与俄罗斯在塞尔维亚的竞争　北京为何寻求进入巴尔干半岛?》，https://chinese.aljazeera.net/opinions/long-reads/2022/4/4/，2022 年 4 月 4 日。

② 梁雪村：《民族国家的"错觉"：差异与认同》，《中央社会主义学院学报》2019 年第2 期。

群体间的对立，往往是某些积蓄已久的不宽容群体事先划定了界限，引领其成员注意到或创造差异。因此，国家群体之间执念于消除内部的差异是无济于事，重点应放在如何避免将差异过度的政治化。国际关系的核心内容是冲突与合作，消极情感蕴含在冲突中，但不能忽视国际合作才是未来国际潮流发展的趋势，要注重对积极情感的研究。情感信任是提升两国友好关系的主要战略手段，若是两国可以搭建起情感信任的桥梁，不仅作为改善两国关系陷入低点时的突破口，还可以获得远超一时一地的利益计算。具体来说，纳德勒、马尔洛伊和费舍尔等学者提出修复群体间关系破裂可以通过三种途径来推进，分别是群体间信任、认知移情以及对增强群体外人性的感知[1]。其中，群体间信任，尤其是在敌对的群体间环境中，是克服外部群体对内部群体有消极意图的主要手段，当敌对团体之间发生频繁的、高质量的接触时，无论这种接触是否直接或间接的方式皆有可能促进群体间信任的发展[2]；认知移情和对外部群体人性的感知，主要是建议群际间彼此能够理解对方的受害者心理，打破刻板印象的桎梏，尤其是具有暴力互动历史的群体之间更要减少对对方持续性攻击。需要注意的是，从理论层面而言，上述途径是有针对性且有效的，但从现实操作上看，大多数冲突就在于无法实现此建议。故而就需将这些建议还原至加强国家间的沟通、协商等常规手段中，并注重在这些沟通和协商中群体情感的战略性应用，这是接下来对国家政策建议中需要进一步强调的。

尽管本书在很大程度上对群体情感在各国对外政策偏好的中介作用进行了论证说明，也以塞尔维亚为典型案例进行了检验，但是该理论假设的具体的适用范围还需进一步探讨。比如，对所有国家的对外政策偏好而言，群体情感所占的比重究竟几何？是否所有的国家都天然的在三

---

① Nicole Harth, Nurit Shnabel, "Third-party Intervention in Intergroup Reconciliation: The Role of Neutrality and Common Identity with the Other Conflict Party", *Group Processes & Intergroup Relations*, 2015, p. 56.

② Blake M. Riek, Eric W. Mania, Samuel L. Gaertne, "Does a Common Ingroup Identity Reduce Intergroup Threat?", *Group Processes & Intergroup Relations*, 2010, p. 88.

方群际间比较中存在截然不同的情感效价？面对纷繁复杂的国际关系和社会现实，本书还无法就此给出确定性的答案。对于该不足之处，虽然可以辩称任何理论都不可能穷尽所有的经验现象，即使当个别的、偶然的事实对本书理论假设进行证伪时，依然可以将其视为"变异"或"反常"现象来对待，但又会衍生出新的问题，就是到底什么情况下以及为何会产生"变异"或"反常"现象呢？这些都将是笔者未来需要面对并进一步探索的问题。

参考文献

一　中文文献

（一）中文译著

[美] 阿尔蒙德、小鲍威尔:《当代比较政治学——世界展望》,商务印书馆 1993 年版。

[美] 阿诺德·沃尔弗斯:《纷争与协作:国际政治论集》,于铁军译,世界知识出版社 2006 年版。

[英] 埃里克·琼斯:《欧洲奇迹:欧亚史中的环境、经济和地缘政治(第三版)》,陈小白译,华夏出版社 2015 年版。

[英] 爱德华·卡尔:《20 年危机(1919—1939):国际关系研究导论》,秦亚青译,世界知识出版社 2005 年版。

[英] 安东尼·D. 史密斯:《全球化时代的民族与民族主义》,龚维斌译,中央编译出版社 2002 年版。

[美] 安东尼·唐斯:《民主的经济理论》,姚洋、邢予青、赖平耀译,上海人民出版社 2005 年版。

[法] 昂惹勒·克勒默－马里埃蒂:《实证主义》,管震湖译,商务印书馆 2001 年版。

[英] 巴里·布赞、琳娜·汉森:《国际安全研究的演化》,余潇枫译,浙江大学出版社 2011 年版。

[意] 贝奈戴托·克罗齐:《历史学的理论和实际》,傅任敢译,商务印书馆 1982 年版。

［美］本尼迪克特·安德森：《想象的共同体：民族主义的起源与散布》，吴叡人译，上海人民出版社 2003 年版。

［美］彼得·卡赞斯坦：《世界政治理论的探索与争鸣》，秦亚青等译，上海人民出版社 2006 年版。

［美］加布里埃·阿尔蒙德、西德尼·维巴：《公民文化》，张明澍译，商务印书馆 2014 年版。

［英］大卫·休谟：《人性论》，关文运译，商务印书馆 1996 年版。

［美］戴维·迈尔斯：《社会心理学》，侯玉波等译，人民邮电出版社 2012 年版。

［美］丹尼尔·卡尼曼：《思考，快与慢》，胡晓姣等译，中信出版社 2012 年版。

［法］多米尼克·莫伊西：《情感地缘政治学——恐惧、羞辱与希望的文化如何重塑我们的世界》，姚芸竹译，新华出版社 2010 年版。

［美］希尔斯曼：《防务与外交决策中的政治：概念模式与官僚政治》，曹大鹏译，商务印书馆 2000 年版。

［德］F. 拉普：《技术哲学导论》，刘武等译，辽宁科学技术出版社 1986 年版。

［俄］弗兰克：《社会的精神基础》，王永译，生活·读书·新知三联书店 2003 年版。

［美］弗朗西斯·福山：《身份：对尊严的需要和怨恨政治》，法勒、施特劳斯和吉鲁公司 2019 年版。

［美］美国科学院研究理事会：《知识、技术和社会的会聚：超越纳米、生物、信息和认识技术的会聚》，王小理、熊燕、于建荣译，科学出版社 2013 年版。

［英］哈罗德·坦铂利：《塞尔维亚史：困扰巴尔干半岛一千五百年的火药桶》，张浩译，华文出版社 2020 年版。

［美］海斯、穆恩、韦兰：《全球通史》，冰心等译，红旗出版社 2015 年版。

［美］汉斯·摩根索：《国家间政治——权力斗争与和平》（第七版），

徐昕等译，北京大学出版社 2006 年版。

〔英〕赫德利·布尔：《无政府社会：世界政治中的秩序研究》，张小明译，北京大学出版社出版 2007 年版。

〔波〕亨利·泰菲尔、〔澳〕约翰·特纳：《群际行为的社会认同论》，方文、李康乐译，社会科学文献出版社 2007 年版。

〔美〕杰罗姆·弗兰克：《法律与现代精神》，施特劳奇出版社 1931 年版。

〔美〕肯尼思·华尔兹：《国际政治理论》，信强译，上海人民出版社 2003 年版。

〔美〕莱斯利·里普森：《政治学的重大问题——政治学导论》，华夏出版社 2001 年版。

〔美〕加里·金、〔美〕罗伯特·基欧汉、〔美〕悉尼·维巴：《社会科学中的研究设计》，陈硕译，上海人民出版社 2014 年版。

〔美〕理查德·内德·勒博：《国家为何而战》，陈定定、段啸林、赵洋译，上海人民出版社 2014 年版。

〔英〕丽贝卡·韦斯特：《黑羊与灰鹰：巴尔干六百年，一次苦难与希望的探索之旅》，向洪全、奉霞、陈丹杰译，中信出版社 2019 年版。

〔法〕卢梭：《论人类不平等的起源和基础》，李常山译，商务印书馆 1979 年版。

〔美〕罗伯特·基欧汉：《霸权之后：世界政治经济中的合作与纷争》，苏长和等译，上海人民出版社 2006 年版。

〔美〕罗伯特·杰维斯：《国际政治中的知觉和错误直觉》，秦亚青译，世界知识出版社 2003 年版。

〔美〕罗纳德·英格尔哈特：《发达工业社会的文化转型》，张秀琴译，社会科学文献出版社 2013 年版。

〔美〕罗纳德·英格尔哈特：《静悄悄的革命：变化中的西方公众的价值与政治行为方式》，叶娟丽、韩瑞波译，上海人民出版社 2016 年版。

〔美〕罗纳德·英格尔哈特：《现代化与后现代化：43 个国家的文化、

经济与政治变迁》，严挺译，社会科学文献出版社 2013 年版。

[德] 马克思、恩格斯：《共产党宣言》，陈望道译，上海人民出版社 1997 年版。

[美] 尼克·威尔金森：《行为经济学》，中国人民大学出版社 2012 年版。

[德] 诺依曼：《沉默的螺旋：舆论——我们的社会皮肤》，董璐译，北京大学出版社 2013 年版。

[英] 欧内斯特·巴克：《国民性及其形成中的因素》，上海出版社 1948 年版。

[荷] 斯宾诺莎：《知性改进论》，贺麟译，商务印书馆 1986 年版。

[美] 斯科特·普劳斯：《决策与判断》，施俊琦等译，人民邮电出版社 2004 年版。

[法] 古斯塔夫·勒庞：《乌合之众：大众心理研究》，陈剑译，广西师范大学出版社 2015 年版。

[法] 托克维尔：《旧制度与大革命》，傅国强译，江西人民出版社 2013 年版。

[美] 维吉尼亚·萨提亚：《萨提亚家庭治疗模式》，聂晶译，世界图书出版公司 2007 年版。

[美] 西蒙：《管理行为》，詹正茂译，机械工业出版社 2007 年版。

[古希腊] 修昔底德：《伯罗奔尼撒战争史》，谢德风译，商务印书馆 1960 年版。

[美] 亚力山大·温特：《国际政治的社会理论》，秦亚青译，上海人民出版社 2000 年版。

[加] 伊曼纽尔·阿德勒、文森特·波略特：《国际实践》，秦亚青等译，上海人民出版社 2015 年版。

[德] 尤尔根·哈贝马斯：《合法化危机》，刘北成、曹卫东译，上海世纪出版集团 2009 年版。

[以色列] 尤瓦尔·赫拉利：《未来简史》，林俊宏译，中信出版社 2016 年版。

［德］约恩·吕森：《历史思考的新途径》，綦甲福、来炯译，上海世纪出版集团 2005 年版。

［美］约瑟夫·拉彼德：《文化和认同：国际关系回归理论》，金烨译，浙江人民出版社 2003 年版。

［美］詹姆斯·德·代元：《国际关系理论批判》，秦治来译，浙江人民出版社 2004 年版。

［美］詹姆斯·多尔蒂、小罗伯特·普法尔茨格拉芙：《争论中的国际关系理论》，世界知识出版社 2003 年版。

［英］朱迪·皮萨尔：《新牛津英语词典》，上海外语教育出版社 2001 年版。

［美］朱迪斯·戈尔茨坦、［美］罗伯特·基欧汗：《观念与外交政策：信念、制度与政治变迁》，刘东国、于军译，北京大学出版社 2005 年版。

　　（二）中文著作

戴木禾：《政治文明的正当性》，江西高校出版社 2004 年版。

董秀丽：《外交的文化阐释——美国卷》，知识产权出版社 2012 年版。

郭景萍：《情感社会学：理论、历史、现实》，上海三联书店 2008 年版。

何向东：《逻辑学教程》，高等教育出版社 2004 年版。

黄光国：《面子：中国人的权力游戏》，中国人民大学出版社 2004 年版。

黎英亮：《何谓民族？普法战争与厄内斯特·勒南的民族主义思想》，社会科学文献出版社 2015 年版。

联合国教科文组织：《内源发展战略》，社会科学文献出版社 1988 年版。

陆建德：《思想背后的利益》，广西师范大学出版社 2005 年版。

聂文娟：《非盟与东盟人权规范的比较研究》，世界知识出版社 2014 年版。

夏建平：《认同与国际合作》，世界知识出版社 2006 年版。

夏征农、陈至立：《辞海》（第 6 版），上海辞书出版社 2010 年版。

阎京生：《塞尔维亚的轮回：近世的南斯拉夫与战争》，中国华侨出版社 2011 年版。

叶航、陈叶烽、贾拥民：《超越经济人：人类的亲社会行为与社会偏好》，高等教育出版社 2013 年版。

尹继武：《社会认知与联盟信任形成》，上海人民出版社 2009 年版。

张春兴：《现代心理学——现代人研究自身问题的科学》，上海人民出版社 2005 年版。

章永勇：《列国志：塞尔维亚和黑山》，社会科学文献出版社 2005 年版。

赵汀阳、［法］阿兰·乐比雄：《一神论的影子》，王惠民译，中信出版社 2019 年版。

周光辉：《论政治权力的合法性》，吉林出版集团有限责任公司 2007 年版。

（三）中文论文

［赛尔维亚］布拉尼斯拉夫·乔尔杰维奇、严嘉琦：《中国和欧盟在"一带一路"倡议框架下的政策协调：现状及前景——塞尔维亚的视角》，《欧洲研究》2015 年第 6 期。

蔡志明：《风险决策与个体偏好的实验研究——实验经济学的挑战与贡献》，《复旦学报》（社会科学版）2000 年第 1 期。

陈丽颖：《情感性信任：国家间互信关系中的深度形式》，《学海》2017 年第 6 期。

陈晓平：《求因果方法的逻辑机理》，《思维与智慧》1995 年第 3 期。

陈旸、吴楠、李俊：《塞尔维亚转型困境及前景》，《现代国际关系》2016 年第 6 期。

程蕴：《安倍内阁的中东外交：战略、地区秩序与困局》，《日本学刊》2019 年第 1 期。

储新宇：《中国的地位身份分析——兼论中国国家利益诉求范围》，《吉林大学社会科学报》2006 年第 5 期。

戴维来：《中国的"结伴外交"战略：特征、缘由及路径》，《现代国际关系》2015 年第 10 期。

刁大明：《2016 年大选与美国政治的未来走向》，《美国研究》2016 年第 6 期。

方霏：《不确定性情境下的理性决策》，《山东经济》2005 年第 11 期。

高歌：《离心与向心——2017 年中东欧国家与欧盟的关系》，《当代世界》2018 年第 1 期。

葛宁：《塞尔维亚民族：命运多舛》，《世界知识》1999 年第 12 期。

耿协峰：《重塑亚洲观念：新地区主义研究的中国视角》，《外交评论》2018 年第 2 期。

郭小安：《公共舆论中的情绪、偏见及"聚合的奇迹"——从"后真相"概念说起》，《国际新闻界》2019 年第 1 期。

韩爱勇：《东亚新秩序建构的认同视角——基于文明转型与地区主义的考察》，《国际论坛》2012 年第 1 期。

韩召颖、袁维杰：《对外政策分析中的多元启发理论》，《外交评论》2007 年第 12 期。

［美］汉纳斯·格拉希格、［美］迈克·克罗格鲁斯：《大数据时代特朗普获胜美国大选的秘密》，《汕头大学学报》（人文社会科学版）2017 年第 1 期。

［加］郝拓德、［美］安德鲁·罗斯：《情感转向：情感的类型及其国际关系影响》，《外交评论》2011 年第 4 期。

贺斌：《默会知识研究：概述与启示》，《全球教育展望》2013 年第 5 期。

贺刚：《自传体叙述与身份进化的动力——基于欧洲化进程的视角》，《世界经济与政治》2015 年第 11 期。

黄真：《国际关系中的情感》，《中南大学学报》（社会科学版）2012 年第 5 期。

纪云良、张敦伟：《国家转型背景下的地区秩序重塑：以高加索地区中的战争为例》，《国外社会科学前沿》2019 年第 9 期。

季玲：《重新思考体系建构主义身份理论的概念与逻辑》，《世界经济与政治》2012 年第 6 期。

季乃礼、吕文增：《选民无知能否影响美国民主运行的理论纷争——从特朗普当选美国总统说起》，《学习论坛》2018 年第 12 期。

景晓强：《身份、情感与对外政策——以本体安全研究为中心的讨论》，《外交评论》2011 年第 4 期。

乐国安、董颖红、陈浩、赖凯声：《在线文本情感分析技术及应用》，《心理科学进展》2013 年第 10 期。

李钧鹏：《蒂利的历史社会科学——从结构还原论到关系实在论》，《社会学研究》2014 年第 5 期。

李俊：《"大塞尔维亚主义"的兴衰及其影响》，《国际资料信息》2000 年第 11 期。

李巍：《体系层次到单元层次——国内政治与新古典现实主义》，《外交评论》2009 年第 5 期。

李巍、张玉环：《"特朗普经济学"与中美经贸关系》，《现代国际关系》2017 年第 2 期。

梁雪村：《民族国家的"错觉"：差异与认同》，《中央社会主义学院学报》2019 年第 2 期。

林民旺：《前景理论与外交政策》，《外交评论》2006 年第 5 期。

林民旺：《前景理论与外交政策》，《外交评论》2006 年第 9 期。

刘博文：《中国对周边中小国家的情感投入——双向逻辑与双重影响》，《世界经济与政治》2018 年第 2 期。

刘科、李东晓：《价值理性与工具理性：从历史分离到现实整合》，《河南师范大学学报》（哲学社会科学版）2015 年第 6 期。

刘玉兰、周继祥：《浅谈逻辑方法在情报分析中的运用》，《情报杂志》2004 年第 1 期。

刘贞晔：《国际政治视野中的全球市民社会——概念、特征和主要活动内容》，《欧洲》2020 年第 5 期。

刘作奎：《欧盟对塞尔维亚和黑山政策评析——从"联盟"到"双

轨"》，《欧洲研究》2007 年第 2 期。

刘作奎：《塞尔维亚国内形势、外交政策走向与中塞关系》，《当代世界》2016 年第 9 期。

柳思思：《公众情感引导机制研究：塔利班与美国对阿富汗的公众情感引导比较研究》，《世界经济与政治》2013 年第 2 期。

罗佳：《身体缺场与行动在场：论网络政治动员发生的微观机制》，《云南行政学院学报》2018 年第 3 期。

马得勇：《政治传播中的框架效应——国外研究现状及其对中国的启示》，《政治学研究》2016 年第 4 期。

马荣久：《亚洲地区秩序构建的制度动力与特征》，《国际论坛》2019 年第 3 期。

门洪华：《美国外交中的文化价值观因素》，《国际问题研究》2001 年第 5 期。

门洪华、刘笑阳：《中国伙伴关系战略评估与展望》，《世界经济与政治》2015 年第 2 期。

聂文娟：《菲律宾外交议题的污名化与对外政策选择》，《东南亚研究》2018 年第 5 期。

聂文娟：《国际关系中的"情感"研究》，《国际论坛》2011 年第 1 期。

聂文娟：《群体情感与集体身份认同的建构》，《外交评论》2011 年第 4 期。

欧定余、彭思倩：《逆全球化背景下东亚区域经济共生发展研究》，《东北亚论坛》2019 年第 4 期。

庞中英、黄云卿：《国际关系理论合成与分析折中主义比较评析——基于科学哲学的视角》，《国际论坛》2016 年第 3 期。

秦亚青：《国家行动的逻辑：国际关系理论的知识转向及其意义》，《中国社会科学》2013 年第 6 期。

秦亚青：《世界政治的关系理论》，《世界政治研究》2018 年第 2 期。

秦亚青：《文化与国际关系理论创新——基于理性和关系性的比较研究》，《中国社会科学评价》2019 年第 4 期。

任然：《国家的情感——以情感和历史融合的视角看全球化》，《商场现代化》2012 年第 7 期。

施承孙、钱铭怡：《羞耻和内疚的差异》，《心理学动态》1999 年第 7 期。

施海燕、施放：《期望效用理论与前景理论之比较》，《统计与决策》2007 年第 6 期。

唐世平：《一个新的国际关系归因理论：不确定性的维度及其认知挑战》，《国际安全研究》2014 年第 2 期。

王栋：《双重超越的困境——中国国际关系理论与政策刍议》，《国际政治研究》2009 年第 3 期。

王海东：《情感在重构世界政治与文化中的意义——莫伊西的情感地缘政治学探析》，《上海文化》2015 年第 4 期。

王灏晨：《欧盟对中国—中东欧合作的态度、原因分析及我国的应对措施》，《发展研究》2018 年第 7 期。

王缅、范红：《国家身份建构：文化外交的基本理论命题》，《社会科学战线》2019 年第 9 期。

王鸣鸣：《外交决策研究中的理性选择模式》，《世界经济与政治》2003 年第 11 期。

王清涛：《人类命运共同体的情感赋义》，《中国浦东干部学院学报》2019 年第 7 期。

王晴佳：《拓展历史学的新领域：情感史的兴盛及其三大特点》，《北京大学学报》（哲学社会科学版）2019 年第 4 期。

王一鸣、时殷弘：《特朗普行为的根源——人格特质与对外政策偏好》，《外交评论》2018 年第 1 期。

王元华、李庆均：《政策偏好浅析》，《决策借鉴》2001 年第 1 期。

魏建：《理性选择理论的"反常现象"》，《经济科学》2001 年第 6 期。

魏玲：《本土实践与地区秩序——东盟、中国与印太构建》，《南洋问题研究》2020 年第 2 期。

魏玲：《东南亚研究的文化路径：地方知识、多元普遍性与世界秩序》，

《东南亚研究》2019 年第 6 期。

吴雁飞：《国际关系研究中的自动文本分析》，《国际关系研究》2019
年第 6 期。

武琼：《大国战略与地区秩序：双重视角下的俄罗斯南亚外交评析》，
《印度洋经济体研究》2020 年第 6 期。

晓端：《角色与个性——人性与国际关系》，《世界经济与政治》2000
年第 5 期。

肖晞、王琳：《多元启发理论与对外政策决策研究》，《教学与研究》
2017 年第 5 期。

徐刚、彭裕超：《塞尔维亚与科索沃"关系正常化"进程"失常"》，
《世界态势》2019 年第 13 期。

徐秀军：《地区主义与地区秩序构建：一种分析框架》，《当代亚太》
2010 年第 2 期。

［美］亚历山大·温特：《无政府状态是由国家造就的：权力政治的社
会建构》，《国际组织》，1992 年。

羊丹：《特朗普个性：美国外交决策中的不可控因素》，《中共济南市委
党校学报》2019 年第 4 期。

尹继武：《共识的国际战略效应：一项理论性探讨》，《国际安全研究》
2016 年第 1 期。

尹继武：《国际政治心理学的知识谱系》，《世界经济与政治》2011 年
第 4 期。

尹继武：《文化与国际信任：基于东亚信任形成的比较分析》，《外交评
论》2011 年第 4 期。

尹继武：《中国国际政治心理学理论与实践研究的进展与问题——尹继
武教授访谈》，《国际政治科学》2017 年第 6 期。

尹继武：《中国外交转型的微观社会互动分析》，《教学与研究》2015
年第 5 期。

尹继武、郑建君、李宏洲：《特朗普的政治人格特质及其政策偏好分
析》，《现代国际关系》2017 年第 2 期。

游启明：《"群体性崛起"背景下霸权国的威胁评估研究》，《印度洋经济体研究》2020 年第 6 期。

余文全：《超越理性假定：情绪、信念与国家决策行为》，《外交评论》2018 年第 2 期。

俞新天：《东亚认同的发展与培育》，《当代亚太》2007 年第 4 期。

袁正清、李志永、主父笑飞：《中国与国际人权规范重塑》，《中国社会科学》2016 年第 7 期。

曾向红：《欧亚秩序的套娃模式：地区分化及其影响》，《世界经济与政治》2019 年第 5 期。

张贝：《"后真相"时代公共舆论的情感表达》，《山东师范大学学报》（人文社会科学版）2019 年第 3 期。

张大松、孙国江：《论穆勒五法的方法论特征与价值》，《华中师范大学学报》（人文社会科学版）2001 年第 6 期。

张发林：《国际关系的理论回归与基础路径——以国际制度理论为例》，《国际论坛》2021 年第 1 期。

张海滨：《国际主流舆论场对"一带一路"倡议的情绪与预期——基于情感地缘政治学的视角》，《国际传播》2018 年第 6 期。

张清敏：《对外政策分析的发展趋势》，《国际政治科学》2019 年第 2 期。

张清敏：《对外政策研究的主要维度及其内在逻辑》，《国际政治研究》2019 年第 1 期。

张清敏：《外交政策分析的认知视角：理论与方法》，《理论探讨》2003 年第 1 期。

张清敏、潘丽君：《类比、认知与毛泽东的对外政策》，《世界经济与政治》2010 年第 11 期。

赵洋：《社会身份、国家建构与国际冲突——一种来自国际政治心理学的解释》，《教学与研究》2019 年第 10 期。

周平：《族际政治：中国该如何选择?》，《政治学研究》2018 年第 2 期。

朱立群、聂文娟：《国际关系理论研究的"实践转向"》，《世界政治与经济》2010 年第 8 期。

庄锦英：《情绪与决策的关系》，《心理科学进展》2003 年第 4 期。

（四）学位论文

贺刚：《自传体叙述与身份进化的动力：克罗地亚与塞尔维亚的欧洲化进程比较研究》，博士学位论文，外交学院，2015 年。

黄萌萌：《德美外交行为模式比较研究：外交文化的视角》，博士学位论文，北京外国语大学，2015 年。

季玲：《情感、身份与社会身份的再生产——兼论"东亚共同体"符号的兴起与消退》，博士学位论文，外交学院，2011 年。

景晓强：《身份危机、面子与对外政策——19 世纪末清政府与英法日争端比较研究》，博士学位论文，外交学院，2010 年。

聂文娟：《历史怨恨情感和规范认同：非盟与东盟人权规范的比较研究》，博士学位论文，外交学院，2011 年。

曲丹：《跨国倡议网络的转化式干预：羞辱施压与国际规范内化》，博士学位论文，外交学院，2014 年。

桑浦：《角色·理性·行为：国家对外政策分析框架研究》，博士学位论文，吉林大学，2019 年。

王铮：《历史记忆、认同构建与政策行为：两种分析框架》，《复旦政治学评论》2014 年第 9 期。

袁野：《国际关系中的污名：以古巴和美国间的污名互动为例》，硕士学位论文，外交学院，2016 年。

张荣明：《历史真实与历史记忆》，《学术研究》2010 年第 10 期。

张思思：《国际规范扩散之"本土化"思想研究》，硕士学位论文，外交学院，2009 年。

张笑天：《国际关系中的遵约与声誉以主权债务为例》，博士学位论文，复旦大学，2012 年。

张鑫：《基于敌友情感曲线的国际秩序演变逻辑分析》，硕士学位论文，中共广东省委党校，2017 年。

赵俊：《承认的战略——中国对外政策中的承认政治》，博士学位论文，中国社会科学研究院，2010 年。

二 英文文献

（一）Works

Alexander Wendt, *The Social Theory of International Politics*, Cambridge University Press, 1999.

Arnold Wolfers, The Goals of Foreign Policy, *Discord and Collaboration: Essays on International Politics*, Baltimore: The Johns Hopkins Press, 1962.

Arnold Wolfers, *Discord and Collaboration: Essays on International Politics*, Baltimore: John Hopkins University Press, 1962.

Antonio Damasio, *Descartes' Error: Emotion, Reason, and the Human Brain*, New York: Putnam, 1994.

Arthur W. Burks, eds. , *Collected Papers of Charles Sanders Peirce*, Cambridge: Harvard University Press, 1958.

Ann Swidler, *What Anchors Cultural Practices, in Theodore R. Schalzki, Karin Knorr-Celina and Eike von Savigny*, The Practice Turn in Contemporary Theory, Oxford and New York: Routledge, 2000.

Amitav Acharya, Barry Buzan, *Non-Western International Relation Theory: Reflections on and Beyond Asia*, Oxford and New York: Routledge, 2010.

Apple, Michael W. , Linda K Christian-Smith, *The Politic of the Textbook*, Routledge, 1991.

Andrei S. Markovits and Simon Rcich, *The German Predicament*, Ithaca: Cornell University Press, 1997.

Anthony Smith, *National Identity*, University of Nevada Press, 1991.

Anthony D. Smith, *The Ethnic Revival*, Cambridge University Press, 1981.

Anamaria Dutceac Segesten, *Europe at the Margins: How Europe Appears in History Textbooks from Serbia and Romania*, in United in Visual Diversity: Images and Counter-Images of Europe, edited by Benjamin Drechsel,

Claus Leggewie, Studien Verlag, 2010.

Bill McSweeney, *Security, Identity and Interests: A Sociology of International Relations*, Cambridge University Press, 1999.

Brent J. Steele, *Ontological Security in International Relations*, Routledge, 2008.

Carl von Clausewitz, *On War*, Princeton University Press, 1984.

Castells, *Networks of outrage and hope-social movements in the internet age*, Chichester, UK: Wiley, 2012.

Carlton Hayes, *Essays on Nationalism*, New York: The Macmillan Company, 1926.

Carl Schmitt, *The Concept of the Political, translated and introduced by George Schwab with a new forward by Tracy B. Strong*, Chicago: University of Chicago Press, 1996.

Diana M. Mackie, Lisa A. Sliver, Eliot R. Smith, *Intergroup Emotions: Emotion and intergroup Phenomenon*, in Larissa Z. Tiedens and colin wayne Leach, 2002.

Douglas C. Foyle, *Counting the Public in: Presidents, Public Opinion, and Foreign Policy*, New York: Columbia University Press, 1999.

Duffield, John S. , *Political Culture and State Behavior: Why Germany Confounds Neorealism*, Cambridge University Press, 1999.

David Chan-oong Kang, *China Rising: Peace, Power, and Order in East Asia*, New York: Columbia University Press, 2007.

David Cassels Johnson, *Language Policy*, Palgrave Macmillan, 2016.

Dan M. Kahan, Eric A. Posner, *Shaming White-Collar Criminals: A Proposal for Reform of the Federal Sentencing Guidelines*, J. L. & Econ, 1999.

Donald L. Horowitz, *Ethnic Groups in Conflict*, Berkeley: University of California Press, 1985.

Edkins, Jenny, *Trauma and the Memory of Politics*, New York: Cambridge University Press, 2003.

Evelyne Huber and John Stephens, *Development and Crisis of the Welfare States*: *Parties and Politics in Global Markets*, Chicago: University of Chicago Press, 2001.

Evelyn Goh, *The Struggle for Order*: *Hegemony*, *Hierarchy*, *and Transition in Post-Cold War East Aisa*, Oxford University Press, 2013.

Evelin Gerda Lindner, *The Role of Humiliation in North Korea*, *Rwanda*, *Somalia*, *Germany*, *and the Global Village*, *Humiliation and Rationality in International Relations*, University of Oslo, 2000.

Frederic Bartlett, *Remembering*: *A Study in Experimental and Social Psychology*, Cambridge University Press, 1932.

Graham T. Allison and Philip Zelikow, *Essence of Decision*: *Explaining the Cuban Missile Crisis*, 2nd edition, New York: Long man, 1999.

Green, Donald P. and Ian Shapiro, *Pathologies of Rational Choice Theory*: *A Critique of Applications in Political Science*, New Haven: Yale University Press, 1994.

Galtung, Johan, *The Construction of National Identities for Cosmic Drama Chosenness-Myths-Trauma* (*CMT*) *Syndromes and Cultural Pathologies*, In Handcuffed to History, ed. P. Udayakumar, Westport: Prager, 2001.

Georg Simmel, *Conflict and the Web of Group Affiliations*, *trans. by Kurt H. Wolff and Reinhard Bendix*, New York: Free Press, 1964.

H Butterfield, M Wight, *Diplomatic Investigations*: *Essays in the Theory of International Politics*, London: George Allen and Unwin, 1966.

Hans J. Morgenthau, *Politics among Nations*, Mc Graw-Hill Education, 2005.

Herbert Simon A, *Models of Bounded Rationality*, Cambridge: MIT Press, Vol. 2, 1982.

Hedley Bull, *The Anarchical Society*: *A Study of Order in World Politics*, Basingstoke: Palgrave Macmillan, 2002.

Heri Tajfel, *Social Categorization*, *Social Identity and Social Comparison*,

London: Academic Press, 1978.

Henri Tajfel, Social Identity and Iniergroup Relations, Cambridge University Press, 1982.

Irving Janis, Leon Mann, *Decision Making: A Psychological Analysis of Conflict, Choice, and Commitment*, New York: Free Press, 1977.

Irving Janis, *Groupthink: Psychological Studies of Policy Decisions and Fiascoes*, Cengage Learning, 1982.

Jonathan Mercer, *Approaching Emotion in International Politics' paper presented at the International Studies Association Conference*, San Diego, California, 1996.

JonathanMercer, *Rationality and Psychology in International Politics*, Cambridge University Press, Vol. 59, 2005.

Jeffrey T. Checkel, Peter J. Katzenstein, *The Politicization of European Identities. In European Identity*, Cambridge, UK: Cambridge University Press, 2009.

Jack S. Levy, William R. Thompson, *Causes of War*, Wiley Blackwell, 2010.

Jeffrey A. Frieden, *Actors and Preferences in International Relations*, Princeton: Princeton University Press, 1999.

Jeffrey W. Taliaferro, *Balancing Risks: Great Power Intervention in the Periphery*, Ithacaand London: Cornell University Press, 2004.

JosephLepgold, Miroslav Nincic, *Beyond the Ivory Tower: International Relations Theory and the Issue of Policy Relevance*, Columbia University Press, 2001.

Jeffrey Blustein, *The Moral Demands of Memory*, Cambridge University Press, 2008.

Janice Bially Mattern, *Ordering International Politics: Identity, Crisis and Representational Force*, Routledge, 2004.

John P. Lovel, *The United State as Ally and Adversary in East Asia: Reflec-

tions on Culture and Foreign Policy, in Jongsuk Chay, ed, Culture and International Relations, New York, 1990.

Joseph S. Nye, *The Paradox of American Power*, New York: Oxford University Press, 2002.

Jeffrey Blustein, *The Moral Demands of Memory*, Cambridge University Press, 2008.

Jonathan H. Turner, *A Theory of Social Interaction*, Stanford University Press, 1988.

Jacques E. C. Hymans, *The Psychology of Nuclear Proliferation: Identity, Emotion and Foreign Policy*, Cambridge University Press, 2006.

Jerome E. Groopman, *The Anatomy of Hope*, Random House Trade Paperbacks, 2004.

Joanna Bourke, *Fear: A Cultural History*, Emeryville, CA: Shoemaker & Hoard, 2006.

John Stuart Mill, *System of Logic: Ratiocinative and Inductive*, London: Ballantyne Press, 1886.

Kenneth Waltz, *Theory of International Politics*, New York: Random House, 1979.

Lukić, R. , Lynch, A. , *Europe from the Balkans to the Urals: The Disintegration of Yugoslavia and the Soviet Union*, SIPRI and Oxford University Press, 1996.

Lucian W Pye, *The Mandarin and the Cadre: China's Political Cultures*, Ann Arbor: University of Michigan Press, 1988.

Michael W. Doyle, *Ways of War and Peace: Realism, Liberalism, and Socialism*, W. W. Norton & Company, 1997.

Maria G. Cowles, James Caporaso, Thomas Risse, *Transforming Europe: Europeanization and Domestic Change*, Ithaca: Cornell University Press, 2001.

Milton Friedman, *The Methodology of Positive Economics*, Chicago: University of Chicago Press, 1953.

Martin Goodmant, *The Oxford Handbook of Jewish Studies*, Oxford University Press, 2002.

Miachael A. Hoggand Dominic Abrams, *Social Identifications: A Social Psychology of Intergroup Relations and Group Process*, London and New York: Routledge, 1988.

Nikolaos Zahariadis, *Essence of Political Manipulation: Emotion, Institutions, and Greek Foreign Policy*, New York, Peter Lang Publishing, 2005.

Nikola Gacesa, Ljiljana Mladenovic-Maksimovic, *Dusan Zivkovic: Istorija za 8. Razred osnovne skole. III. Izd*, Zavod za udzbenike inastavna sredstva, 1995.

Paul Piersoned, *The New Politics of the Welfare State*, Oxford: Oxford University Press, 2001.

Pye Lucian, *Political Culture: International Encyclopedia of the social sciences*, Macmillan and The Free Press, 1968.

Rose Mcdermott, *Risk-Taking in International Politics: Prospect Theory in American Foreign Policy*, The University of Michigan Press, 1998.

Ronald L. Jepperson, Alexander Wendt, Peter J. Katzenstein, *Norms, Identity and Culture in National Security*, The Culture of National Security: Norms and Identity in World Politics, New York: Columbia University Press, 1996.

Roger D. Petersen, *Western Intervention in the Balkans: The Strategic Use of Emotion in Conflict*, Cambridge University Press, 2012.

Sara Ahmed, *The Cultural Politics of Emotion*, Edinburgh University Press, 2003.

Sheldon Stryker, *Integrating Emotion into Identity Theory*, Oxford, UK: Elsevier Ltd, 2004.

Samuel S. Kim, ed. , *China and the World: New Directions in Chinese Foreign Relations in the Post-cold War Era*, Westview Press, 1989.

Steven J. Brams, *Rational Politics*, Washington D. C. Press, 1985.

Smith D. Anthony, *The Ethnic Origins of Nations*, Oxford, Basil Blackwell, 1986.

Smith D. Anthony, *National Identity*, University of Nevada Press, 1991.

Snyder, C. R. , *Psychology of Hope*: *You Can Get Here from There*, New York: Free Press, 1994.

Stefano Bianchini, The EU in the Values and Expectations of Serbia: Challenges, Opportunities, and Confrontations, in: Civic and Uncivic Values. Serbia in the post-Miloševic Era, BUDAPEST-NEW YORK, CEU Press, 2011.

Thomas Lindemnn, *Cause of War*: *The Struggle for Recongnition*, ECPR Press, 2010.

Todd H. Hall, *Emotional Diplomacy*: *Official Emotion on the International Stage*, Ithaca: Cornell University Press, 2015.

Thomas J. Scheff, Suzanne M. Retzinger, *Emotions and Violence*, i Universe, 2001.

Toni M. Massaro, *Shame*, *Culture*, *and American Criminal Law*, MICH. L. REV. , 1991.

Ulrich Beck, Anthony Giddens, Scott Lash, *Reflexive Modernization*: *Politics*, *Tradition and Aesthetics in the Modern Social Order*, Stanford University Press, 1994.

Von Neumann J, Morgrnstern O, *Theory of games and economic behavior*, Princeton University Press, 1947; Savage L J. *The foundations of statistics*, New York: Wiley, 1954.

Valerie M. Hudson, *Foreign Policy Analysis*: *Classic and Contemporary Theory*, Rowman & Littlefield, 2006.

V. O. Key, *Public Opinion and American Democracy*, New York: Knopf, 1961.

William Reddy, *The Navigation of Feeling*: *A Framework for the History of E-*

motions, Cambridge University Press, 2001.

W. Lance Bennett, Robert M. Entman (eds.), *Mediated Politics: Communication in the Future of Democracy*, Cambridge University Press, 2001.

Zbigniew Brzezinsk, *Power and Principle: Memoirs of the National Security Advisor* 1977 – 1981, New York: Farrar, Strauss, Giroux, 1983.

(二) Articles

Artem Patalakh, "Emotions and Identity as Foreign Policy Determinants: Serbian Approach to Relations with Russia", *Chin. Polit. Sci. Rev*, Vol. 3, 2018.

Andrey Semenov, "EU-Russia Rivalry in the Balkans: Linkage, Leverage and Competition (The Case of Serbia)", *Journal of European Affairs*, Vol. 16, No. 3, 2016.

Assia Alexieva, "The Role of Emotions in Foreign Policy Decision Making: Embarrassment from the Bay of Pigs", *University of Florida*, 2017.

Alex Mintz, "How Do Leaders Make Decisions? A Poliheuristic Perspective", *Journal of Conflict Resolutio*, Vol. 48, No. 1, 2004.

Alex Mintz, Allison Astorino-Courtois, "Simulating Decision Processes: Expanding the Poliheuristic Theory to Model N-Person Strategic Interactions in International Relations", *Annual Meeting of the International Studies Association*, February 2001.

Alex Mintz., "The Poliheuristic Theory of War and Peace Decision Making", *Annual Meeting of the American Political Science Association*, September 1999.

Andrew A. G. RossS, "Coming in from the Cold: Constructivism and Emotions", *European Journal of International Relations*, Vol. 12, No. 2, 2006.

Andrew R. G. Ross, "Affective States: Rethinking Passion in Global Politics", *The Johns Hopkins University*, 2005.

Andrew Linklater, "Emotions and World Politics", *Aberystwyth Journal of World Affairs*, Vol. 2, 2004.

Alastair Iain Johnston, "What (If Anything) Does East Asia Tell Us About International Relations Theory?", *Annual Review of Political Science*, Vol. 15, 2012.

Arista Maria Cirtautas, Frank Schimmelfennig, "Europeanisation Before and After Accession: Conditionality, Legacies and Compliance", *Europe-Asia Studies*, Vol. 62, 2010.

Amit Goldenberg, David Garcia, Eran Halperin, James J. Gross, "Collective Emotions", *Harvard Business School*, 2014.

Alisher Faizullaev, "Individual Experiencing of States", *Review of International Studies*, Vol. 33, No. 3, 2007.

Alexander Wendt, "The State as Person in International Theory", *Review of International Studies*, No. 2, 2004.

Amitav Acharya, "Global International Relations and Regional Worlds: A New Agenda for International Studies", *International Studies Quarterly*, Vol. 58, No. 4, 2014.

Ann M. Florini, ed., "The Third Force: The Rise of Transnational Civil Society", *Tokyo: Japan Center for International Exchange*, 2000.

Åsa Wettergren, André Jansson, "Emotions, power and space in the discourse of People of the Real World", *Journal of Political Power*, Vol. 6, No. 3, 2013.

Assia Alexieva, "*The Role of Emotions in Foreign Policy Decision Making Embarrassment from the Bay of Pigs*", University of Florida, 2017.

Artem Patalakh, "Emotions and Identity as Foreign Policy Determinants: Serbian Approach to Relations with Russia", *Chinese Political Science Review*, Vol. 3, No. 4, 2018.

Ana Milošević, Heleen Touquet, "Unintended Consequences: the EU Memory Framework and the Politics of Memory in Serbia and Croatia", *South East European and Black Sea Studies*, 2018.

Ana Milošević, "Remembering the Present: Dealing with the Memories of

Terrorism in Europe", *Journal of Terrorism Research*, Vol. 8, No. 2, 2017.

Ana Milošević, Heleen Touquet, "Unintended Consequences: the EU memory Framework and the Politics of Memory in Serbia and Croatia", *Southeast European and Black Sea Studies*, 2018.

Bruce Bueno de Mesquita, Rose Mcdermott, "Crossing No Man's Land: Cooperation From the Trenches", *Political Psychology*, Vol. 25, No. 2, 2004.

Brent E. Sasley, "Theorizing States' Emotions", *International Studies Review*, Vol. 13, 2011.

Bernard P. Dauenhauer, "Hope and Its Ramifications for Politics", *Man and World*, Vol. 17, 1984.

Blake M. Riek, Eric W. Mania, Samuel L. Gaertne, "Does a Common Ingroup Identity Reduce Intergroup Threat?", Group Processes & Intergroup Relations, 2010.

Christopher Hill, "The Changing Politics of Foreign Policy", *Hound Mills: Palgrave*, 2003.

Callahan, W. A, "Humiliation, Salvation and Chinese Nationalism", *Alternatives: Global, Local, Political*, Vol. 29, 2012.

Craig A. Smith, Richard S. Lazarus, "Appraisal Components, Core Relational Themes, and the Emotions", *Journal Cognition and Emotion*, Vol. 7, 1993.

Clark Mc. Mauley, "The Nature of Social Influence in Groupthink: Compliance and Internalization", *Journal of Personality and Social Psychology*, Vol. 57, No. 2, 1989.

Christian List, Kai Spiekermann, "Methodological Individualism and Holism in Political Science: A Reconciliation", *Cambridge University Press*, Vol. 107, Issue 4, 2013.

Christopher Wlezien, Stuart N. Soroka, "Public Opinion and Public Policy",

Oxford Research Encyclopedias, 2010.

Christian Büger and Frank Gadinger, "Culture, Terror and Practice in International Relations: An Invitation to Practice Theory", *International Studies Quarterly*, 2015.

Constance Duncombe, "The Politics of Twitter: Emotions and the Power of Social Media", *International Political Sociology*, Vol. 13, 2019.

C. R. Snyder, "Hope Theory: Rainbows in the Mind", *Psychological Inquiry*, Vol. 13, 2002.

Diane M. Mackie1, Eliot R. Smith, Devin G. Ray, "Intergroup Emotions and Intergroup Relations", *Social and Personality Psychology Compass* 2/5, 2008.

Diane M. Mackie1, Eliot R. Smith, "Intergroup Emotions: Explaining Offensive Action Tendencies in an Intergroup Context", *Journal of Personality and Social Psychology*, Vol. 79, 2000.

Diane M. Mackie1, Eliot R. Smith, Maitner, "Evidence for the Regulatory Function of Intergroup Emotion: Implementing and Impeding Intergroup Behavioral Intentions", *Journal of Experimental Social Psychology*, Vol. 42, 2006.

Dunbar R, "Why Gossip is Good for you", *New Scientist*, Vol. 21, 1992.

David Patrick Houghton, "Historical Analogies and the Cognitive Dimension of Domestic Policy making", *Political Psychology*, Vol. 19, No. 2, 1998.

David Garcia, Bernard Rimé, "Collective Emotions and Social Resilience in the Digital Traces After a Terrorist Attack", *Psychological Science*, Vol. 30, No. 4, 2019.

Darryl S. L. Jarvis, "Theorizing Risk: Ulrich Beck, Globalization and the Rise of the Risk Society Risk Society", *Lee Kuan Yew School of Public Policy*, 1992.

Dan M. Kahan, Eric A. Posner, "Shaming White-Collar Criminals: A Proposal for Reform of the Federal Sentencing Guidelines", *J. L. & Econ*, 1999.

Denis de Rougemont, "Ever closer union?", *Britannica*, 2001.

Emilie M. Hafner Burton, Stephan Haggard, David A. Lake, David G. Victor, "The Behavioral Revolution and International Relations", *International Organization*, Vol. 71, 2017.

Earl H. Fry, Stan A. Taylor, Robert S. Wood, "America the Vincible: U. S. Foreign Policy for the Twenty-first Century", New Jersey, 1994.

Emanuel Adler, "The Spread of Security Communities: Communities of Practice Self-Restraint and NATO's Post Cold War Transformation", *European Journal of International Relations*, 2008.

EmmaHutchison, Roland Bleiker, "Emotions, Discourse and Power in World Politics", *International Studies Review*, 2016.

Emmy Eklundh, Andreja Zevnik, "Emmanuel-Pierre Guittet, Politics of Anxiety", *Researchgate*, 2017.

Evelin Gerda Lindner, "Humiliation-Trauma That Has Been Overlooked: An Analysis Based on Fieldwork in Germany", *Rwanda/Burundi, and Somalia, Traumatology*, Vol. 7, No. 1, 2001.

Eleonora Tafuro Ambrosetti, "Russian Soft Power in the Balkans: A True Love Story", *ISPI*, 2019.

Eduard Abrahamyan, "Pax Russica in the Balkans: SerbiaBetween Myth and Reality", *E-International Relations*, 2015.

Franz L. Neumann, "Anxiety and Politics", *Triple C*, Vol. 15, No. 2, 2017.

Francis G. Castles, "Developing New Measures of Welfare State Change and Reform", *European Journal of Political Research*, Vol. 41, 2002.

Fording, Richard C, "The Cognitive and Emotional Sources of Trump Support: The Case of low-information Voters", *New Political Science*, Vol. 39. No. 4, 2017.

Gideon Rose, "Neoclassical Realism and Theory of Foreign Policy", *World Politics*, Vol. 51, 1998.

George, "The Causal Nexus Between Cognitive Beliefs and Decision Making

Behavior", *International Organization Foundation*, 1996.

Groenendyk Eric W, "Current Emotion Research in Political Science: How Emotions Help Democracy Overcome its Collective Action Problem", *Emotion Review*, Vol. 3, 2011.

Groenendyk Eric W., Antoine J. Banks, "Emotional Rescue: How Emotions Help Partisans Overcome Collective Action Problems", *Political Psychology*, Vol. 35, No. 3, 2013.

Gunn Enli, "Twitter as Arena for the Authentic Outsider: Exploring the Social Media Campaigns of Trump and Clinton in the 2016 US Presidential Election", *European Journal of Communication*, 2017.

Hogg, M. A., Hardie, E. A., "Social Attraction, Personal Attraction, and Self-Categorization: A Field Study", *Personality and Social Psychology Bulletin*, Vol. 17, 1991.

Heri Tajfel, "Sociology of Intergroup Relations", *Annual Review of Psychology*, Vol. 33, 1982.

Hansen, C. H., Hansen, R. D., "Finding the Face in the Crowd: An Anger Superiority Effect", *Journal of Personality and Social Psychology*, Vol. 54, 1988.

Herbert C. Kelman, "Compliance, Identification, and Internalization: Three Processes of Attitude Change", *Journal of Conflict Resolution*, Vol. 2, No. 1, 1958.

Ivan Knezevic, Mihailo Gajic, Kristina Ivanovic, "Serbia, European Union, Russia: an Analysis of Economic Relations", *Economy*, 2012.

James G. March, Johan P. Olsen, "Elaborating the New Institutionalism", *The Oxford Handbook of Political Institutions*, Vol. 6, 2008.

James M. Jasper, "Emotions and Social Movements: Twenty Years of Theory and Research", *Annual Review of Sociology*, 2011.

Jonathan Mercer, "Emotional Belief", *International Organization*, Vol. 64, 2010.

Jonathan Mercer, "Prospect Theory and Political Science", *Annual Review of Political Science*, Vol. 11, 2005.

Jonathan Mercer, "Emotion and Strategy in the Korean War", *International Organization*, Vol. 67, No. 2, 2013.

Jonathan Mercer, "Bad Reputation: The Folly of Going to War for Credibility", *Foreign Affairs*, 2013.

Jonathan Mercer, "Human Nature and the First Image: Emotion in International Politics", *Journal of International Relations and Development*, Vol. 9, 2006.

Jutta Weldes, "Constructing National Interests: The United States and the Cuban Missile Crisis", *Minneapolis/ MN*, 1999.

Jack S. Levy, "Loss Aversion, Framing and Bargaining: The Implications of Prospect Theory for International Conflict", *International Political Science Review*, Vol. 17, No. 2, 1996.

Jonathan St. B. T. Evans, "Dual Processsing Accounts of Reasoning, Judgment and Social Cognition", *Annual Reviews*, 2008.

Jane Allyn Piliavin and Hong-Wen Charng, "Altruism: A Review of Recent Theory and Research", *Annual Review of Sociology*, Vol. 16, 1990.

James D. Fearon, "Bargaining, Enforcement, and International Cooperation", *International Organization*, Vol. 52, No. 2, 1998.

James D. Fearon, "Domestic Audiences and the Escalation of International Disputes", *The American Poltical Science Review*, Vol. 88, No. 3, 1994.

Jean-Louis Durand, Sebastian Kaempf, "Reimagining Communities: Opening up History to the Memory of Others", *Millennium: Journal of International Studies*, Vol. 42, No. 2, 2014.

Joseph P. Forgas, "Feeling and Doing: Affective Influences on Interpersonal Behavior", *Psychological Inquiry*, Vol. 13, No. 1, 2002.

Janice Zeman, Molly Adrian, "The Effect of Post 9 – 11 Policy on Foreign Students: A Critical Analysis", *Presentation at the 26th National Confer-*

ence on Law and Higher Education, 2005.

James E. Cameron, "A Three-Factor Model of Social Identity", *Self and Identity*, Vol. 3, No. 3, 2004.

Jonathan McDonald Ladd, Gabriel S. Lenz, "Does Anxiety Improve Voters' Decision Making?", *Political Psychology*, Vol. 32, No. 2, 2011.

Jonathan Mercer, "The Illusion of International Prestige", *International Security*, Vol. 41, No. 4, 2017.

James D. Fearon, David D. Laitin, "Ethnicity, Insurgency, and Civil War", *American Political Science Review*, Vol. 97, No. 1, 2003.

Katherine J Reynolds, "Self-Categorization Theory", *Handbook of Theories of Social Psychology*, 2016.

Kahneman D, Tversky A, "Prospect theory", *Econometrica*, Vol. 47, 1979.

Keith L. Shimko, "Metaphors and Foreign Policy Decision Making", *Political Psychology*, Vol. 15, No. 4, 1994.

K. E. Grant, B. E. Compas, "Stressors and Child and Adolescent Psychology: Moving From Markers to Mechanisms of Risk", *Psychological Bulletin*, Vol. 129, No. 3, 2003.

Lobanov and Zvezdano vić Lobanova, "The Problems of Serbian Self-Determination in Foreign Policy: Through the Thorns to the 'Stars' of the European Union", *Comparative Politics*, Vol. 7, No. 4, 2016.

Levy, Jack S, "Prospect Theory and International Relations: Theoretical Applications and Analytical Problems", *Political Psychology*, Vol. 13, No. 2, 1992.

Ling Wei, "Developmental Peace in East Aisa and Its Implications for the Indo-Pacific", *International Affairs*, Vol. 96, No. 1, 2020.

Lyubomirsky, S., Tkach, C., "The Consequences of Dysphoric Rumination. In: Rumination: Nature, Theory, and Treatment of Negative Thinking in Depression", *John Wiley & Sons, Chichester*, 2003.

Moravcsik, A. Vachudova, "National Interests, State Powerand EU Enlargement", *East European Politics and Societies*, Vol. 17, No. 1, 2003.

Monique Scheer, "Are Emotions a Kind of Practice (and Is That What Makes Them Have a History)? A Bourdieuan Approach to Understanding Emotion", *History and Theory*, Vol. 51, No. 2, May 2012.

Mark Schlesinger, Richard R. Lau, "The Meaning and Measure of Policy Metaphors", *The American Political Science Review*, Vol. 94, No. 3, 2000.

Michael Schudson, "Discovering the News: A Social History of American Newspapers", New York: Basic Books, 1978.

Mohammad Soltaninejad, "Iran and Saudi Arabia: Emotionally Constructed Identities and the Question of Persistent Tensions", *Asian Politics Policy*, Vol. 11, 2019.

Marko Stojic, "The Changing Nature of Serbian Political Parties' attitudes towards Serbian EU Membership", *EPERN Working Paper*, No. 24, 2011.

Marko Kovačevi ć, "Understanding the Marginality Constellations of Small States: Serbia, Croatia, and the Crisis of EU-Russia relations", *Journal of Contemporary European Studies*, 2019.

Marta Szpala, "Russia in Serbia-soft Power and Hard Interests", *Centre for Eastern Studies*, 2014.

Montserrat Guibernau, "The Birth of a United Europe: on Why the EU has Generated a " Non-emotional " Identity ", *Nations and Nationalism*, Vol. 17, No. 2, 2011.

Nan Lin, "Guanxi: A Conceptual Analysis in Alvin So, Nan Lin and Dudley Poston, eds. , The Chinese Triangle of Mainland, Taiwan and Hong Kong: Comparative Institutional Analysis", *Westport: Greenwood*, 2001.

Neta C. Crawford, "The Passion of World Politics: Propositions on Emotion and Emotional Relationships", *International Security*, Vol. 24, No. 4, 2000.

Nikolaos Zahariadis, "Leadership and the Emotional Endowment Effect in Foreign Policy", *American Political Science*, 2009.

Nikolaos Zahariadis, "The Shield of Heracles: Multiple Streams and the E-motional Endowment Effect", *European Journal of Political Research*, 2014.

Nicole Eustace, "Conversation: The Historical Study of Emotions", *American Historical Review*, Vol. 117, No. 5, 2012.

Nigel Harvey, "Studying judgment: General Issues", *Thinking and Reasoning*, Vol. 7, 2001.

Nenad Stojanovic, "When Is a Country Multinational? Problems With Statistical and Subjective Approaches", *Ratio Juris*, Vol. 24, 2011.

Nicole Harth, Nurit Shnabel, "Third-party Intervention in Intergroup Reconciliation: The Role of Neutrality and Common Identity With the Other Conflict Party", *Group Processes & Intergroup Relations*, 2015.

Oded L Wenheim, Gadi Heimann, "Revenge In International Politics", *Security Studies*, Vol. 17, No. 4, 2008.

Peter J. Katzenstein, "International Relations and Domestic Structures: Foreign Economic Polices of Advanced Industrial States", *International Organization*, Vol. 30, 1976.

Philippe C. Schmitter and Javier Santiso, "Three Temporal Dimensions to the Consolidation of Democracy", *International Political Science Review*, Vol. 19, No. 1, 1998.

Peter J. Burke, "Jan E. Stets, Trust and Commitment Through Self-Verification", *Social Psychology Quarterly*, Vol. 62, No. 4, 1999.

Parag Khanna, "The Future is Asian: Commerce, Conflict, and Culture in the 21st Century, Simon & Schuster", *Epilogue*, 2019.

Richard Ned Lebow, "Reason, Emotion and Cooperation", *International Politics*, Vol. 42, 2005.

Roland Bleiker, Emma Hutchison, "Fear no More: Emotions and World Politics", *International Studies*, Vol. 34, 2008.

Robert Jervis and Thierry Balzacq, "Logics of Mind and International System:

A Journey with Robert Jervis", *Review of International Studies*, Vol. 30, No. 4, 2004.

Rose Mc Dermott, "The Feeling of Rationality: The Meaning of Neuroscientific", *Political Science*, Vol. 2, No. 4, 2004.

Ralph S. Brower and Mtchel Y. Abolafia, "Bureaucratic Politics: The View from Blow", *Journal of Public Administration Research and Theory*, Vol. 7, 1997.

Robert J. Art, "Bureaucratic Politics and Foreign Policy: A Critique", *Policy Sciences*, Vol. 4, No. 4, 1973.

Roland Bleiker, "The Aesthetic Turn in International Political Theory", *Millennium: Journal of International Studies*, Vol. 30, No. 3, 2001.

Shaun Le Boutillier, "Emergency And Analytical Dualisml", *Philosophica*, 2003.

Smith and Mackie, "Intergroup Emotions and Intergroup Relations", *Social and Personality Psychology Compass*, 2008.

Simmel. G, "The sociology of sociability", *American Journal of Sociology*, Vol. 55, 1949.

Susan Crane, "Writing the Individual Back into Collective Memory", *American Historical Review*, Vol. 102, 1997.

Simon Koschut, Todd H. Hall, Reinhard Wolf, Ty Solomon, Emma Hutchison, Roland Bleiker, "Discourse and Emotions in International Relations", *International Studies Review*, Vol. 19, 2017.

Sheldon Stryker, "Integrating Emotion into Identity Theory", *in Jonathan H. Turner (ed.)*, *Theory and Research on Human Emotions*, Oxford, UK, Elsevier Ltd, 2004.

Sheldon Stryker, Richard T. Serpe, "Identity Salience and Psychological Centrality: Equivalent, Overlapping, or Complementary Concepts?", *Social Psychology Quarterly*, Vol. 57, No. 1, 1994.

Stephan, Ybarra, Bachman, "Physiological Arousal and Political Beliefs", *politic psychology*, 2006.

S. Folkman, R. S. Lazarus, "If it Changes it Must be a Process Study of Emotion and Coping During Three Stage of a College Examination", *Journal of Personality and Social Psychology*, Vol. 48, No. 1, 1985.

Stanislav Secrieru, "Russia in the Western Balkans: Tactical Wins, Strategic Setbacks", *European Union Institute for Secuirty Studies*, 2019.

Sabrina P. Ramet, "The Denial Syndrome and its Consequences: Serbian Political Culture Since 2000", *Communist and Post-Communist Studies*, 2007.

Tamir Sheafer, Shira Dvir Gvirsman, "The Spoiler Effect: Framing Attitudes and Expectations Toward Peace", *Journal of Peace Research*, Vol. 47, No. 2, 2010.

Toni M. Massaro, "Shame, Culture, and American Criminal Law", 89 *MICH. L. REV.*, 1991.

Ulrich Sedelmeier, "After Conditionality: Post-Accession Compliance With EU law in East Central Europe", *Journal of European Public Policy*, Vol. 15, No. 6, 2008.

Uri Resnick, "Emotional State Theory: Friendship and Fear in Israeli Foreign Policy", *Israel Journal of Foreign Affairs*, 2016.

Vincent Pouliot, "The Logic of Practicality: A Theory of Practice of Security Communitites", *International Organization*, Vol. 62, No. 2, 2008.

Valentino, Nicholas, Ted Brader, Groenendyk Eric W., Krysha Gregorowicz, Vincent L. Hutchings, "Election Night's Alright for Fighting: The Role of Emotions in Political Participation", *The Journal of Politics*, Vol. 73, 2011.

Vincent L. Morelli, Sarah E. Garding, "Serbia: Background and U. S. Relations", *Congressional Research Service*, 2018.

William O. Chittick, Annette Freyberg—Inan, "Chiefly for Fear, Next for Honor and Lastly for Profit", *Review of International Studies*, Vol. 27,

No. 1, 2001.

Weintraub, Ruth, "What Can We Learn From Buridan's Ass", *Canadian Journal of Philosophy*, Vol. 42, 2013.

William H. Whyte, "Groupthink", *Fortune*, 1952.

Yaqing Qin, "A Multiverse of Knowledge: Cultures and IR Theories", *The Chinese Journal of International Politics*, Vol. 11, No. 4, 2018.

Yea Wen Chen, Mary Jane Collier, "Intercultural Identity Positioning: Interview Discourses From Two Identity-Based Nonprofit Organizations", *Journal of International and Intercultural Communication*, Vol. 5, No. 1, 2012.

Zehfuss, Maja, "Forget September 11", *Third World Quarterly*, Vol. 24, 2014.

三 网址网站及报纸类

（一）中文网址及报纸类

［法］乔治·佐戈普鲁斯：《欧盟应看到中国与中东欧合作的积极意义》，《中国网》，http：//www.chinanews.com/gn/2016/06 - 21/7912 426.shtml，2016 年 6 月 21 日。

方鹿敏、尹继武：《情感与国际关系研究：主要路径与发展趋势》，《中国社会科学报》2013 年 1 月 16 日。

孔铉佑：《习近平外交思想和中国周边外交理念与实践创新》，http：//www.qstheory.cn/zhuanqu/tujie/2019 - 04/26/c _ 1124420271.htm，2019 年 4 月 26 日。

李新：《深入推进"一带一路"同欧亚经济联盟对接合作》，《光明网》，https：//theory.gmw.cn/2019 - 04/24/content_ 32775596.htm，2019 年 4 月 25 日。

梅尔瓦特·乌夫：《中国与俄罗斯在塞尔维亚的竞争 北京为何寻求进入巴尔干半岛？》，https：//chinese.aljazeera.net/opinions/long-reads/2022/4/4/，2022 年 4 月 4 日。

莫业林：《欧洲一体化或迎重大机遇，中东欧国家或成阻力》，http：//

international. caixin. com/2017 – 06 – 24/101105254. html，2017 年 6 月 24 日。

史安斌、饶庆星：《事实核查类新闻的兴起：救赎还是纵容?》，《青年记者》2016 年 6 月（上）。

张维为：《"亚洲世纪"加速到来》，《底线思维》，https：//mp. weixin. qq. com/s/1Uwlo6nd2i0vjxjEooL8gA，2020 年 12 月 13 日。

郑永年：《世界为何如此愤怒》，《联合早报》2019 年 12 月 24 日。

中俄是塞尔维亚近二十年来最大的捐助国吗？被误会的欧盟相当委屈，https：//www. sohu. com/a/390826507 _ 120584322? _ trans _ = 000014_ bdss_ dklzxbpcgP3p：CP = ，2020 年 11 月 11 日。

中华人民共和国中央人民政府：《历时 8 年谈判，RCEP 签了! 李克强：让人们在阴霾中看到光明和希望》，《21 世纪经济》，http：//www. gov. cn/xinwen/2020 – 11/16/content _ 5561844. htm，2020 年 11 月 16 日。

（二）外国网站及报告

Association of War Veterans，"State Duma Hosts Round Table for Russian and Serbian Veterans"，（Jan 2019），http：//mvdmos. ru/content/v-gos-dume-proshyol-kruglyy-stol-s-uchastiem-russkih-i-serbskih-veteranov.

Anders Meisner，"Authoritarian Populism Index Report 2019"，Timbro，（February 2019），https：//populismindex. com/report/.

Alex Williams，"How Anxiety Became Society's Prevailing Condition"，（Jau 2017），http：//www. independent. co. uk/news/long _ reads/anxiety-prozac-nation-depression-mental-healthdisorder-america-panic-usa-memoirs-self-help-book-a7785351. html.

Amnesty International，"Serbia：Human rights defenders at risk"，（Sep 2009），https：//www. amnesty. org/en/documents/EUR70/014/2009/en/.

Balkan Insight，"Serbia Under Pressure to Join Sanctions Against Russia，Says Vucic"，（Feb 2022），https：//balkan insight. com/2022/02/22/serbia-under-pressure-to-join-sanctions-against-russia-says-vucic/.

Center for Euro-Atlantic Studies, "From Moscow Without Love", (Mar 2019), https：//www. ceas-serbia. org/images/publikacije/CEAS_ From_ Moscow_ Without_ Love_ EN_ A4_ WEB. pdf.

Center for Euro-Atlantic Studies, "Eyes Wide Shut", (May 2016), https：//www. ceas-serbia. org/en/ceas-publications/study-eyes-wide-shut.

Counter terrorism cell Education Learning Lab, *How Photographs shape Our Perspective Of* 9/11, http：//www. thecell. org/wp-content/uploads/2014/ 04/CELL-How-Photos-Shape-Our-Perspective-of-911-pre-visit. pdf, 2014.

European Parliament, "20 years after the Srebrenica genocide：Parliament says never again", (Jul 2015), http：//www. europarl. europa. eu/news/ en/news-room/20150708IPR78763/20-years-after-the-srebrenica-geno-cide-parliament-says-never-again.

European Commission, Revised Indicative Strategy Paper For Serbia (2014 – 2020), https：//ec. europa. eu/neighbourhood-enlargement/sites/near/ files/20180817 – revised-indicative-strategy-paper-2014 – 2020-for-ser-bia. pdf.

European Commission, White paper on the future of Europe, https：// ec. europa. eu/commission/publications/white-paper-future-europe _ en, 2017 – 3 – 1.

Gazprom Neft：Hidden Resources (Apr 2006) . https：//www. rogtecmaga-zine. com/gazprom-neft-hidden-resources/.

International Republican Institute, "Survey of Serbian Public Opinion", Ip-sos Strategic Marketing, (Dec 2015), https：//pdf. usaid. gov/pdf_ docs/PBAAJ086. pdf.

Kathleen Searles, Travis N. Ridout, "The Use and Consequences of Emotions in Politics", (February 2017), http：//emotionresearcher. com/the-use-and-consequences-of-emotions-in-politics/.

Novosti, "Research：Vučić Is the Most Popular Politician, Putin Has a Higher Trust Rating than Other World Leaders", (Jan 2019), http：//

www. novosti. rs/vesti/naslovna/politika/aktuelno. 289. html： 769462-Is-trazivanje-Vucic-ubedljivo-najpopularniji-politicar-Putinu-najvise-poveren-ja-medju-svetskim-liderima.

Nikolić, "Srbija i dalje neutralna po pitanju Ukrajine", (Jun 2014), http：//www. blic. rs/Vesti/Politika/456896/Nikolic-Srbija-i-dalje-neutral-na-po-pitanju-Ukrajine.

Nenad Radičević, "Neka Srbija odluči gde želi da pripada", (Mar 2014), http：//www. politika. rs/rubrike/Svet/Neka-Srbija-odluci-gde-pripada. lt. html.

New York Times, "America Looks Hopelessly", (July 2020), https： // www. nytimes. com/2020/07/22/opinion/economy-spending-modern-mone-tary-theory. html.

OEC, "The observatory of Economic Complexity", (May 2020), https： // oec. world/en/profile/country/srb/#Destinations.

Olexandr Kirichenko, "Serbian Silence Over Crimea Disappoints Ukraine", (Mar 2014), http： //www. balkaninsight. com/en/article/serbia-s-shrug-ging-over-crimea-dissapoints-ukraine.

Obradović, "Obradović Warned Putin in a Letter： The Authorities Want to Exploit the Visit", (Jan 2019), http： //rs. n1info. com/Vesti/a451582/ Obradovic-u-pismu-upozorio-Putina. html.

Official Internet Resources of the President of Russia, "Direct Line With Vladimir Putin", (Apr 2014), http： //en. kremlin. ru/events/president/ news/20796.

Putin, "Crimea Similar to Kosovo, West is Rewriting Its Own Rule Book", (Mar 2014), Russia Today, http： //rt. com/news/putin-address-parlia-ment-crimea-562/.

Paul Stronski and Annie Himes, "Russia's Game in the Balkans", Carnegie Endowment for International Peace, (Feb 2019), https： //carnegieen-dowment. org/2019/02/06/russia-s-game-in-balkans-pub-78235.

Putin, "Merkel Concerned about Russian Influence in the Balkans", Srpski front, 2014.

Primepc, "Russian Ambassador Alexander Konuzin: Are There Serbs In This Room?", YouTube video, (Sep 2011), https://www.youtube.com/watch? v = FRrxYVXI3EI.

Radio Free Europe/ Radio Liberty, "Russian Diplomat Criticized For Speech At Serbian Opposition Rally", (Nov 2011), https://www.rferl.org/a/russian_ diplomat_ criticized_ for_ speech_ at_ serbian_ opposition_ rally/24379085. html.

Russia Beyond, "Dveri-DSS: Our Policy Is Completely In Line With Putin's Policy", (Apr 2016), https://rs.rbth.com/politics/2016/04/22/nasa-politika-se-potpuno-podudara-sa-politikom-putina_ 587147.

Russian Orthodox Church, "Predsedatel' OVTSS vstretilsyas ministrom inos-trannykh del Serbii I. Dachichem", [DECR chairman meets with minister of foreign affairs of Serbia I. Dačić], (Mar 2016), http://www.patriarchia. ru/db/text/4418558. html.

Statistical Office of the Republic of Serbia, "Country of destination rank /ori-gin, by value of exports/imports", (Jul 2021), https://data.stat.gov. rs/Home/Result/170401? languageCode = en − US#.

Socialist Party of Serbia, "Party programme", (Nov 2014), http://www. sps. org. rs/sr/dokumenta/program. html.

Snezana Bjelotomic, "Gallup poll: Euroscepticism in Serbia", (Jul 2017), https://www. serbianmonitor. com/en/gallup-poll-euroscepticism-serbia/.

Serbian Orthodox Church, "Communique of the Holy Assembly of Bishops of the Serbian Orthodox Church on Kosovo and Metohija", (Nov 2019), http://www. spc. rs/eng/communique_ holy_ assembly_ bishops_ serbian_ or-thodox_ church_ kosovo_ and_ metohija.

Twiplomacy, "Twiplomacy study 2020", (July 2020), https://twiploma-cy. com/blog/twiplomacy-study-2020/.

TASS, "85% of Serbians will always support Russia whatever may happen", (Feb 2022), https：//tass. c om/world/1407763.

UNSCR, "International Criminal Tribunal for the Former Yugoslavia, Security Council Resolution 1966", (Dec 2010), https：//www. globalpolicy. org/images/pdfs/sc_ res1966_ residualmechanism_ en. pdf.

Vesti, "SNS：Ristić Threatens Vučić That He Will End Up Like Đinđić", (Jun 2018), http：//rs. n1info. com/Vesti/a399761/Ristic-u-pismu-Putinu-Vucic-bi-mogao-da-zavrsi-kao-Djindjic. html.

Vesti. ru, "Russia Recognizes Independence of South Ossetia and Abkhazia, Full Text of Dmitry Medvedev's Speech", (August 2008), http：//www. vesti. ru/doc. html? id = 204043&cid = 1.

附　　录

附录 1　塞尔维亚自建国以来占其进出口
份额前十的国家（2006—2021）

时期	国家	出口（千美元）	进口（千美元）
2006 年	1. 意大利	932461. 2	1234247. 2
	2. 波斯尼亚和黑塞哥维那	749257. 9	347569. 4
	3. 德国	660003. 7	1443938. 6
	4. 黑山	619405. 9	152101. 4
	5. 俄罗斯	311079. 5	2142496. 9
	6. 北马其顿	300277. 7	201890. 4
	7. 斯洛文尼亚	253414. 0	476073. 8
	8. 克罗地亚	251142. 8	365416. 9
	9. 法国	235686. 2	395068. 1
	10. 奥地利	191882. 0	420453. 7
2007 年	1. 意大利	1094231. 3	1835515. 1
	2. 波斯尼亚和黑塞哥维那	1042291. 6	525283. 1
	3. 黑山	950927. 7	142229. 9
	4. 德国	937501. 4	2215005. 7
	5. 俄罗斯	450591. 6	2671645. 6
	6. 北马其顿	437216. 1	308742. 1
	7. 斯洛文尼亚	409007. 9	712528. 8
	8. 克罗地亚	330867. 5	556231. 5
	9. 奥地利	301451. 0	625410. 4
	10. 法国	290268. 4	600097. 6

续表

时期	国家	出口（千美元）	进口（千美元）
2008 年	1. 波斯尼亚和黑塞哥维那	1338955.3	646178.2
	2. 黑山	1287405.2	214244.1
	3. 德国	1142006.3	2887788.3
	4. 意大利	1128467.9	2196641.2
	5. 俄罗斯	550968.7	3519744.8
	6. 斯洛文尼亚	502000.8	738801.6
	7. 北马其顿	493023.4	374243.8
	8. 奥地利	458105.8	677585.0
	9. 克罗地亚	434528.1	602154.5
	10. 罗马尼亚	397822.6	712018.8
2009 年	1. 波斯尼亚和黑塞哥维那	1015617.8	445688.8
	2. 德国	870734.0	1931780.2
	3. 黑山	836163.4	179076.7
	4. 意大利	820856.1	1532516.3
	5. 罗马尼亚	482308.2	524004.5
	6. 北马其顿	429152.0	227429.2
	7. 俄罗斯	349424.3	1968118.6
	8. 斯洛文尼亚	343819.2	521181.6
	9. 奥地利	290753.1	517193.9
	10. 克罗地亚	278762.3	424994.1
2010 年	1. 意大利	1118493.1	1389553.1
	2. 波斯尼亚和黑塞哥维那	1088982.0	555199.7
	3. 德国	1008215.6	1731564.3
	4. 黑山	803772.8	164190.2
	5. 罗马尼亚	650721.6	593664.1
	6. 俄罗斯	534746.2	2156127.1
	7. 北马其顿	476816.6	266811.8
	8. 斯洛文尼亚	425897.5	500398.2
	9. 奥地利	338417.4	499188.0
	10. 克罗地亚	307099.9	427494.8

时期	国家	出口（千美元）	进口（千美元）
2011 年	1. 德国	1330705.7	2149789.9
	2. 意大利	1306210.3	1771444.3
	3. 波斯尼亚和黑塞哥维那	1191425.1	670059.3
	4. 黑山	890954.1	130885.1
	5. 罗马尼亚	812528.7	883002.1
	6. 俄罗斯	792309.4	2654223.9
	7. 斯洛文尼亚	526117.0	588577.6
	8. 北马其顿	524651.4	320468.5
	9. 克罗地亚	468072.1	488213.9
	10. 奥地利	371640.2	678032.3
2012 年	1. 德国	1310228.2	2058118.6
	2. 意大利	1198499.3	1825835.1
	3. 波斯尼亚和黑塞哥维那	1095004.4	461976.3
	4. 罗马尼亚	904409.8	817731.4
	5. 俄罗斯	866971.0	2078398.6
	6. 黑山	802258.5	119326.0
	7. 北马其顿	484851.8	297012.3
	8. 斯洛文尼亚	421556.2	581273.0
	9. 克罗地亚	386261.7	532278.0
	10. 匈牙利	315646.1	935111.6
2013 年	1. 意大利	2379329.7	2357556.8
	2. 德国	1735103.9	2255775.9
	3. 波斯尼亚和黑塞哥维那	1201135.1	483648.3
	4. 俄罗斯	1062701.5	1903545.4
	5. 黑山	851454.3	155813.5
	6. 罗马尼亚	785508.1	582072.1
	7. 北马其顿	576077.5	264475.7
	8. 美国	490399.5	305870.1
	9. 斯洛文尼亚	478508.7	571259.5
	10. 克罗地亚	415833.8	470846.5

续表

时期	国家	出口（千美元）	进口（千美元）
2014 年	1. 意大利	2576937.8	2275395.6
	2. 德国	1773217.6	2369771.1
	3. 波斯尼亚和黑塞哥维那	1319411.9	533503.8
	4. 俄罗斯	1029133.1	2335186.7
	5. 罗马尼亚	829987.4	585183.1
	6. 黑山	756148.5	66948.9
	7. 北马其顿	601737.7	250537.5
	8. 斯洛文尼亚	471160.8	557421.0
	9. 克罗地亚	458845.0	543487.7
	10. 法国	417659.6	535086.0
2015 年	1. 意大利	2162935.6	1890886.1
	2. 德国	1672598.7	2207701.0
	3. 波斯尼亚和黑塞哥维那	1171866.6	427122.4
	4. 罗马尼亚	745621.6	514197.5
	5. 俄罗斯	724825.8	1746219.6
	6. 黑山	678516.2	62608.1
	7. 北马其顿	522523.0	2011194.8
	8. 克罗地亚	442983.7	511088.1
	9. 斯洛文尼亚	416845.5	546564.5
	10. 法国	409247.3	510559.4
2016 年	1. 意大利	2168783.4	1957297.3
	2. 德国	1940369.3	2425337.6
	3. 波斯尼亚和黑塞哥维那	1240658.1	443514.3
	4. 罗马尼亚	851608.4	545123.6
	5. 俄罗斯	79124.1	1503446.8
	6. 黑山	722891.4	61706.7
	7. 北马其顿	596215.9	209206.5
	8. 克罗地亚	518772.1	478120.9
	9. 斯洛文尼亚	474922.6	567585.0
	10. 匈牙利	471716.0	876266.6

时期	国家	出口（千美元）	进口（千美元）
2017 年	1. 意大利	2237025.2	2207522.8
	2. 德国	2131504.6	2774593.5
	3. 波斯尼亚和黑塞哥维那	1371334.6	584479.0
	4. 俄罗斯	995130.6	1586246.7
	5. 黑山	821286.3	57494.6
	6. 罗马尼亚	817478.2	644121.8
	7. 保加利亚	665329.1	465980.3
	8. 北马其顿	635362.1	235292.4
	9. 克罗地亚	619960.3	540756.1
	10. 匈牙利	617735.9	1064447.1
2018 年	1. 意大利	2356497.7	2422627.0
	2. 德国	2296906.6	3474415.3
	3. 波斯尼亚和黑塞哥维那	1523276.8	684322.9
	4. 罗马尼亚	1141367.8	711936.3
	5. 俄罗斯	1023572.5	2037087.2
	6. 黑山	905305.7	71305.5
	7. 匈牙利	777964.6	1242143.7
	8. 北马其顿	740975.6	270105.4
	9. 保加利亚	724900.9	510697.6
	10. 斯洛文尼亚	682718.1	671440.1
2019 年	1. 德国	2477478.6	3447974.6
	2. 意大利	1982739.0	2322593.0
	3. 波斯尼亚和黑塞哥维那	1513855.3	680661.5
	4. 罗马尼亚	1149495.4	816926.2
	5. 俄罗斯	977178.7	2583949.7
	6. 黑山	881552.8	78163.9
	7. 匈牙利	830184.2	1142060.4
	8. 北马其顿	754759.7	250432.5
	9. 捷克	651605.9	674715.3
	10. 斯洛文尼亚	650524.0	643597.1

续表

时期	国家	出口（千美元）	进口（千美元）
2020 年	1. 德国	2512306.5	3572758.8
	2. 意大利	1631545.9	2203269.5
	3. 波斯尼亚和黑塞哥维那	1382728.8	609414.6
	4. 罗马尼亚	1271005.4	824112.0
	5. 匈牙利	922740.4	1302881.2
	6. 俄罗斯	911035.5	1566237.7
	7. 黑山	784548.1	73878.2
	8. 北马其顿	736776.1	248129.4
	9. 捷克	728130.8	603247.8
	10. 克罗地亚	655551.5	565528.3
2021 年	1. 德国	3242866.3	4457725.6
	2. 意大利	2177224.5	2726161.7
	3. 波斯尼亚和黑塞哥维那	1846745.4	919891.4
	4. 罗马尼亚	1410718.9	1001047.9
	5. 匈牙利	1289162.4	1422716.2
	6. 俄罗斯	996155.9	1806056.5
	7. 黑山	969809.3	93623.1
	8. 北马其顿	963271.6	362621.8
	9. 中国	944546.6	4158724.1
	10. 波兰	895778.4	1107783.3

附录 2　欧盟向塞尔维亚各领域资助的
金额（2014—2020）

年份 金额（百万欧元）	2014	2015	2016	2017	2018	2019	2020
民主与法治	80.4	143.3	106.7	109	96.5	78.6	78.1
民主与治理	52.9	115.7	60.3	36.8	67.8	78.6	34.4
法治和基本权利	27.5	27.6	46.4	72.2	28.7	0	43.8

续表

金额（百万欧元）＼年份	2014	2015	2016	2017	2018	2019	2020
竞争力和增长	98.6	79.8	96.1	103.2	159.4	150.8	158.8
气候变化和能源	74.7	0	0	78.2	65.1	103.8	0
交通	0	64.8	0	0	0	0	0
农业和农村发展	5	15	68.7	25	70.8	47	105
教育、就业和社会发展	19	0	27.4	0	23.5	0	53.8

附录3　塞尔维亚加入欧盟意向的民意调查（2009—2017）

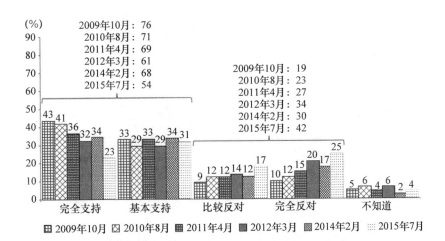

附图1　塞尔维亚加入欧盟意向的民意调查（2009—2015）

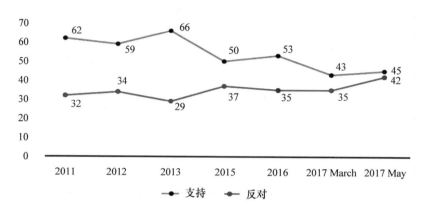

附图2　塞尔维亚加入欧盟意向的民意调查（2011—2017）

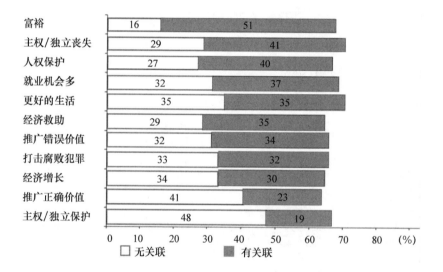

附图3　你认为以下哪些事项能与欧盟相关联?

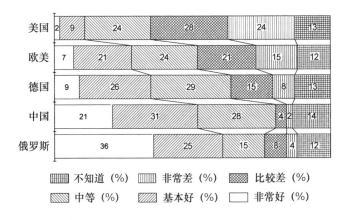

附图 4　塞尔维亚民众对加强与欧盟亲密度的影响预期

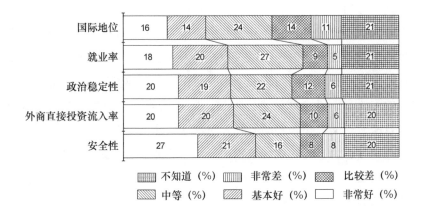

附图 5　塞尔维亚民众对加强与俄罗斯亲密度的影响预期

后　记

　　这是我人生中的第一本著作，提笔致谢感慨万千，本书从拟题到出版，可谓路漫漫其修远兮，其写作于长春，资助于郑州，出版于北京。这一路上，我遇到了诸多贵人的指导，使得此书得以不断修改完善，最终达到出版的标准。

　　首先，我要感谢我的导师张丽华教授，六年来不弃吾之愚钝，不厌其烦地引领和教诲，培养我以兴趣爱好为先驱、以严谨客观为原则、以认真负责为基石，踏踏实实做学术的意识。在兴趣爱好方面，丽华导师研究的主要方向是全球治理，但是，她"放养"并鼓励我们，主动去寻找自己喜欢的、感兴趣的研究方向。这是此书得以能够起笔的主要原因。在探寻适合自己的选题过程中，丽华老师不断地提醒我阅读文献时要带着问题意识、做文献笔记时要记录来源出处、写作时如何寻找两个变量之间的关系、论证时如何做到条理清晰等。在严谨客观方面，我的硕士论文目录在丽华老师十五次左右的指导修改下方才提交，此书同样经历了多次打磨方获认可。在认真负责方面，丽华老师以身作则，每次返回修改稿后，基本对我们"秒回"，从不推迟拖延。丽华老师虽然在学术上严格，但是在生活中和蔼可亲，她最常挂在嘴上的一句话是，"你们都和我的孩子一样大，在我心里，你们都是我的孩子"。在我困顿时，老师发微信说"老师永远是你最坚强的后盾"；在我取得些许成绩时，老师当着全师门人说"这都是王硕靠自己努力获得的"。在丽华老师身边六年，我既不善言辞，亦不善表达，但恩师对我的点点滴滴，我一直怀揣心中。言语所不能表达的，只能默默化为行动和祝福，保证在以后的工作和科研征程中继续努力，希望我能有一天成为您的骄傲，并祈祷老师身体健康，天天开心。

其次，我要感谢郑州大学政治与公共管理学院与郑州大学当代资本主义研究中心所提供的平台和机会。刚入职郑州大学，我更多是处于感受、观察和比较的状态，并在此过程中完成由学生到教师的身份转换，学习教书育人的方法。其中，郑州大学政治与公共管理学院名誉院长兼政治学科首席教授李慎明、焦世君书记、高卫星院长、余丽副院长等前辈为青年教师创建和提供了浓厚的教学和科研氛围与条件，并不遗余力地为我们答疑解惑，传授他们多年积累的经验。同时，他们提倡在这两个平台内进行创新，学习理工医学的科研团队模式，创设了学术工作坊，以供学者之间多多交流，专家们的指点和建议使我受益匪浅。这相对于以往的"闭门造车""思想实验""单兵作战"更能使人进步。俗话说，"独行快、同行远"，相信在优秀的平台和敢于创新的领导们带领下，我们整个团体会越走越远。

再次，我要谢谢我的父亲母亲。他们是地地道道的农民，淳朴善良、性情醇厚、吃苦耐劳，靠着十几亩庄稼养大我们姐弟三人，实属不易。但是，他们一直教导我读书的重要性，为我起名为单字硕，意为期望我读到硕士（之所以不叫王博，主要在于我是个女生）。他们在农村孩子多数早早辍学挣钱养家、很早结婚并生孩以完成传宗接代的氛围下，仍然"格格不入"地默默支持我一直读到了博士。父母如今已近花甲之年，我三十方初立，当他们说"你是我们的骄傲"时，内疚、自责、感激、感恩之情百感交集，唯有以后多孝敬陪伴在你们身边以报之。所幸毕业之后能够回老家任职教学，这是我们以后幸福生活的第一步。

最后，我要感谢的是我自己以及我的爱人。大家常说，人生道路千千万，读书是最简单的一条路。但是，在高压的环境下能坚持拿到博士学位也都实属不易。我感激这段不易，因为我获益良多。在心态上，自认为豁达了不少，锻炼出面对困难的沉稳与自信，以及对未来的憧憬与奋斗勇气；在生活上，理解众生百态与成年人的无奈，既能不妄言评价他人的选择，也能保持原则决定是否原谅，更能确定自己所思所愿以及所能所不能；在科研上，虽仍不免书生意气，但亦能将"诸生业患不能精，无患有司之不明，行患不能成，无患有司之不公"挂之于书桌以警醒自己。同时，还要感谢与我性格相似、三观相合的爱人任晓鹏的陪伴、包容与支持，他满足了我对老公要求的所有想象，永远把我放在第一位，对我明目张胆地偏爱。希望未来的我能始终维护着干净的圈子，规律的生活，简单的爱情，中意的人，不急不躁，一切刚刚好。

谨以此书献给所有我爱的和爱我的人！！！

王　硕

写于台州图书馆

2022 年 7 月 18 日